日本史最強圖解

イラスト図解　日本史

青木康洋——監修
羅先丞——譯

推薦序

東海大學日文系主任　林珠雪副教授

在教授日本史時，我通常不在課堂上講授通史內容的細節，而是希望學生先預習相關的日本通史知識之後，我再就各時代之重點主題做較深入的引申與講解，但問題是，學生如何能在沒有老師的引導下建立通史的概念呢？在日本，日本史的相關書籍可謂汗牛充棟，從學術專書到趣味性的稗官野史應有盡有，當然通俗易解的入門書籍、或便於學生考試記憶的教材更是琳瑯滿目，因此對於日文系的同學，我可以很方便地幫他們找到合適的原文參考書。但過去在歷史系任教日本史時，發現當學生無法直接閱讀日文，而必須透過中文書籍時就有一些侷限性。雖然國內亦有諸多優秀的日本史相關著作，但由於製作內容的同質性較高，且亦多為較詳細的文字敘述，對於完全不具有日本史概念的同學而言，往往有難以快速入門的困擾。

《日本史最強圖解》的日文版是我過去在找尋參考書目時，就曾發現的一本十分適合建立日本史骨幹與概念的入門書。沒有許多詳盡的文字敘述，卻能將重點交代得十分清楚，除了敘述簡潔易懂之外，輔以圖示形態的解說方式更有助於理解並讓讀者留下深刻的印象。非常高興國內亦即將出版其中譯版，經閱讀本書後發現翻譯文字暢達，相信讀者能在無語言隔閡下，清晰掌握日本史的脈絡及其主要內容概念。本書有別於以原始、古代、中世、近世、近現代等的時代區分方式，而是以「日本的黎明」、「律令國家的步履」、「武士政治的樹立」、「戰國時代與天下統一」、「走向近代國家之道」、「兩次世界大戰」、「戰後復興」等方式，標出日本從原始時代到戰後的幾個重要里程碑。以清晰點出重點內容的編排方式，有助於讀者瞭解日本歷史上的重要轉折及發展梗概。

為了在政治和宗教上完全掌控舊有勢力，大和朝廷藉由遣隋使和遣唐使將佛教與中央集權的律令制引進日本，律令國家的建立固然為皇族和貴族帶來了權力的榮光，卻也在與舊有社會體制的矛盾下造成莊園的興起和武士勢力的崛起。武士政權依其時代呈現不同的樣貌，戰國時期群雄爭霸，是最血腥也最風起雲湧的時代，但由同樣是戰國大名出身的德川家康所建立的德川幕府，卻是最重名分秩序也是武士政權最安定的時代。這個鎖國下的安定年代在美國的叩關下亂了腳步，日本終於了解要免於清朝的命運一定要近代化，要與歐美並駕齊驅。在快速的資本主義化和近代體制的整備下，日本成功地成為世界列強。第一次世界大戰意外地促進了日本經濟的發展，但由於軍國主義的抬頭，與義、德同屬法西斯陣營的日本在第二次大戰中嚐到幾乎要滅國的慘敗，而戰後日本的復興又是一段不可思議的奇蹟。這些錯縱複雜的內容經由本書章節分明的梳理，能讓讀者建立一清晰的日本史架構。

本書每一小節的內容皆由文章和圖解同時並列的編排方式，極具特色，此種方式的圖解形態不僅能加深印象，也能補充文字內容的不足。這是一本值得推薦的好書。期待中譯版的出版能幫助更多對日本歷史文化有興趣的讀者。

日本史 最強圖解

第四章　戰國時代與天下統一

第五章　走向近代國家之道

第一章 日本的黎明

1-1 更新世時代的東亞與日本

與中國大陸地面相連的日本列島

更新世指的是約一百八十萬年前到一萬兩千年前左右的時代，一般稱之為「冰河期」。在這個時代，溫暖的時期和寒冷的時期在全地交替出現。寒冷期的地球陸地上積雪不融，因此，大陸上冰河發達。這個緣故使得海面比現在低很多，日本列島與中國大陸處於地面相連的狀態。研究發現當時的日本海是個巨型的湖。

與大陸連接的時代，長毛象、納瑪象、大角鹿等大型動物都曾遷徙到日本來。日本人的祖先也是追捕牠們而從大陸來的。

舊石器時代的日本人與象共存

一九四六年，在群馬縣的岩宿，有了一項考古學史上劃時代的發現。從冰河時代火山灰累積的紅土黏土層裡，挖出了打製石器。這項發現證明了原本以為日本沒有的「舊石器時代」確實存在於日本。

舊石器時代的日本人，除了打製石器之外，還會使用動物骨頭加工製成的工具，來獵捕納瑪象、大角鹿等大型哺乳類。從長野縣野尻湖出土的納瑪象旁還有許多打製石器。

現在，全國各地從沖繩到北海道都發現了舊石器時代的遺跡，證明日本列島在數萬年前曾有人類生活過。這個時代稱之為「舊石器時代」或「先土器時代」。

日本列島殘留的地面相連證據

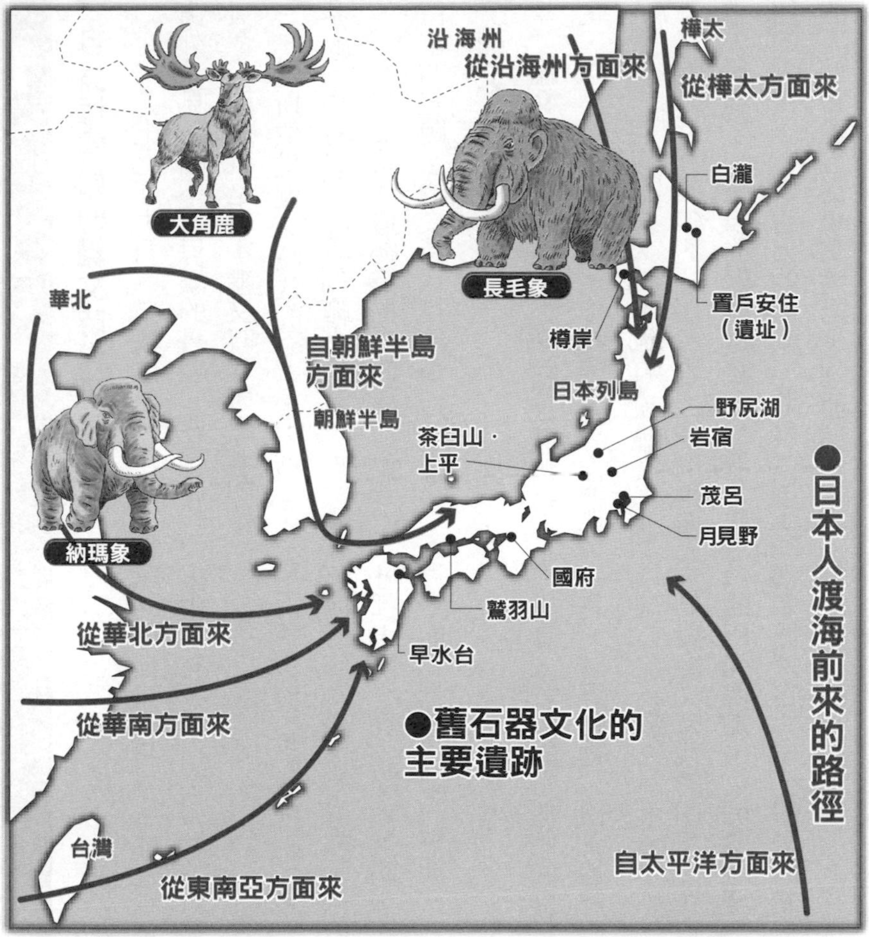

沿海州
從沿海州方面來
樺太
從樺太方面來
大角鹿
長毛象
白瀧
置戶安住
（遺址）
華北
樽岸
自朝鮮半島
方面來
日本列島
朝鮮半島
野尻湖
茶臼山·
上平
岩宿
●日本人渡海前來的路徑
茂呂
月見野
納瑪象
國府
鷲羽山
從華北方面來
早水台
從華南方面來
●舊石器文化的
主要遺跡
台灣
自太平洋方面來
從東南亞方面來

●打製石器的種類●

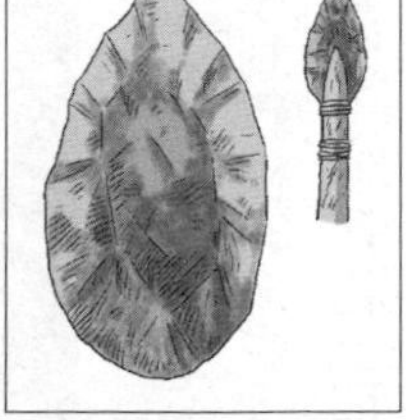

東京都西台遺跡出土的石槍

東京都前原遺跡出土的刀形石器

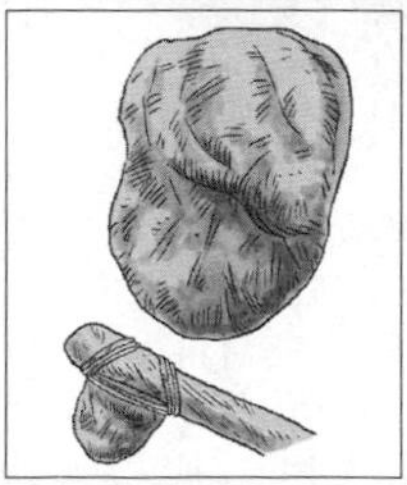

岩宿遺跡出土的橢圓形石器

1-2 繩文時代的日本

自貝塚開始的繩文時代研究

一八七七年九月，美國的動物學家愛德華・摩斯來到日本。他從橫濱搭火車到新橋的途中，從窗外看見一幅不可思議的景象。在裸露的山崖中，有一段白色帶狀的貝殼層。摩斯一眼就認出那是貝塚，而這就是日本繩文時代研究的開始。

摩斯便是繩文時代的命名者。他在報告中以「Cord Marked Pottery」為大森貝塚出土的土器命名。人們將它翻譯成「繩文土器」，「繩文」因而成為該文物身處時代的名稱。

從繩文時代遺跡挖掘出的居住遺跡，尺寸都大同小異。學者推測，在繩文時代幾乎沒有身分和貧富的差距。繩文時代指的是約一萬六千五百年前到三千年前的時期。

繩文人的生活形態

繩文人的食物基本上仰賴狩獵和採集，但是令人意外的是他們的食材相當豐富。配合四季的變化，採集栗子、胡桃、橡實等果實，捕抓魚、鳥、獸等動物。從各地挖掘的貝塚中，還有鯨和海豚的骨骼，可以想見人們共同從事漁撈的情景。

但一九九四年的一個發現，卻顛覆原先人們對繩文時代的印象。在青森縣的「三內丸山遺跡」中，找到了大規模的聚落遺跡。根據在此地做的研究得知，這塊遺跡至少前後橫亙八百年，而且定居的人民已有數百人的規模。此外，出土的翡翠原產自六十公里外的新潟縣糸魚川，證明繩文時代的人們和遠方從事交易已十分活絡。

日本各地繩文時代的遺跡

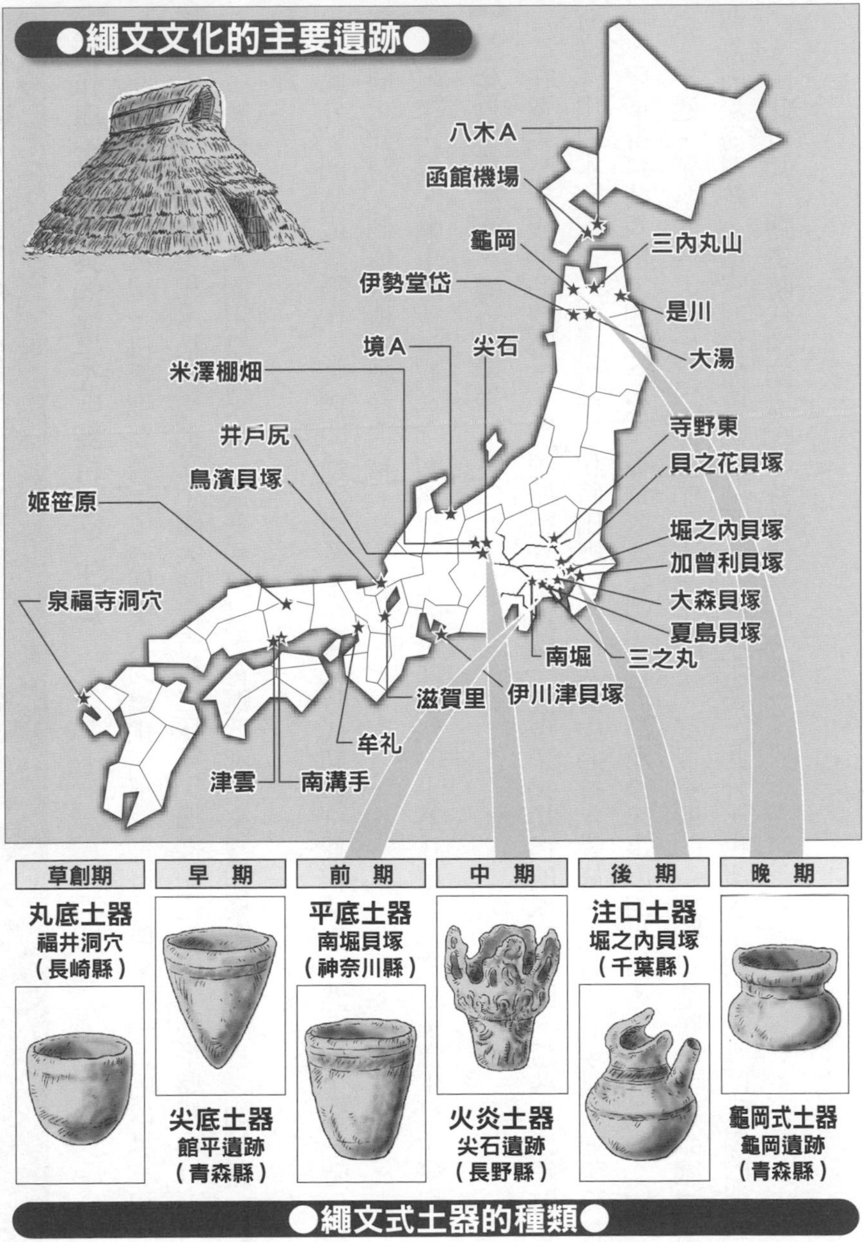
●繩文文化的主要遺跡●
八木A
函館機場
龜岡
三內丸山
伊勢堂岱
是川
大湯
境A
尖石
米澤棚畑
井戶尻
寺野東
貝之花貝塚
鳥濱貝塚
姬笹原
堀之內貝塚
加曾利貝塚
大森貝塚
泉福寺洞穴
夏島貝塚
南堀
三之丸
滋賀里
伊川津貝塚
牟礼
津雲
南溝手
草創期
早　期
前　期
中　期
後　期
晚　期
丸底土器
福井洞穴
（長崎縣）
尖底土器
館平遺跡
（青森縣）
平底土器
南堀貝塚
（神奈川縣）
火炎土器
尖石遺跡
（長野縣）
注口土器
堀之內貝塚
（千葉縣）
龜岡式土器
龜岡遺跡
（青森縣）
●繩文式土器的種類●

1-3 彌生時代的日本

稻作與金屬器具的傳來改變百姓的生活

西元前三～四世紀，日本列島發生了一個重大的變化。那就是自外傳來了「金屬器具」和「水稻栽培」。金屬器具和水稻栽培都在中國大陸自古行之多年，據推測是經由朝鮮半島傳進日本。金屬器具中，人們用鐵器來當作武器和農具，青銅器則用來當作祭祀用的工具，如銅劍、銅鉾和銅鐸。

此外，因為從事稻作，人們開始定居營生。繩文時代仰賴狩獵和採集，然而到了彌生時代卻截然不同，此時人們懂得積極製造糧食。

附帶一提，彌生時代這個名字的典故，是因為此時代的土器在東京都文京區彌生町所發現。

產生貧富差距、爆發戰爭

在彌生時代後期的遺跡——靜岡縣「登呂遺跡」發現了大規模的水田遺跡。這些水田遺跡還建有從河川引水到田裡的灌溉設施，和將田裡的水排入河中的排水設施，而且也發現當時並不直接播種，已懂得育苗栽培。如此一來，糧食收成好轉，人們漸漸過起富庶的生活。

不過，聚落的族人開始為了彼此的利害起了紛爭。從佐賀縣的「吉野里遺跡」中找到圍繞集落四周的濠溝遺跡，但它的目的應該是為了防禦外敵來襲。此外，也發現了明顯因戰鬥受傷的遺體。

由此可知，彌生時代中期以後，各地建立了「國」。

改變日本人生活的稻作與金屬器具

稻作的傳播途徑

日本
朝鮮半島
黃河
長江
長江下流域
發現比雲南・阿薩姆更古老的籾殼
雲南・阿薩姆
一般採用雲南・阿薩姆起源說

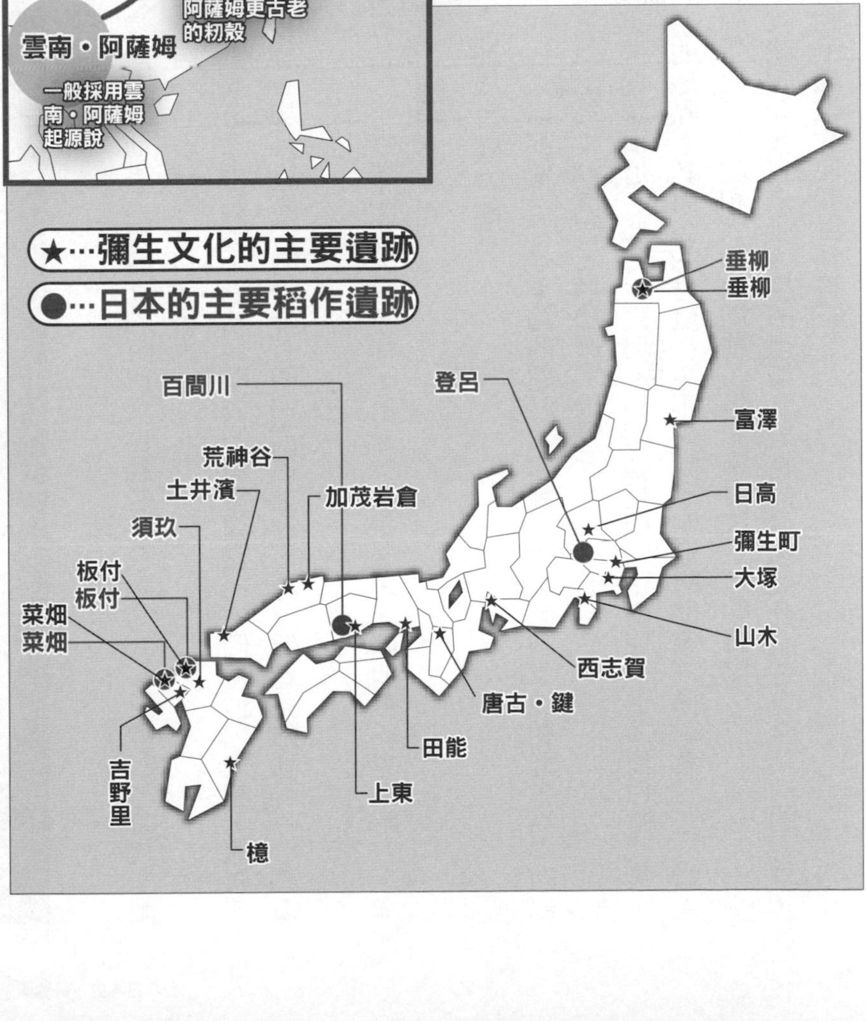
★…彌生文化的主要遺跡
●…日本的主要稻作遺跡
垂柳
垂柳
登呂
富澤
日高
彌生町
大塚
山木
西志賀
唐古・鍵
田能
上東
百間川
荒神谷
加茂岩倉
土井濱
須玖
板付
板付
菜畑
菜畑
吉野里
檍

1-4 邪馬台國與卑彌呼

中國史書上出現的邪馬台國

西元三世紀後，中國大陸進入魏蜀吳三國鼎立的時代，也就是大家熟知的《三國志》時代。記載這段歷史的《魏志》中出現過「邪馬台國」的文字。

根據《魏志》記載，邪馬台國是三十餘個小國結合而成的聯合國家。人們種稻、養蠶、織布。而且他們納稅，開設定期的市集。另外，人們的身分有明顯高低之分。身分低者見到高者時，必須退到路邊，說話時必須下跪。

邪馬台國原本為男性所統治，不過眾小國紛亂不休，於是立女子為王，她叫做「卑彌呼」。卑彌呼是侍奉神的巫女，以咒術治理國家。

古代史上最大的謎團，邪馬台國在哪裡？

邪馬台國的所在位置，從很久以前便一直是爭論的題材。《魏志》上記載了從朝鮮半島中西部的帶方郡到邪馬台國的行程，但記述十分含糊，無法確定位置。

南北朝時代的公卿北畠親房就曾寫道，邪馬台國與大和朝廷是同一個國家。進入江戶時代後，新井白石和本居宣長對邪馬台的地點，各有各的推測和主張。到了明治時期，不僅學者，連一般人也都提出種種說法。最有力的是北九州說和大和說兩種，但尚未有決定性的論點。

在《魏志》中記述道，卑彌呼死後建造了大型的墳塚。若是能發現與此記述完全相同的古墳，自古以來爭論不休的邪馬台國爭議也許便能得到答案。

邪馬台國的所在地

●邪馬台國爭議●

爭議的原因

圍繞在《魏志倭人傳》的記述

九州說（地方國家說）	大和（畿內）說（統一國家說）
日本書記的記述	新井白石、本居宣長的研究
京都大學內藤虎次郎	東京大學白鳥庫吉
距離正確	方位正確
有魏代銅鏡出土	有志賀島的金印出土
從吉野里等遺跡得知，三世紀的九州十分繁榮。 近畿出土的「卑彌呼鏡」據考為日本國產。	在《日本書記》中也暗示卑彌呼即神功皇后，邪馬台國即大和政權。

●據測古代曾存在的國家●

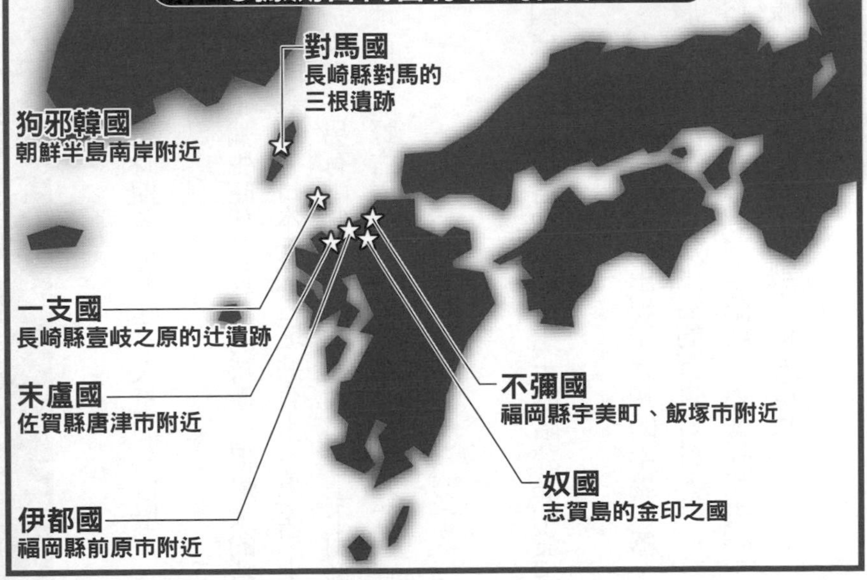
對馬國
長崎縣對馬的三根遺跡
狗邪韓國
朝鮮半島南岸附近
一支國
長崎縣壹岐之原的辻遺跡
末盧國
佐賀縣唐津市附近
伊都國
福岡縣前原市附近
不彌國
福岡縣宇美町、飯塚市附近
奴國
志賀島的金印之國

1-5 古墳時代的來臨

日本各地建造了各種古墳

從三世紀後葉到四世紀初，日本國內逐漸統合為一。這段時期各地興建了大量的「古墳」，其中又以瀨戶內地方和近畿為中心。

古墳就是為埋葬特定人物所建造的墳墓。它雖然繼承了彌生時代首長墓的特徵，但最大的特色是它有遠大於前者的巨大墳丘。根據二〇〇一年文化廳的調查，日本全國古墳共有十六萬座以上。

古墳可從形狀區分成幾個種類。圓墳和方墳是基本形，另有兩個丘的前方後圓墳、上下由形狀不同的墳丘組合而成的上圓下方墳，另外還有像京都市御廟野古墳的八角形古墳。古墳時代一直延續到七世紀。越到後期，興建的形狀也越顯複雜。

陪葬品呈現當時的生活樣貌

學者認為，在古墳時代日本國內逐漸統一，原因之一便是從各地古墳中出土的陪葬品中發現了共通點。

陪葬品指的是在葬禮中與死者一同埋葬的器物。在出土的陪葬品裡出現了大量的素燒土器，稱之為「埴輪」。埴輪大多取人物、住宅、動物等為形，是了解當時人類生活的寶貴資料。

從古墳出土的人形埴輪，具有傳承古代可怕習俗的說法。《魏志》中記述，卑彌呼死去時，讓一百名奴婢一起陪葬。經過時代變遷，這種習俗被視為殘酷的行為，而被人偶所取代了。

各種古墳的形狀

●古墳的種類●

圓墳	方墳	雙圓墳	前方後圓墳
這種形狀約占九成	數量次於圓墳	多見於朝鮮半島	大型古墳多為這種形狀

雙方中圓墳	**扇貝式古墳**	**前方後方墳**	**上圓下方墳**
數量極少如櫛山古墳	多見於中小豪族的古墳	罕有的形狀	天智天皇等天皇級的墳形

●古墳的分布●

前期	分布於畿內～瀨戶內	埋葬司祭級的首長	箸墓古墳　奈良
中期	散布全國	埋葬武人的首長	大仙陵古墳〔仁德天皇陵〕大阪
後期	分布全國	埋葬有力的農民	高松塚古墳　奈良

1-6 中國、朝鮮半島與大和政權

四世紀時的東亞局勢

中國大陸在三世紀時，由晉統一了天下。然而國力薄弱，受到北方異族侵略，形成了南北分裂的局勢。趁著中國無力干預之時，東亞各民族伺機獨立、蠢蠢欲動。

進入四世紀後，朝鮮半島分成高句麗、新羅、百濟三國。另外，半島南部還有個伽耶（加羅）地區，受倭國（日本）的影響很大。

謎樣的百年，日本發生了什麼事

自三世紀晚期的邪馬台國記載之後，中國史書中再沒有關於倭國的記載，長達百年以上。唯一讓人一窺倭國狀況的資料，是朝鮮半島北部高句麗國王廣開土王與倭兵戰爭的石碑。碑文中記載，自三九一年以後，倭兵經常渡海到朝鮮半島，與高句麗軍戰鬥。

此外，在《宋書》中記載，五世紀左右，有讚、珍、濟、興、武等「倭國五王」對抗高句麗，請求南朝宋准許其統治朝鮮半島南部。他們都曾派出使者到中國的南朝宋，獲得「安東大將軍倭王」的稱號。

不論如何，在邪馬台國之後的一百多年，日本列島確實形成了一個強大的統一政權。這個統一政權也就成為後來的大和政權。

四～五世紀的亞洲和東亞

●四世紀左右的亞洲●

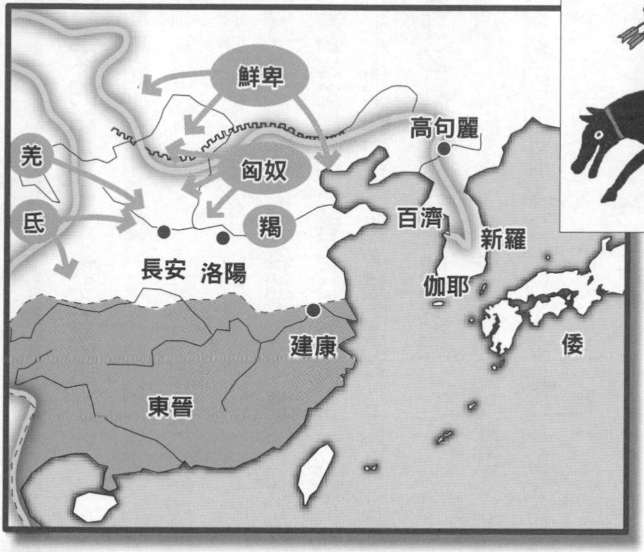
鮮卑
羌
匈奴
氐
羯
長安
洛陽
高句麗
百濟
新羅
伽耶
建康
倭
東晉
晉（西晉）的統一領土
北方民族的入侵

●五世紀的東亞●

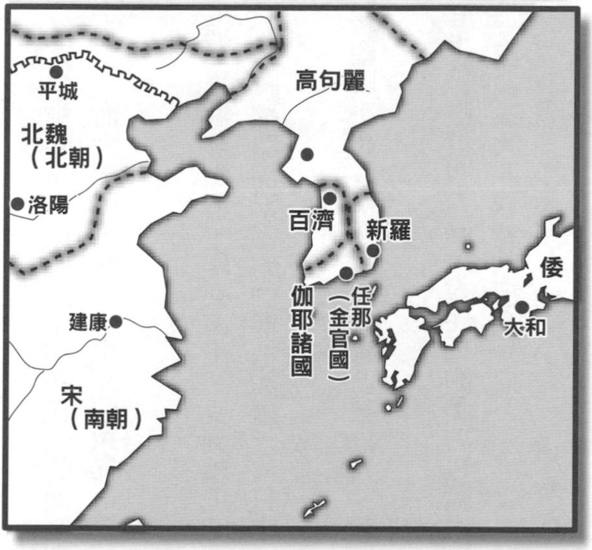
平城
北魏
（北朝）
洛陽
高句麗
百濟
新羅
倭
任那
（金官國）
伽耶諸國
大和
建康
宋
（南朝）

1-7 大和政權的勢力擴大

天皇家的祖先——大王是誰？

據推測「大和政權」是在五世紀後半，從九州南部擴展勢力到東北地方。前一節提到的倭王武（推測為雄略天皇），在寫給中國皇帝的書信中，記述「征服東方五十五國、西方六十六國、北方九十五國，擴展了國土。」

於是大和政權征服各地豪族，整備其政治組織。

大和政權的領導者應為以「大王」為中心的近畿一帶豪族集團。豪族們以所謂「氏」的血緣關係，牢牢地團結在一起。集團之長「氏上」代表氏侍奉大王。而大王就是後來天皇家的祖先。

磐井之亂與大伴氏的衰弱

進入六世紀後，朝鮮半島的高句麗強大起來，為了進一步擴展勢力，舉兵南下。受到壓迫的百濟與新羅因而加強了國內統治體制，同時也開始侵略與大和政權關係緊密的伽耶（加羅）。日本國內受到這方面影響，也開始搖晃不穩。

五二七年，筑紫的國造（譯注：地方官）磐井，與新羅聯手起兵反叛大和政權，稱之為「磐井之亂」。

大和政權派遣大連的大伴氏前去鎮壓，但由於朝鮮半島政策的失敗，大伴氏的勢力也隨之衰微。反倒是引進佛教的推進派蘇我氏，和反對派物部氏一躍成為大和政權的要角。

大和朝廷的組織

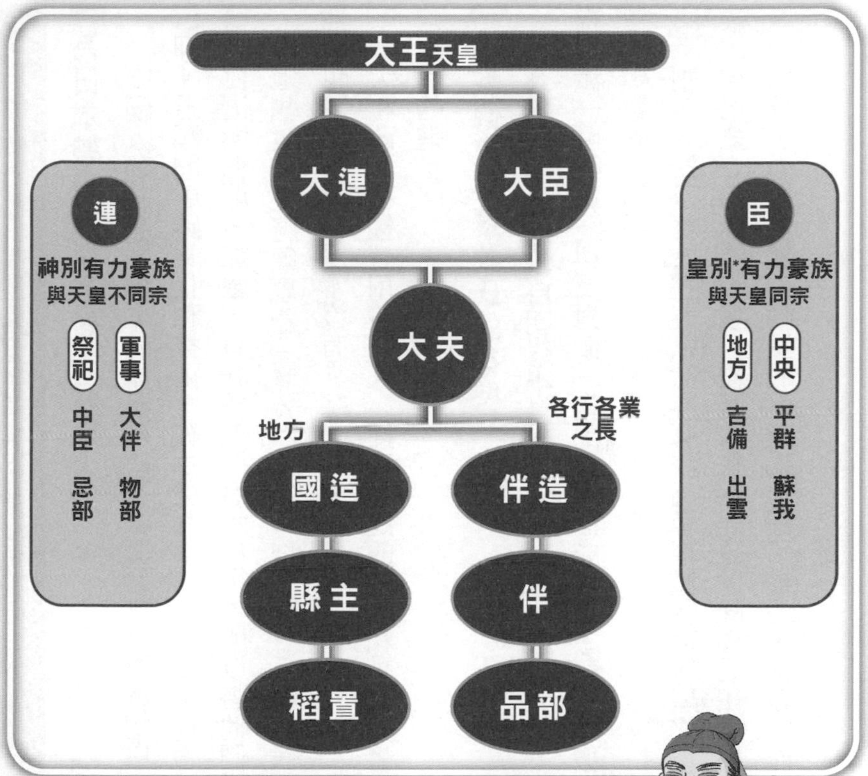
大王天皇
大連
大臣
連
神別有力豪族
與天皇不同宗
祭祀
軍事
中臣
大伴
忌部
物部
臣
皇別*有力豪族
與天皇同宗
地方
中央
吉備
平群
出雲
蘇我
大夫
地方
各行各業之長
國造
伴造
縣主
伴
稻置
品部

六世紀時的朝鮮半島

平壤
高句麗
漢城
百濟
新羅
扶餘
金城
伽耶諸國

*譯注：神別與皇別都是古代氏族

1-8 渡來人與佛教的傳來

為日本帶來技術革新的渡來人

中國大陸戰禍不斷，因而流行起延年益壽的醫術和占卜未來的易術，佛教也受到廣大百姓的信仰。這類的中國文化和技術，經由朝鮮半島，傳到了日本。尤其是當五世紀以後，高句麗勢力強盛，百濟與伽耶（加羅）有許多人渡海到日本，所以將他們稱之為「渡來人」。

這些渡來人將須惠器（譯注：青灰色陶製土器）的生產、高水準的紡織技術傳進日本。此外，他們也將漢字傳給原本沒有文字的日本人。

大和政權積極晉用渡來人，從事朝廷的記錄和外交文書的撰寫。渡來人為古代日本的技術帶來飛躍性的進步。

佛教傳來與蘇我氏的得勢

五三八年，佛教自朝鮮半島的百濟傳來之後，激化了大和政權內部的權力鬥爭。接納佛教的推進派「蘇我氏」與反對派「物部氏」形成對立。蘇我氏擔任「大臣」一職，在朝廷中掌有財政大權。相對的，物部氏身為「大連」，握有軍事權。

兩派的紛爭終於在五八七年蘇我馬子攻滅物部守屋之後劃下句點。隨後，在五九二年，馬子暗殺了自己擁立的崇峻天皇。經歷這些過程後，蘇我氏在大和政權內部，掌握了絕對的權力。

此外，由於佛教推動派的蘇我氏掌握了權力，佛教因而在日本國內生根發展。

傳至日本的佛教

●傳到日本的佛教●

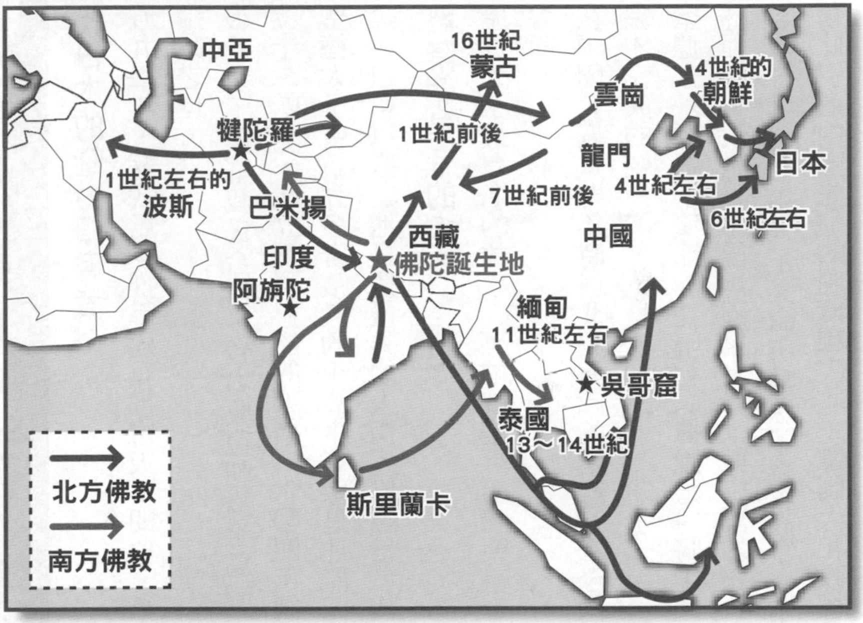
中亞
16世紀
蒙古
4世紀的
朝鮮
雲崗
犍陀羅
1世紀前後
龍門
日本
1世紀左右的
波斯
7世紀前後
4世紀左右
巴米揚
6世紀左右
西藏
中國
印度
佛陀誕生地
阿旃陀
緬甸
11世紀左右
吳哥窟
泰國
13～14世紀
北方佛教
南方佛教
斯里蘭卡

●在日本引起的崇佛爭議●

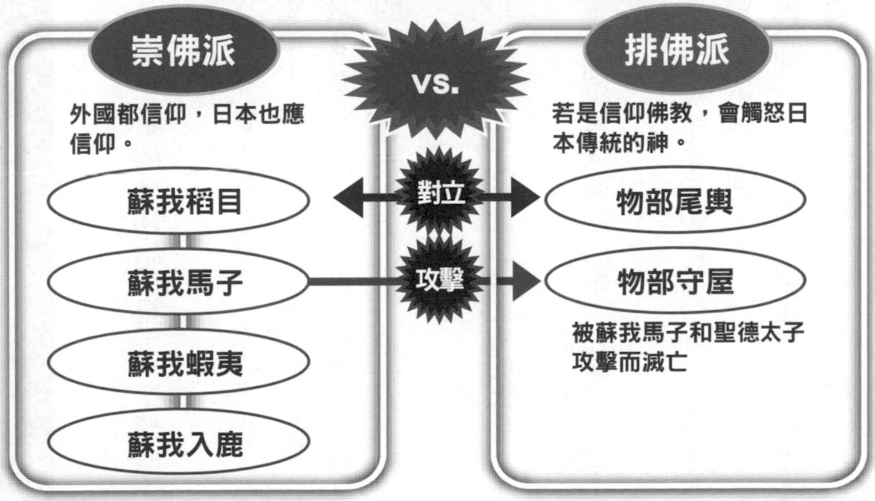
崇佛派
VS.
排佛派
外國都信仰，日本也應信仰。
若是信仰佛教，會觸怒日本傳統的神。
蘇我稻目
對立
物部尾輿
蘇我馬子
攻擊
物部守屋
被蘇我馬子和聖德太子攻擊而滅亡
蘇我蝦夷
蘇我入鹿

1-9 聖德太子的出現

古代日本的魅力領導者

五九二年，蘇我馬子推舉姪兒推古天皇即位。第二年，推古天皇的外甥廄戶皇子（聖德太子）就任攝政之位。

廄戶皇子與蘇我氏合作，致力收復朝鮮半島的失地，同時充實國內的政治。六〇三年，訂定「冠位十二階」，建立選賢與能的架構。六〇四年制定「憲法十七條」，指導官僚的工作心態。

聖德太子留下許多奇蹟般的小故事，像是他能同時聽辨多人的談話。雖然這些故事的真實性難以考證，但可以肯定他是個優秀的人物，以說是古代日本的魅力領導者。

激怒隋朝皇帝的書簡

聖德太子最有名的故事，恐怕就是寫給隋朝皇帝「日出之處的天子，給日沒之處的天子……」那封書簡。

在中國，五八九年時從北朝興起的隋統一了全國。這是中國自東漢滅亡之後，經歷三百七十年的分裂才完成的統一。

聖德太子派遣了使節前往隋朝，據說這封將中國皇帝與日本大王平等視之的書簡，令隋煬帝大怒。然而這可說是日本同以國家立場，與中國站在對等位置的歷史性一刻。

之後，六〇七年太子又命小野妹子為正使，派出「遣隋使」，讓許多留學生同行，與中國交流。藉此引進中國先進的制度和人才，鞏固大和政權的基礎。

魅力領導人聖德太子

●聖德太子的重大政績●

冠位十二階制

將位階分為德、仁、禮、信、義、智等六級，又各分大小為十二階。

憲法十七條

明確君、臣、民的關係，闡釋臣對政治的考量。

遣隋使

為直接輸入中國的制度、文物，派遣小野妹子遠赴隋朝。

《天皇記》《國記》的編纂

進行日本最古史書的編纂。將「大王」的稱呼改為「天皇」。

《三經義疏》

撰寫《法華經》《勝鬘經》《維摩經》的注釋本。

●聖德太子建立的七大寺廟●

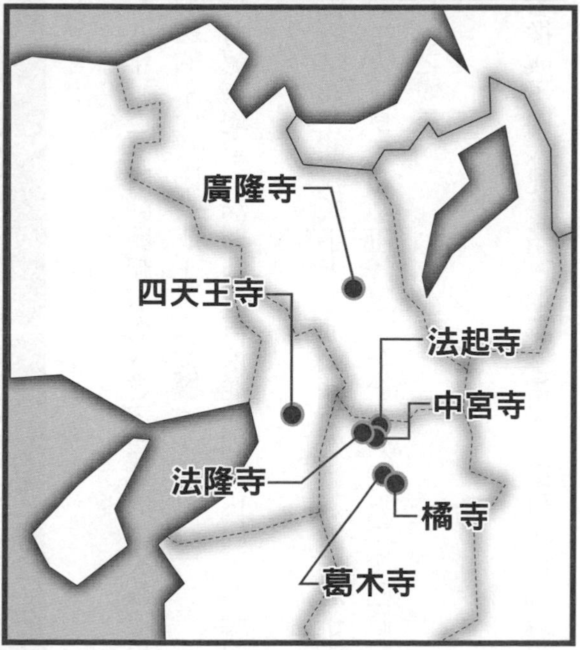
廣隆寺
四天王寺
法起寺
中宮寺
法隆寺
橘 寺
葛木寺

1-10 大化革新

古代日本爆發的最大政變

在中國，隋朝遠征高句麗失敗後，於六一八年滅亡，唐朝興起取而代之。唐朝的中央政府以高壓力量統治，是個強大的中央集權國家，對周邊的東亞諸國造成了莫大影響。

大陸緊繃的情勢也傳到了日本。有一股勢力認為國家的治理不應再像從前仰賴氏族，而應將力量集中在天皇手中，以充實國力。

然而，推古天皇和聖德太子死後，大權依舊掌握在蘇我氏手上。他們甚至殲滅了太子之子山背大兄王，以顯示其權勢不滅。不斷感到威脅的中大兄皇子和中臣鎌足，終於在六四五年發動政變，誅殺了蘇我蝦夷及其子入鹿。史上稱之為「乙巳之變」。

新的政治方針、革新之詔

蘇我一族在「乙巳之變」中滅亡，掌權者換成了中大兄皇子。他讓孝德天皇即位，自己以皇太子的身分著手改革。

首先，皇子廢除大臣、大連官職，設左大臣和右大臣。進而晉用自唐歸國的高向玄理和僧人旻就任國博士之職，作為他的國政顧問。誅殺蘇我氏有功的中臣鎌足則為政策大臣。

新政權將政治組織改頭換面之後，又學習中國制定年號，「大化」便成為日本第一個年號。另外，又將首都從蘇我氏影響勢力極大的飛鳥，遷到了難波。

這些自乙巳之變後一連串展開的政治改革，稱之為「大化革新」。

古代日本的政變

●大化革新前的過程●

●聖德太子與蘇我氏攜手掌控政權。

↓

●聖德太子一死，蘇我氏增長了勢力。

↓

●殺死山背大兄王等，蘇我氏昭然跋扈。

↓

●皇族與豪族對蘇我氏的反感日增。

↓

●執掌朝廷祭祀的中臣鎌足與
皇極天皇之子中大兄皇子攜手合作。

●以天皇為中心的中央集權體制●

天皇　孝德天皇 — 皇太子　中大兄皇子

- 國博士　高向玄理
- 僧　旻
- 右大臣　石川麻呂
- 左大臣　阿部內麻呂
- 內大臣　中臣鎌足

●大化革新之詔●

●公地公民制的原則

●行政區劃、軍事、交通制度的制定

●班田收受法

●新稅法的實施

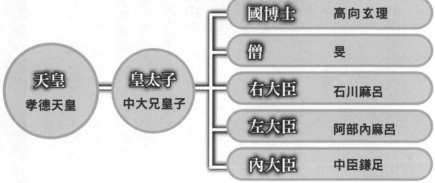

1-11 白村江大戰與壬申之亂

震撼！白村江大敗

進入七世紀後，朝鮮半島上新羅勢力大增，滅了百濟。大和政權應自百濟亡命來日的遺臣要求，派遣大軍前進朝鮮半島西南部的白村江。因而發展成六六三年爆發的「白村江大戰」。但是日本卻在新羅和唐的聯軍攻擊下大敗收場。受到敗戰的衝擊，朝廷在九州大宰府建築水城，於瀨戶內海沿岸設置數個山寨，進而還在對馬、筑紫配置防人（譯注：邊境的警備）。而且又將首都從難波遷往飛鳥，再遷至內陸的近江國大津。一切措施都是為了預防唐與新羅入侵日本。

在這種緊張的情勢中，中大兄皇子在大津京即位，是為天智天皇。天智天皇製作了日本第一部戶籍「庚午年籍」等，讓中央集權體制更為完備。

壬申之亂與天武天皇的即位

六七一年天智天皇過世，爆發皇位繼承之爭。六七二年天智天皇之弟大海人皇子，在不滿天智天皇施政的豪族支持下舉兵。他將天智天皇之子大友皇子打敗，在飛鳥淨御原宮即位。這就是天武天皇，這場戰爭稱為「壬申之亂」。

天武天皇強力推動以天皇為主軸的國家。制定真人、朝臣等「八色之姓」，著手建立新都和史書的編纂。

另外，據稱「天皇」的稱號和「日本」的國號都是從此時開始使用。

兄弟的複雜關係衍生出壬申之亂

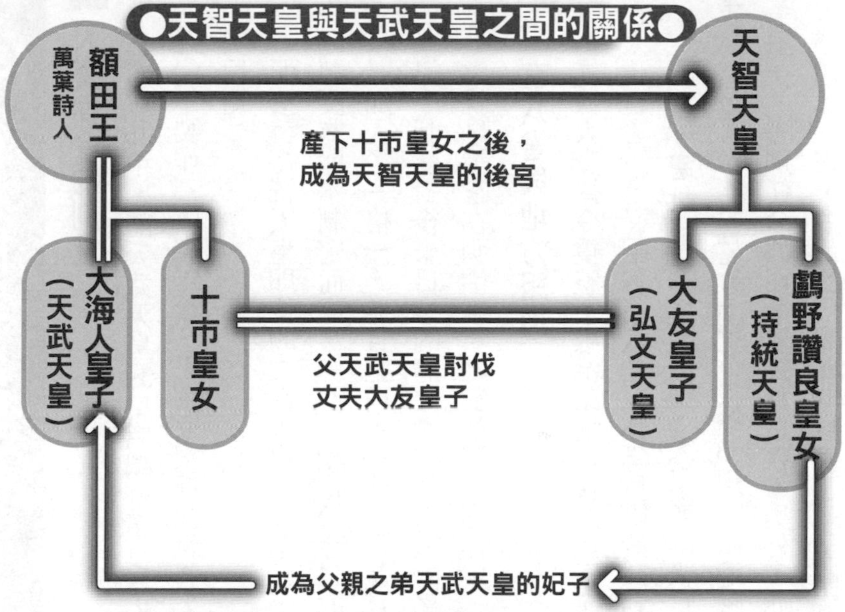
●天智天皇與天武天皇之間的關係●
額田王
萬葉詩人
天智天皇
產下十市皇女之後，
成為天智天皇的後宮
大海人皇子
（天武天皇）
十市皇女
大友皇子
（弘文天皇）
鸕野讚良皇女
（持統天皇）
父天武天皇討伐
丈夫大友皇子
成為父親之弟天武天皇的妃子

●壬申之亂的進程●

動亂起因於額田王。天智天皇自弟弟大海人皇子手中奪走額田王，成為兄弟鬩牆的主因。

↓

對天智天皇獨裁手段的不滿逐漸擴大

↓

天智天皇過世

↓

壬申之亂爆發
大友皇子（天智天皇之子）vs.大海人皇子（天智天皇之弟）之爭

↓

大海人皇子獲勝

↓

即位成為天武天皇

↓

天武天皇樹立獨裁政權

1-12 律令國家的繁榮

大寶律令的制定

六八九年，前天武天皇的皇后鸕野讚良皇女成為持統天皇，施行「飛鳥淨御原令」。進而在六九〇年製作「庚寅年籍」。國家根據此籍將人民視為公民，可直接支使。自此之後，每六年制定一次戶籍。

而接替持統天皇即位的文武天皇，於七〇一年制定《大寶律令》。《大寶律令》乃依據唐朝的律令制度為藍本制定而成。「律」相當於今日的刑法，「令」則相當於行政法。後來為補足這部律令，又加入了「格」，並且整理了「式」作為實施的細節，逐漸依日本社會的實際狀況而修改。

律令制度對後來日本的歷史產生了很大的影響。舉例來說，「太政官制」直到一八八五年才廢止，也就是說它在明治維新之前都還在運作。

二官八省與地方組織

依據大寶律令重整了政治架構之後，設置了太政官和神祇官，分別司掌全國行政和祭祀。進而在太政官之下，又配置了八省，負責實際的政務。這個組織就叫做「二官八省」。

此外，還設定了行政區分。天皇與高級官員居住的都城周邊，稱為「畿內」。其他地區分成「七道」。並且在全國六十餘「國」派遣國司，執行地方政治。國之下設「郡」，郡之下設「里」。各別任命郡司、里長為長官。另外，北九州因為軍事要地，故而設置大宰府。

如此一來，古代的日本漸漸具備了一個國家應有的體制規模。

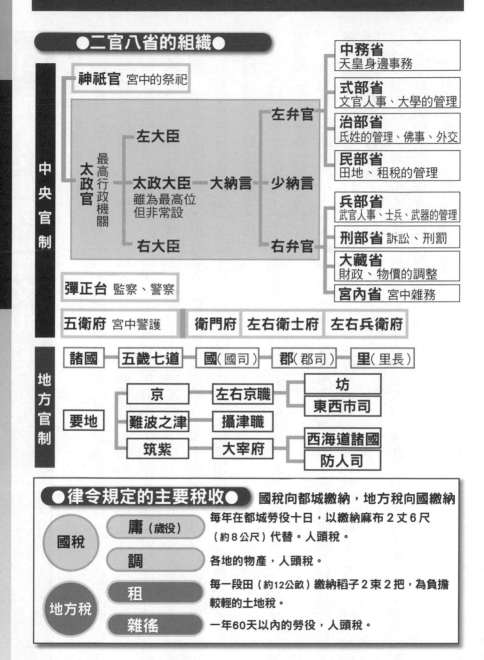

律令國家的體制

●二官八省的組織●

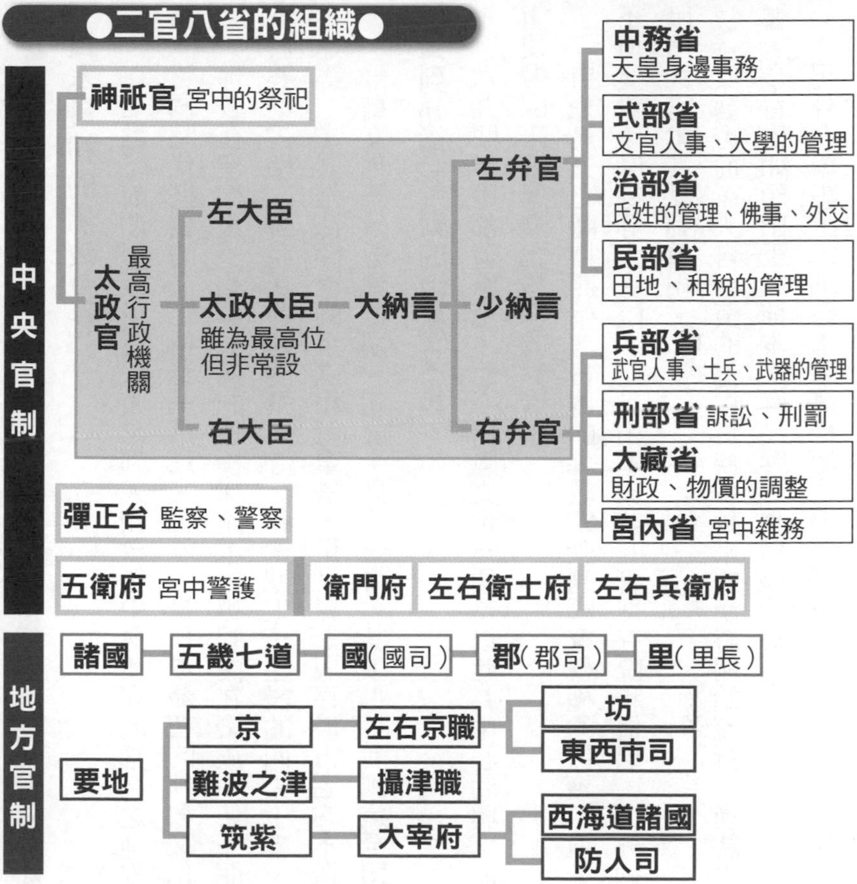
中央官制
神祇官 宮中的祭祀
太政官 最高行政機關
左大臣
太政大臣 雖為最高位但非常設
右大臣
大納言
左弁官
少納言
右弁官
中務省 天皇身邊事務
式部省 文官人事、大學的管理
治部省 氏姓的管理、佛事、外交
民部省 田地、租稅的管理
兵部省 武官人事、士兵、武器的管理
刑部省 訴訟、刑罰
大藏省 財政、物價的調整
宮內省 宮中雜務
彈正台 監察、警察
五衛府 宮中警護
衛門府
左右衛士府
左右兵衛府
地方官制
諸國
五畿七道
國(國司)
郡(郡司)
里(里長)
要地
京
左右京職
坊
東西市司
難波之津
攝津職
筑紫
大宰府
西海道諸國
防人司

●律令規定的主要稅收●

國稅向都城繳納，地方稅向國繳納

國稅	庸（歲役）	每年在都城勞役十日，以繳納麻布２丈６尺（約８公尺）代替。人頭稅。
	調	各地的物產，人頭稅。
地方稅	租	每一段田（約12公畝）繳納稻子２束２把，為負擔較輕的土地稅。
	雜徭	一年60天以內的勞役，人頭稅。

1-13 飛鳥文化與白鳳文化

日本最初的佛教文化

在七世紀前期，大量渡來人來到大和政權中樞所在的飛鳥之地安身落戶，文化活動因而大為活絡。這個時代盛放的文化稱為「飛鳥文化」，是日本最初的佛教文化。

佛教在聖德太子和蘇我氏的積極保護下，轉眼間在豪族中傳布開來。豪族競相建立寺院，甚至多於興築古墳。蘇我氏興建的飛鳥寺，和聖德太子建設的四天王寺、法隆寺，都是飛鳥文化的代表性建築。尤其是法隆寺的金堂和五重塔，是世界上現存最古老的木造建築，已被註冊為世界遺產。

飛鳥文化不但受到中國、朝鮮半島的影響，其中也可看到遠至印度、波斯、希臘的影子。

受到初唐影響的白鳳文化

六九四年遷都藤原京，而「白鳳文化」便是以此為中心勃興。而「白鳳文化」本身則是受到遣唐使帶回來初唐文化極深的影響。

自飛鳥文化時期開始，日本的佛教即受到國家積極的保護。但天武天皇更加推動佛教的政策，不但建設藥師寺等大寺院，而且由國家統一管理寺院和僧侶。另外神社也在國家的管理之列，其中伊勢神宮尤其受到重視。

文藝方面，來自百濟的流亡貴族所帶來的漢詩開始流行。漢詩也對日本自古傳下的和歌造成影響，孕育出如額田王、柿本人麻呂等才華橫溢的藝術家。

另外在繪畫上，則留下了高松塚古墳壁畫等藝術造詣上極為優秀的作品。

飛鳥文化與白鳳文化

●飛鳥文化●

日本最初的佛教文化，主要在七世紀前半聖德太子時代開始傳布開來。受到中國北魏和六朝時代的影響頗巨，法隆寺是代表之一。

飛鳥寺的建立

日本第一座正式的寺院。自百濟招聘了許多技術人員興建而成。

法隆寺西院

金堂曾遇祝融之災，但中門、金堂、五重塔、步廊都留傳了飛鳥的樣式，是世界上最古老的木造建築遺產。

●白鳳文化●

七世紀後期～八世紀初。天皇權威確立，萬葉詩人輩出。受初唐佛教美術興隆等影響，建立起強有力的清新文化。

藥師寺東塔

建於730年左右。留傳了白鳳樣式。三重塔各層屋簷下都加了裳階*。

***譯注：附著於簷下壁面的另一層屋頂，阻擋風雨用。**

專欄

震撼古代日本的不倫浪漫史

古代的日本人對戀愛相當積極，而且吐露心意時也十分直接。《萬葉集》中即收錄了大量古人的戀愛詩歌。

額田王是生於白鳳時代的女詩人。她最初受到大海人皇子的寵愛，但後來嫁給了大海人的皇兄天智天皇。然而她卻對大海人念念不忘，因而大膽寫詩表達心情。

前往紫野或標野時，你不時向我揮動衣袖，若是被野地守望人看到該怎麼辦？

大海人對此也以詩答覆：

若我會痛恨美麗如紫草香氣的你，全是因為不想再那麼戀慕已成人妻的你。

如果將詩按字面之意來解讀，可知已嫁作人婦的額田王，與大海人之間仍然燃燒著熾熱的愛意。兩人本來即不是性情不合而分手，因此偶然的重逢，必定讓彼此的心情再也難以壓抑了吧。

這首詩創作的四年後，發生了壬申之亂。大海人打倒了天智天皇之子大友皇子，即位成為天武天皇。不過，後來他與額田王的關係如何，史料上卻沒有任何記載。

第二章

律令國家的腳步

2-1 奈良時代的開啟

以長安城為藍圖興建的平城京

西元七一〇年，元明天皇將首都從之前的藤原京遷到平城京。從此時到遷都平安京的八十年，史稱「奈良時代」。

平城京是仿照唐朝首都長安（今西安）的架構而興建的都城。中以朱雀大路為中心，東西各置左京、右京。按棋盤狀區劃道路。這種市街的規劃，稱為「条坊制」。

中央偏北的平城宮為天皇的住所「大內裏」。京內建有貴族的府宅和大寺院。此外，左右兩京都有官營市集，提供人們作為地方產物與支領的奉給進行物物交換的場所。

此外，這個時代鑄造出日本第一批通貨「富本錢」和「和同開珎」，在畿內一帶普遍通用。

擴展開來的中央集權體制

日本成為政治系統完備的律令國家之後，也將勢力擴展到九州和東北地方。

此時，東北和九州分別居住著「蝦夷」和「隼人」的部族，生活習慣與日本人相異，但也漸漸被收編進律令體制之中。

同一時期，中國的唐朝進入鼎盛期，日本和朝鮮半島一帶都納入了唐的文化圈內。律令國家積極努力吸收唐的文化，約每二十年會派出遣唐使前往大陸。雖然當時航海技術仍尚粗淺，遣唐使船經常遭遇船難，但使節團還是突破困難，將唐的制度和文物帶回日本。

奈良時代的開端

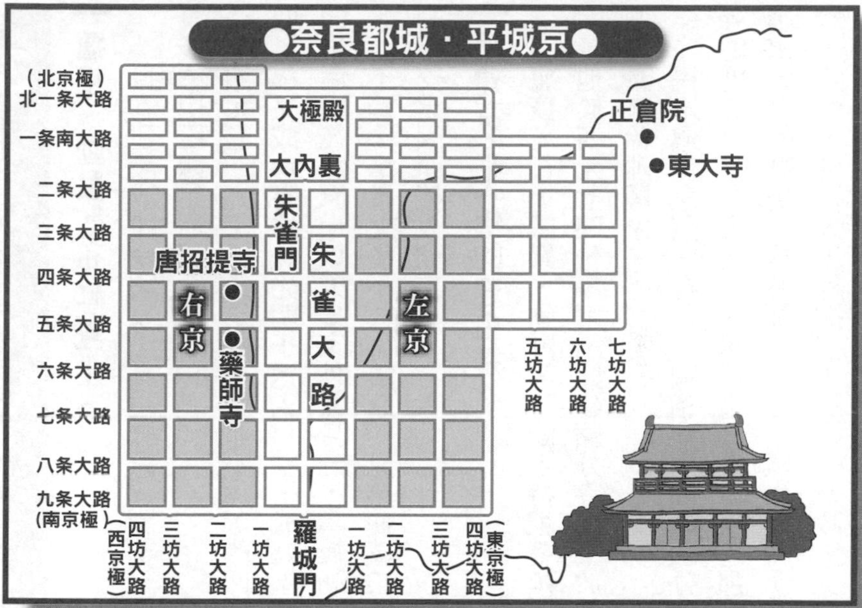
●奈良都城・平城京●
（北京極）
北一条大路
一条南大路
二条大路
三条大路
四条大路
五条大路
六条大路
七条大路
八条大路
九条大路
（南京極）
大極殿
大內裏
朱雀門
朱雀大路
唐招提寺
右京
藥師寺
左京
正倉院
東大寺
五坊大路
六坊大路
七坊大路
（西京極）
四坊大路
三坊大路
二坊大路
一坊大路
羅城門
一坊大路
二坊大路
三坊大路
四坊大路
（東京極）

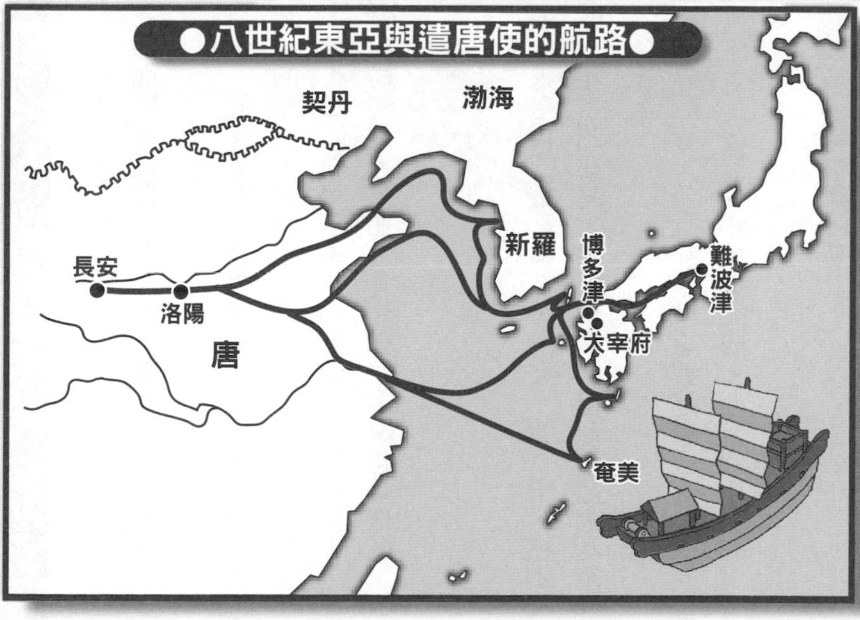
●八世紀東亞與遣唐使的航路●
契丹
渤海
新羅
長安
洛陽
唐
博多津
大宰府
難波津
奄美

2-2 政局不穩與大佛鑄建

瘟疫、動亂散布社會不安

日本建設成律令國家，其中藤原氏厥功至偉。然而歸本溯源，藤原氏家族即是對大化革新貢獻良多的中臣鎌足所繁衍的子孫。

西元七二九年，鎌足之子藤原不比等的四個兒子，逼死了左大臣長屋王（長屋王之變），進而四兄弟又成功將妹妹光明子送入皇室，成為聖武天皇的皇后。光明子因而是日本第一位非皇族出身的皇后。後藤原氏以天皇家外戚身分，掌握朝中大權。也成為日本第一個外戚干政的範例。

不過，掌權之後不久，藤原四兄弟便感染瘟疫紛紛病倒。再加上九州藤原廣嗣起兵作亂，政局的不安定因而擴大開來。

鑄建黃金大佛的理由是？

瘟疫流行、饑饉、動亂等不安定持續蔓延，聖武天皇再三遷都恭仁、難波、紫香樂。在這段期間，他於西元七四一年下詔興建國分寺，又於七四三年下詔建立大佛。聖武天皇似乎是想利用佛教的力量來治理國家。

民眾遵從皇詔，在每一國領地內興建國分寺和國分尼寺。並且在平城京興建東大寺，作為國分寺的總寺。又在東大寺內用黃金打造毘盧遮那大佛，大佛經歷九年鑄造完成。七五二年完成之時，請來印度的高僧菩提僊那，舉行了盛大的開光儀式。

然而，這番大工程掏空了國家的財政，反而更增加了社會的不安。

祈求好運的大佛鑄造工程

●奈良時代的政變●

天皇	掌權者	政變
元正天皇	長屋王	
	↓	長屋王之變（729年）
聖武天皇	藤原四子	
	↓	藤原四子因天花病死（737年）
	橘諸兄	藤原廣嗣作亂（740年）
	↓	
孝謙天皇	藤原仲麻呂	
淳仁天皇	↓	橘奈良麻呂之變（757年）
稱德天皇（孝謙復辟）	道鏡	受孝謙天皇寵愛
	↓	惠美押勝（藤原仲麻呂）之亂（764年）
光仁天皇	藤原百川	宇佐八幡宮神託事件（769年）

●大佛建造方法●

●以鑄模製作原型，取出模子。
●在模型的縫隙間注入銅。
大佛的鑄造分成八段，從下按順序鑄入銅。花了八年時間才到達第八段。
然後將大佛立起，修補，鍍上黃金大功告成。

2-3 重新審視庶民生活與土地政策

一般庶民的艱苦生活

「青瓦朱柱奈良之都，現在仍如繁花盛開般芬芳。」（小野老）

《萬葉集》中選載的這首和歌，是用梅花來比喻平城京繁華的景況。

但是，繁華昌盛的景象只在京城內。在城外，受不了沉重稅負和嚴苛勞役，而逃離「口分田」（譯注：政府一律授予百姓的土地）的農民源源不絕。再者，興建國分寺和鑄造大佛等國家事業，更是令農民的負擔雪上加霜。

萬葉詩人山上憶良留下的〈貧窮問答歌〉，以豐富情感吟詠當時庶民的艱困生活。

崩毀的公地公民制

奈良時代剛開始之時，國內人口開始增加。根據某項研究，當時日本總人口約有六百至七百萬人，平城京約有二十萬人居住。

由於人口的增加，再加上農民放棄耕作的事件頻起，於是口分田出現不足的狀態。因此政府不得不減緩原先實施的「公地公民」原則。七二二年訂立「百萬町步開墾計畫」，第二年發布「三世一身法」令。對新開墾的土地，承認其私有至家族第三代。七四三年又推出「墾田永年私財法」。此法即按其身分在一定範圍內的開墾地，可成為永久私有之意。

根據這個法令，貴族和大寺社競相開墾土地。增加的私有地稱之為「莊園」。

奈良時代土地制度的變遷

●土地制度的變遷●

646年 下詔革新
「公地公民制」
所有土地均為國有

↓

701年 大寶律令
「班田收受法」
六歲以上的男子租予田地二段（24公畝），六歲以上的女子一段一百二十步（16公頃），課徵租稅。

↓

723年 三世一身法
「限期土地私有法」
附帶新灌溉設施的開墾地，許可其維持三代私有。附帶舊灌溉設施的開墾地，許可其一代私有。

↓

743年 墾田永年私財法
「無限期土地私有法」
承認其開墾的土地可永久私有。

↓

莊園的成立

●莊園的組織●

- **莊園領主**：徵收年貢的皇室、有力貴族、有力寺社
- **莊　官**：土地開墾者，收取年貢的武士
- **名　主**：有責任向莊官繳納年貢的人
  - **作　人**：小作農民，在名主之下耕作
  - **下　人**：隸屬於名主的耕作農民

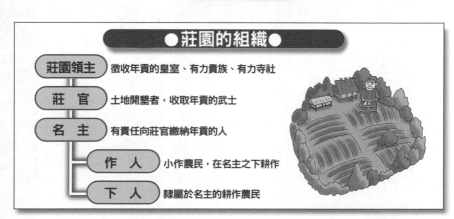

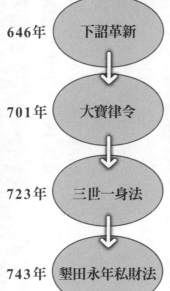

2-4 天平文化

絲路的終點站——東大寺

奈良時代，在平城京開花結果的佛教文化，稱為「天平文化」。在律令國家繁榮的環境下，受到當時大唐盛世的影響極強，是一個國際色彩濃厚的文化。

平城京相繼建設起東大寺、唐招提寺、興福寺等大寺院。此外，建於東大寺西北的正倉院，直到現在還保存著聖武天皇生前愛用的多種用品、寺寶和文書等。其中還有世界各地飄洋過海來的物品，不只來自中國、朝鮮半島，甚至還有來自東羅馬、西亞、印度、波斯等地，在在說明了天平文化的豐富國際性。這也是為什麼東大寺被稱為「絲路的終點站」。

排除身分藩籬的詩集《萬葉集》

日本開始具備律令國家的規模後，也著手史書和地志的編纂。

七一二年編成現存日本最古老的史書《古事記》，七二〇年編成《日本書紀》。另外搜集了各國風土和地理產物，編成了《風土記》。

除此之外，奈良時代誕生了如山上憶良、山部赤人、柿本人麻呂等多位詩人。搜羅了四千五百首詩的《萬葉集》中，也有這些名詩人的作品。

《萬葉集》的特點在於，其中雖有天皇、貴族的詩作，但也不忘收集無名農夫和防人的詩。它使用萬葉假名，再組合漢字的讀法標記，是了解古人真實的心情十分寶貴的資料。

天平文化的特徵

●絲　路●

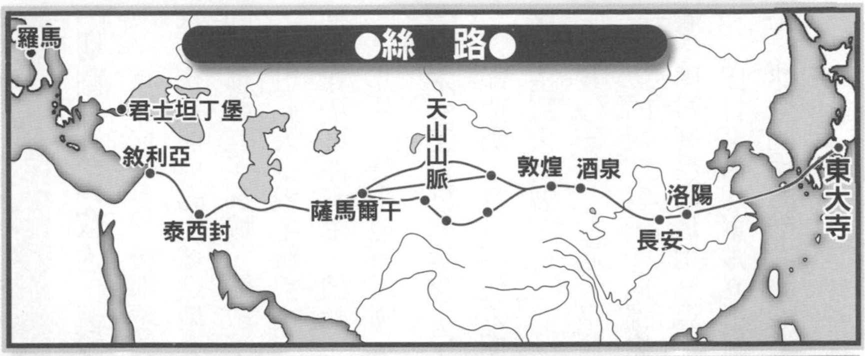
羅馬
君士坦丁堡
敘利亞
泰西封
薩馬爾干
天山山脈
敦煌
酒泉
洛陽
長安
東大寺

●古事記・日本書紀●

天武天皇的命令

	編者	完成	內容	編纂的目的
古事記（712年）	太安萬侶、稗田阿礼	元明天皇之時	日本最古老的史書。敘述以天皇為主日本統一的歷程。	將皇室神格化，主張天皇統治的正統性。
日本書紀（720年）	舍人親王	元正天皇之時	日本最古老敕撰的正史。有關朝廷流傳的神話、傳說、記錄等的史書。	將皇室神聖化，主張天皇統治的正統性。

2-5 平安時代的開啟

切割佛教與政治，遷都平安京

繼光仁天皇之後即位的桓武天皇，考慮將京城從寺院勢力強大的平城京遷離。桓武天皇看中了水陸交通便捷的山城之地，先於七八四年遷至長岡京，十年後遷至「平安京」。七九四年，在現今的京都建立了都城，開啟了長達四百年的「平安時代」，直到源賴朝在鎌倉建立幕府才結束。

桓武天皇遷至新都後，當務之急便是地方政治的重建。這段時期，有關官物庫存量等方面，經常有非法案件發生。因此，為加強對國司的監督，設置了一個官職，稱為「勘解由使」。

此外，廢止地方軍團，設置「健兒」，由郡司的子弟擔任國府的守備。

日本第一位職業軍人——坂上田村麻呂

即使到了奈良時代末期，東北地方還有部分勢力不服膺律令國家的統治。桓武天皇一直打算收服這些蝦夷勢力。

八〇一年，桓武天皇任命坂上田村麻呂為征夷大將軍，前往征討蝦夷。自日本武尊以來，這種遠征軍的司令官，一向都由皇族或貴族擔任。但是這個時節，田村麻呂還不是貴族。從這層意義來看，田村麻呂的晉用，算是劃時代的大事。他可以說是日本第一位職業軍人。

田村麻呂的軍隊立下輝煌的戰功，於八〇三年在現今岩手縣盛岡市近郊，建立志波城。這麼一來，律令國家的勢力終能擴及除北海道外的日本全境了。

平安時代之始

●平安京之前的都城變遷●

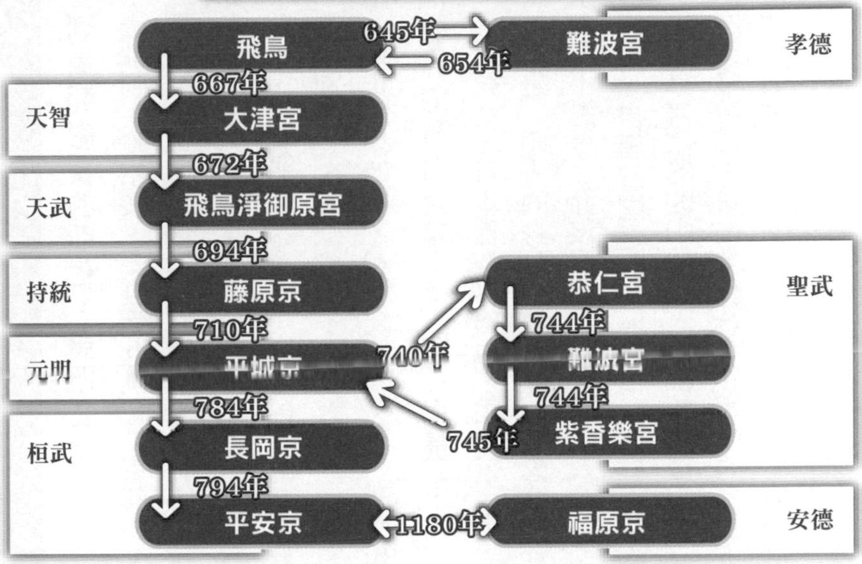
飛鳥
645年
654年
難波宮
孝德
667年
天智
大津宮
672年
天武
飛鳥淨御原宮
694年
持統
藤原京
恭仁宮
聖武
710年
744年
元明
平城京
740年
難波宮
784年
744年
桓武
長岡京
745年
紫香樂宮
794年
平安京
1180年
福原京
安德

●廣大東北的收服●

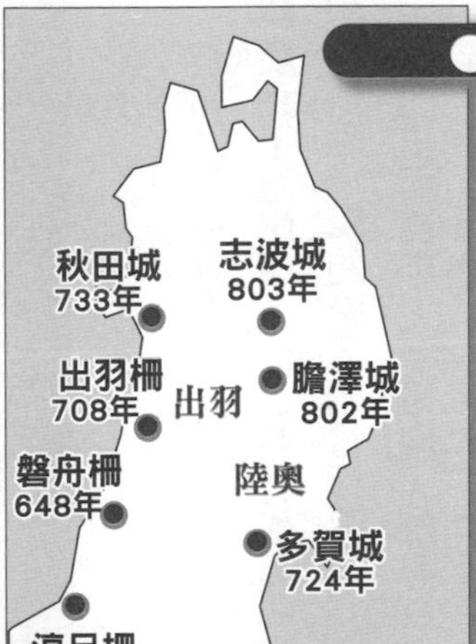
秋田城
733年
志波城
803年
出羽柵
708年
出羽
膽澤城
802年
磐舟柵
648年
陸奥
多賀城
724年
淳足柵
647年
白河關

2-6 弘仁・貞觀文化與佛教改革

受到唐朝影響的弘仁・貞觀文化

遷都到平安京後，一直到九世紀結束前的文化，取當時年號稱之為「弘仁・貞觀文化」。雖然後來，因「菅原道真的建議」而於八九四年廢止了遣唐使，但這個時代尚與唐朝有交流。因此在弘仁・貞觀文化中，還看得到漢詩文的流行和密教等，唐的影響相當深厚。

此外，朝廷設置了大學，作為國家的教育機關，對歷史與文學尤為重視。部分有力的貴族設置了「大學別曹」，向全族的子弟施教，以便擁有適於為政者的見識。主要的大學別曹有在原氏的奬學院、橘氏的學館院、和氣氏的弘文院、藤原氏的勸學院等。

佛教界的革命之子——空海與最澄

九世紀初，日本佛教界出現了兩位巨人——空海與最澄。兩人都是遣唐使的成員，於八〇四年入唐。但是，兩人的身分與待遇卻有著天壤之別。最澄從一開始就是受桓武天皇寵信的精英人物，而空海只不過是一介沒沒無名的留學僧人。

後來，自唐歸國之後，空海與最澄都有了輝煌的成就。修習密教的空海在高野山創立金剛峰寺，成為真言宗的開山始祖。最澄於比叡山建立延曆寺，開創了天台宗。

在奈良時代，日本佛教一直在國家的保護下發展。因此，出現了如道鏡之流的僧人介入政治。在這政治與宗教結合的日本佛教界，空海與最澄可說帶進來一股清新的氣息。

文化與佛教

●弘仁・貞觀文化●

9世紀的中國，唐朝開始衰弱，但在日本卻進入唐風文化的最盛期。

★主要建築、美術作品

建築 室生寺金堂・五重塔

雕刻 藥師寺／僧形八幡神像

神護寺／藥師如來像

元興寺／藥師如來像

室生寺／金堂釋迦如來像

室生寺／彌勒堂釋迦如來像

觀心寺／如意輪觀音像

教王護國寺／不動明王像

法華寺／十一面觀音像

繪畫・書道 神護寺／兩界曼荼羅

教王護國寺／兩界曼荼羅

園城寺／不動明王像

風信帖・空海

★主要著作

漢詩文集・詩文集 凌雲集

文華秀麗集

經國集

性靈集

菅家文草

詩論・說話集 文鏡祕府論

日本靈異記

類聚國史

新撰姓氏錄

●平安佛教的發展・最澄與空海●

最澄

最澄在唐學習、在山中進行嚴酷的修行，藉此解說回歸佛陀本來教義的天台宗。他從之前的南都佛教獨立出來，在比叡山開立延曆寺。

空海

空海也在從唐回國之後，勸說以加持祈禱獲得現世利益的密教，於高野山開設金剛峰寺。

2-7 莊園與律令制度的變質

變化的莊園風貌

「莊園」，指的是奈良時代中期以後，日本各地由貴族和寺社開墾出來的土地。最初，律令國家主張所有的土地、人民都屬於國家，即「公地公民」。但是隨著人口增加和口分田不足，稅收無法增加，因此不得不允許土地私有。以這種方式開墾而成的莊園稱為「初期莊園」。

改朝換代來到平安時代中期後，有力貴族的莊園擁有免納稅的「不輸之權」，或拒絕官吏入內的「不入之權」。因此，地方的豪族們也將自己的莊園捐給中央的有力貴族，以取得特權的恩惠。這種莊園叫做「捐地系莊園」。

變質的律令體制

進入九世紀後，嵯峨天皇試圖重建政治。他設置「藏人頭」，任命藤原冬嗣就職，以便將天皇的命令快速傳達給太政官組織。繼而設置「檢非違使」以維持都城的治安。這種在原先律令中的「令」未能規定的職務，稱為「令外官」。令外官是為因應既有律令制無法處理的現實問題而設立的。

另外，先前為補足律令而推出的「格」，與施行法律細節的「式」，都再加以分類、編輯，整理為「三代格式」（弘仁格式、貞觀格式、延喜格式）。

因而為了符合日本的實情，律令體制開始漸漸變質。

平安時代的莊園

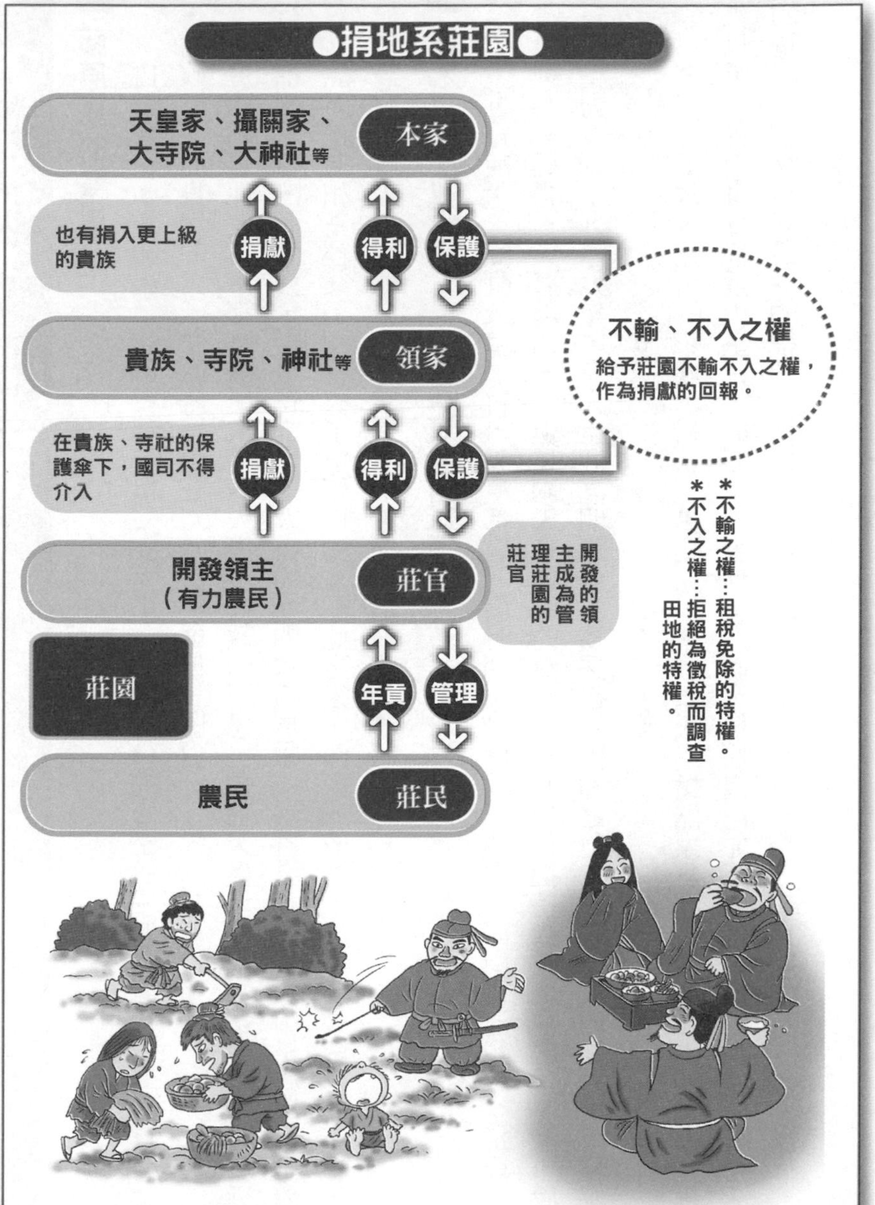
●捐地系莊園●
天皇家、攝關家、大寺院、大神社等
本家
也有捐入更上級的貴族
捐獻
得利
保護
貴族、寺院、神社等
領家
在貴族、寺社的保護傘下，國司不得介入
捐獻
得利
保護
開發領主（有力農民）
莊官
開發的領主成為管理莊園的莊官
莊園
年貢
管理
農民
莊民
不輸、不入之權
給予莊園不輸不入之權，作為捐獻的回報。
＊不輸之權…租稅免除的特權。
＊不入之權…拒絕為徵稅而調查田地的特權。

2-8 攝關政治的肇始

藤原氏的發展

自九世紀中葉開始，藤原氏的勢力不斷擴大。八五八年藤原良房成為清和天皇「實質上」的「攝政」。而良房的養子藤原基經也在八八四年就任「關白」。這兩起事件在日本都是前所未見的大事。攝政的意思，是指天皇年幼或為女性時，代替天皇執行政治的官職。而關白，則是在天皇成人後輔佐朝政的官職。兩者原本都必須由皇族成員來擔當。然而良房和基經父子卻打破了這個慣例。從此之後，藤原氏成為天皇家的外戚，在天皇年幼時擔任攝政，成人後以關白身分掌握政治實權。這種政治體制稱為「攝關政治」。

日本式權力結構——攝關政治的架構

十世紀前半，醍醐天皇、村上天皇都有一段時期不設攝政、關白，而由自己親政。這段治世，後世稱為「延喜・天曆之治」。但是兩天皇之間的時期，藤原氏仍把持攝政關白之位，並未脫離實質的權力。到了九六九年，左大臣源高明遭到左遷之後（安和之變），藤原氏的勢力幾乎穩固不移了。

推舉出攝政、關白的家族，稱為「攝關家」。藤原氏以攝關家掌握了至高無上的權力。攝關家先以天皇外戚身分接近天皇家，繼而掌握實權。然而，他們自己並不取代天皇的地位，維持天皇家的權威，卻掌有實質性的權力。這種政治模式，後來也成為日本權力結構的傳統。

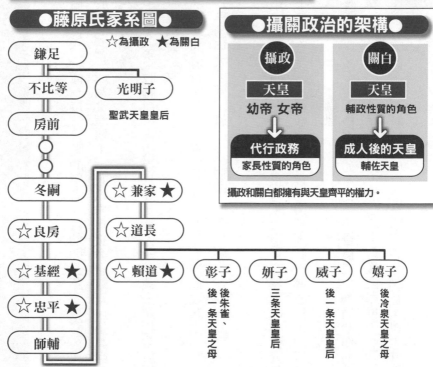

起自藤原氏的攝關政治

●藤原氏伸展勢力的攝關政治●

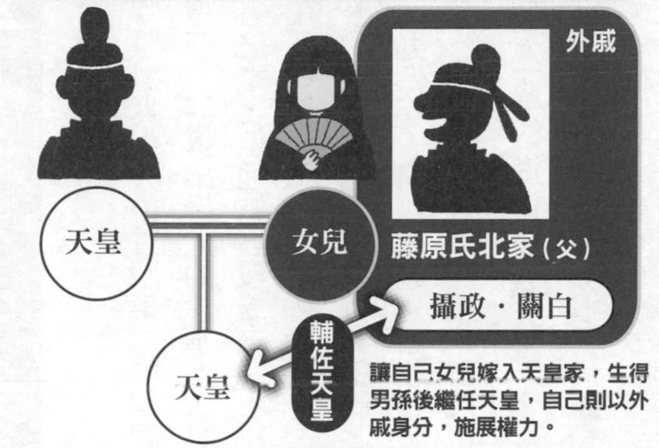
外戚
天皇
女兒
藤原氏北家（父）
攝政・關白
輔佐天皇
天皇

讓自己女兒嫁入天皇家，生得男孫後繼任天皇，自己則以外戚身分，施展權力。

●藤原氏家系圖●

☆為攝政 ★為關白

- 鎌足
- 不比等 — 光明子（聖武天皇皇后）
- 房前
- ○
- ○
- 冬嗣
- ☆良房
- ☆基經★
- ☆忠平★
- 師輔
- ☆兼家★
- ☆道長
- ☆賴道★
- 彰子（後朱雀、後一条天皇之母）
- 妍子（三条天皇皇后）
- 威子（後一条天皇皇后）
- 嬉子（後冷泉天皇之母）

●攝關政治的架構●

攝政	關白
天皇	天皇
幼帝 女帝	輔政性質的角色
↓	↓
代行政務	成人後的天皇
家長性質的角色	輔佐天皇

攝政和關白都擁有與天皇齊平的權力。

2-9 宇多天皇與菅原道真

秀才菅原道真

菅原道真生於書香門第，父親與祖父皆為「從三位」官階的學者。自幼即受英才教育，尤其在詩歌方面，展露出過人的才華。道真於八七七年成為文章博士，八八六年獲命讚岐守。道真雖然生於學者之家，但他為官發達之路可以說十分順遂。

八九一年，關白藤原基經過世，宇多天皇不設關白，提拔道真成為藏人頭。藏人頭相當於天皇的祕書，然而這道人事令實有壓制藤原氏勢力之意。

八九四年，宮中議論是否恢復斷絕已久的遣唐使時，道真以唐朝衰弱和航海危險為由，表示反對之意。而道真的這個建議，也使自六三〇年犬上御田鍬以來的遣唐使遭到廢止。

受到左遷的道真成為怨靈？

宇多天皇讓位之後，道真仍舊權傾一時。然而，在九〇一年正月末，道真突然受命轉任九州大宰府。據說這是道真的政敵藤原時平不滿道真受寵，頻進讒言所致。道真因此思鄉成疾，兩年後病逝在大宰府。

道真死去的那一年，京都經常雷聲大作，甚至有人被雷劈死。此外，令道真失勢的始作俑者藤原時平也在三十九歲英年早逝。連醍醐天皇的第二皇子保明親王，都在二十一歲便過世了。

當時的人都深信這是道真的怨靈作祟。因此，在天曆年間，京都為道真設立神社，以慰其在天之靈。這也就是後來的北野天滿宮。

成為怨靈的菅原道真

●平安時代的怨靈●
精神上、肉體上受壓迫的人
作祟
人
含恨而死
怨靈

●菅原道真成為怨靈之前的過程●

●菅原是善之子

生於世家，父親和祖父都是從三位學者。

●成為文章博士

●宇多天皇晉用與門第無關、具有實力的人才，而非只用藤原家人。

●菅原道真得到宇多天皇的信任。

891年 ●藏人頭
＊藏人：管理官或官司的物資。

893年 ●參議
＊參與議政的地位

896年 ●女兒成為女御
＊女御：在天皇寢宮服侍的高階女官

899年 ●宇多天皇讓位給醍醐天皇，受命擔任輔佐，成為右大臣。藤原時平為左大臣。

901年 ●被藤原時平讒言所害，左遷至大宰府。

903年 ●於大宰府病逝。

909年 ●藤原時平亡故。

923年 ●藤原時平的血脈，保明親王過世。菅原道真的怨靈說甚囂塵上。

醍醐天皇害怕菅原道真的怨靈報復，將右大臣之位歸還，贈正二位望能鎮靈。

安樂寺（太宰府天滿宮）與北野天滿宮都供奉他為天滿大自在天神。

2-10 承平、天慶之亂

震驚都城百姓的武士叛亂

十世紀中期發生了兩件震驚都城百姓的叛亂事件，分別是九三五年的「承平之亂」與九三九年的「天慶之亂」。

發起「承平之亂」的平將門，年輕時便期望在京都謀得公職，卻因沒有堅強的後盾而無法如願。將門回到故鄉下總國後，襲擊常陸的國府。雖然時間不長，但占領了大半關東，自稱「新皇」。而「天慶之亂」中在瀨戶內海沿岸為非作歹的藤原純友，原為伊予國府的官員。他在任期結束後並未返鄉，反而變成了海盜。

兩件相繼發生的叛亂，震撼了中央政界。然而動亂的時間都未能發展太久，很快就被都城派遣的軍隊輕鬆弭平了。

時代的矛盾蘊育出武士

將門和純友發動叛亂的時期，日本正處於由來已久的律令體制面臨崩潰、逐漸轉移到莊園公領制的過渡期。在中央政界方面，正是藤原氏鞏固攝關體制的時期。到地方赴任的貴族後裔在當地生根，形成一種新的階級，名為「武士」，慢慢發展勢力。這個時代，在京都的武士地位遠比貴族低微，然而在地方上，他們卻是實質的統治者。將門與純友之亂，可以說正是將這種矛盾以具體形態呈現出來。這兩起動亂的發動者和平亂者都是武士。這些未來時代的主角，藉由這兩次事件第一次帶給中央政界巨大的衝擊。

有力武士的出場

●承平、天慶之亂●

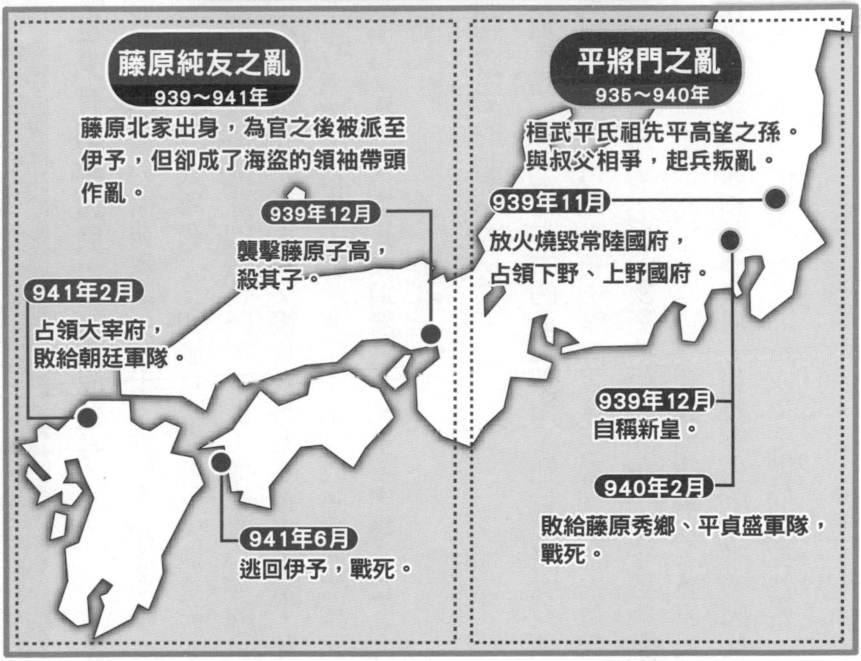
藤原純友之亂
939～941年
藤原北家出身，為官之後被派至伊予，但卻成了海盜的領袖帶頭作亂。
939年12月
襲擊藤原子高，殺其子。
941年2月
占領大宰府，敗給朝廷軍隊。
941年6月
逃回伊予，戰死。
平將門之亂
935～940年
桓武平氏祖先平高望之孫。與叔父相爭，起兵叛亂。
939年11月
放火燒毀常陸國府，占領下野、上野國府。
939年12月
自稱新皇。
940年2月
敗給藤原秀鄉、平貞盛軍隊，戰死。

●武士團的結構●

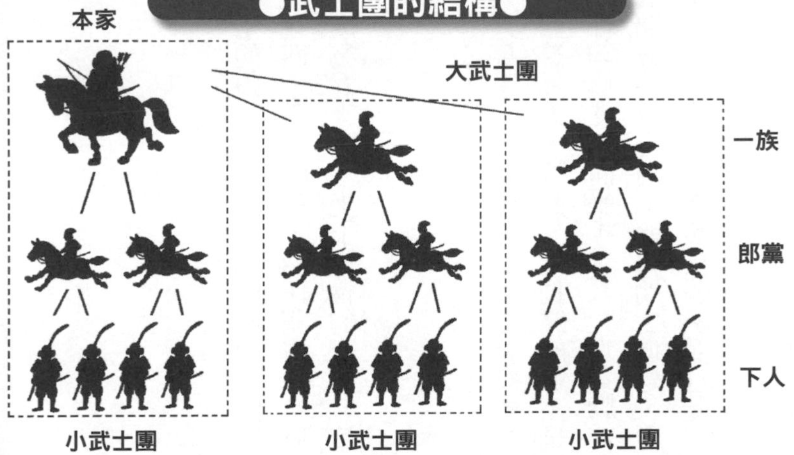
本家
大武士團
一族
郎黨
下人
小武士團
小武士團
小武士團

2-11 攝關政治的顛峰與衰退

絕世少有的幸運兒——藤原道長

藤原氏領導的攝關政治，在十一世紀半到達顛峰。

「天下為吾人所有，正如滿月時節無所欠缺。」

藤原道長所吟詠的這首詩，看得出他桀驁不遜的自信。

道長生於九六六年，父親為太政大臣藤原兼家。身為五子的道長，未能按部就班地發跡為官，但他十分幸運。首先，繼承兼家家業，成為關白的長兄道隆在四十三歲病死，繼任關白的次兄道兼赴職七日後驟逝。道長與道隆之子相爭勝出後，在九九五年成為右大臣，坐上掌權的寶座。第二年成為左大臣，廟堂之上權傾一時。

攝關政治的弱點在於？

道長長期間獨占權力的最大理由，在於他將女兒們嫁入天皇家，紛紛生下皇子。當時的貴族社會還留著濃濃的母系社會影響，貴族子弟一般都由母親娘家撫養長大。因此，道長靠的並不是經濟力，也不是軍事力，而是女兒的婚姻和生下皇子等極其生物性的條件，而平步青雲，飛黃騰達。

道長在一〇一六年成為後一条天皇的攝政，藤原氏的攝關政治也走向全盛時期。但是，繼承道長之位的兒子賴通和其子教通，都沒有生下兒子，因此藤原氏的統治體系逐漸衰弱。而且此時，在地方上武士漸漸積聚實力，即將成為下世代的支柱。

攝關政治的衰退

●從攝關政治到院政●

●969年「安和之變」。右大臣藤原師尹以陰謀讒左大臣，即醍醐天皇的皇子源高明失勢，自任左大臣。

●此後，藤原氏排斥所有氏族，鞏固政權。

●藤原氏中，勢力強大的藤原北家世襲獨占攝政與關白之位，因而被稱為「攝關家」。

●攝關家中發生骨肉權力爭奪。

●藤原道長與姪子藤原伊周在激烈的權力鬥爭後獲勝。

●1011年道長的二女兒妍子成為三条天皇的中宮（皇后）。

●三条天皇退位，長女彰子與一条天皇所生的皇子敦成親王即位，成為後一条天皇。

●讓三女威子嫁與後一条天皇。

●讓四女嬉子嫁與後朱雀天皇。

●後朱雀天皇讓位給嬉子所生的後冷泉天皇。

●道長成為三代天皇的外祖父，大權在握。

●道長死後，後三条天皇與白河天皇打壓攝關家與貴族。

●1086年白河天皇讓位給8歲的堀河天皇，成為白河上皇施行院政*。

●白河上皇擔任鳥羽天皇、崇德天皇的監護，掌握實權40年。

●院政由鳥羽上皇、後白河上皇繼承，持續百年之久，藤原家終於衰微。

*譯注：即太上皇聽政。

2-12 成長的武士團

武士的棟梁——源氏與平氏

當藤原氏等王公貴族在京都享受奢華生活時，地方政治卻是亂上加亂，治安急速惡化。因此，地方豪族為了保護家園與財產，開始自我武裝。據說這就是武士的起源。

各地的武士最初只是以一族為中心的小集團，但逐漸發展成仰賴有力武士領導的大集團。大武士團的領導叫做「棟梁」。能成為棟梁，獲得威信的幾乎都是京都下來的皇族或貴族子孫。其中，在清和天皇治世下，遭到臣籍降下（譯注：脫離皇族身分，得到賜姓降為臣籍的皇族子弟）的「清和源氏」，和奉桓武天皇為祖的「桓武平氏」，都成為武士團的有力棟梁。而源氏和平氏便分別往東國和西國伸展勢力。

兩起動亂展現武士實力

十一世紀中葉，東北地方的豪族相繼起兵造反。一〇五一年，陸奧國的安倍賴時違反國司命令，擴大勢力。源賴義與其孫義家獲得出羽清原氏的援助，成功平亂。史上稱為「前九年之役」。到了一〇八三年，義家趁著在奥羽擴大勢力的清原氏家族內鬥，消滅了清原氏，稱為「後三年之役」。

這兩次戰役向世人展現了武士的力量。然而朝廷將義家在後三年之役中的戰果，視為私相爭鬥，不願給予封賞。義家無奈之餘，只好傾出私囊，回報部下的汗馬功勞。此舉大大提升了義家的信譽，源氏一族因而上下同心，團結一致。而這股力量也成為百年後開啟源氏治世的原動力。

源氏與平氏　武士之爭

●武士的棟梁——源氏與平氏●

平氏譜系圖

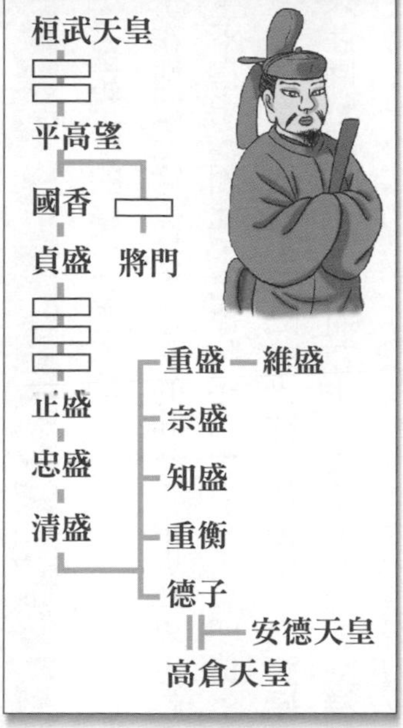
桓武天皇
平高望
國香
將門
貞盛
正盛
忠盛
清盛
重盛
維盛
宗盛
知盛
重衡
德子
安德天皇
高倉天皇

源氏譜系圖

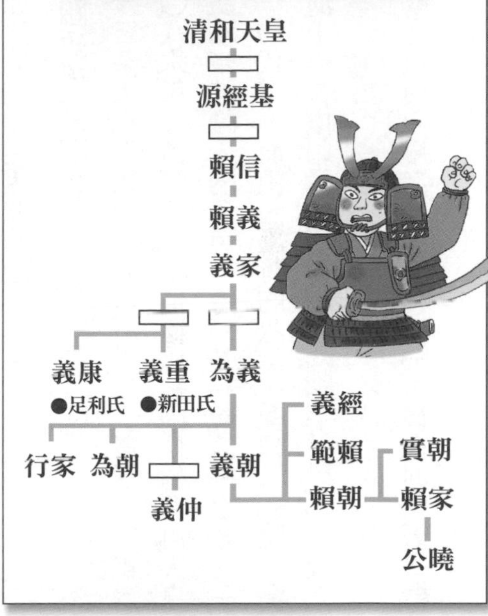
清和天皇
源經基
賴信
賴義
義家
義康
●足利氏
義重
●新田氏
為義
行家
為朝
義仲
義朝
義經
範賴
賴朝
實朝
賴家
公曉

●前九年・後三年之役●

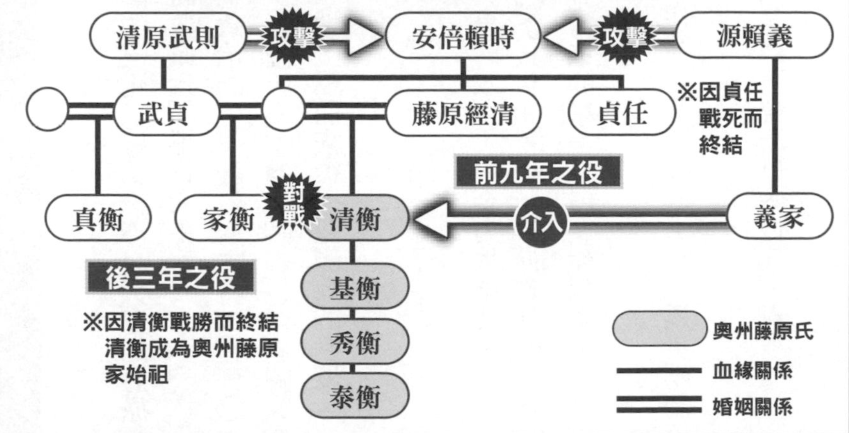
清原武則
攻擊
安倍賴時
攻擊
源賴義
武貞
藤原經清
貞任
※因貞任戰死而終結
前九年之役
真衡
家衡
對戰
清衡
介入
義家
後三年之役
※因清衡戰勝而終結
清衡成為奧州藤原家始祖
基衡
秀衡
泰衡
奧州藤原氏
血緣關係
婚姻關係

2-13 藤原氏的衰弱與院政之始

恢復天皇親政的後三条天皇

武士在地方上徐徐打下根基的同時，中央政界也起了明顯的變化。嫁給後冷泉天皇的藤原賴通之女未生下皇子，因此，已達壯年的後三条天皇即位，企圖將藤原氏遠離權力中心。

後三条天皇是個說一不二的人物。他獲得不滿藤原氏攝關政治的中下級貴族支持，在一〇六九年發布〈莊園整理令〉。進而在中央設置「記錄莊園券契所」，由天皇主導，調查包含攝關家在內的各地莊園，將不法物品全部沒收。後三条天皇努力收復公領地，繼而恢復天皇親政的制度。

藤原氏的勢力也因此急速衰退。

從攝關政治到院政

在後三条天皇之後即位的白河天皇，繼承了父親後三条天皇的政策，更全力地推行。

一〇八六年，白河天皇讓位給年紀尚幼的堀河天皇，自己登上上皇之位，然而權力卻仍緊抓不放，扮演幼帝監護人的角色。這便是「院政」之始。「院」原本指的是上皇所居住的御所，後來也作為上皇的代稱，而由院施行的政治，便稱為「院政」。

白河上皇晉用中下級貴族作為院的近臣，調用畿內武士作為「北面的武士」，逐步壓制攝關家。

院政在白河上皇之後，又有鳥羽、後白河兩天皇繼承，因而持續統治日本長達一百多年。

院政

●院政的結構●

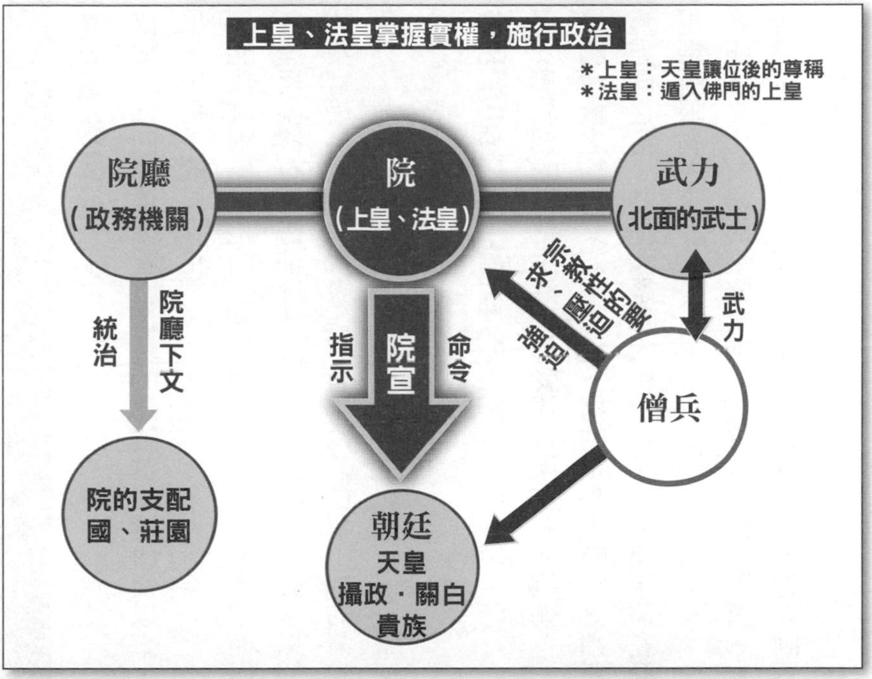
上皇、法皇掌握實權，施行政治
＊上皇：天皇讓位後的尊稱
＊法皇：遁入佛門的上皇
院廳
(政務機關)
院
(上皇、法皇)
武力
(北面的武士)
院廳下文
統治
指示
院宣
命令
宗教性的要求、壓迫
強迫
武力
僧兵
院的支配
國、莊園
朝廷
天皇
攝政・關白
貴族

2-14 國風文化與貴族的生活

女性文學的風行

自從八九四年依循菅原道真的建議廢止遣唐使以來，日本國內以貴族為中心的王朝文化跟著開花結果，史稱「國風文化」。

最能代表國風文化的，便是假名文字。分解漢字而發明的平假名和片假名，終於讓日本人能以文章表達民族特有的纖細感情。這個時代誕生了許多以假名文字書寫的優秀文學作品，其中尤其以宮中的女官最為活躍。代表作家有撰寫《枕草子》的清少納言，和創作《源氏物語》的紫式部。

另外，還有收錄自《萬葉集》以來，以紀貫之為主的約一千一百首和歌的敕撰（譯注：天皇或上皇下令編纂的歌集）《古今和歌集》。

貴族的生活與淨土信仰的流行

平安貴族們的日常生活，都受迷信所左右。例如「忌物」這個特定的日子，外出需謹慎，極力避免接觸污穢之物。又如「方違」指的是外出時，必須避開特定的方位，暫時轉往別的方位，然後再改變方向之意。其他像是三天梳一次頭，手指甲需在丑日剪，腳趾甲需在寅日剪等，生活被種種細微規矩所限制。

在國風文化興盛的平安末期，在佛教中正是所謂「末法之世」，因而祈求來世幸福的「淨土信仰」開始流行。為了祈求極樂淨土，貴族們競相建立阿彌陀堂。藤原賴通所建的「平等院鳳凰堂」便是其中代表。

平安時代的國風文化

●代表的女性文學作家——清少納言和紫式部●

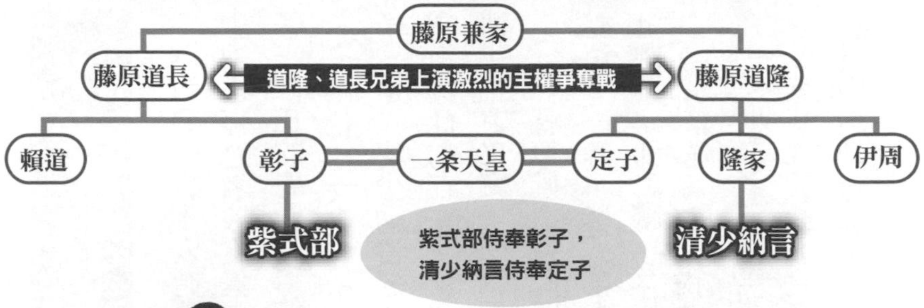
藤原兼家
藤原道長
道隆、道長兄弟上演激烈的主權爭奪戰
藤原道隆
賴道
彰子
一条天皇
定子
隆家
伊周
紫式部
紫式部侍奉彰子，
清少納言侍奉定子
清少納言

●「國風文化」又被稱為「藤原文化」●

國風文化的特徵，在於極少受中國的影響，是從日本獨特的美學意識發展出來的。

★主要的文學作品

詩歌

古今和歌集　紀貫之等
和漢朗詠集　藤原公任

物語

竹取物語
伊勢物語
宇津保物語
落窪物語
大和物語

★主要的建築、美術作品

建築

醍醐寺五重塔
平等院鳳凰堂
法界寺阿彌陀堂

雕刻

平等院鳳凰堂阿彌陀如來像
法界寺阿彌陀如來像

繪畫・書法

高野山聖眾來迎圖
離洛帖
白式詩卷

專欄

水火不容?!清少納言與紫式部

說到代表平安時代的才女，自然是清少納言和紫式部。清少納言寫過名散文集《枕草子》，紫式部則是描寫絕世花花公子光源氏的戀愛故事的《源氏物語》作者。

兩位才女大約生在同一時代。只不過紫式部侍奉中宮彰子，是在清少納言退休離宮之後，因此，清少納言應較為年長。兩人互不認識，但應該知道彼此的存在。紫式部對清少納言的印象似乎不太好。《紫式部日記》中有不少貶斥清少納言之處，而且內容相當辛辣。

「就算她自恃聰明，還會寫漢字，但內容卻十分幼稚。」「那種女子未來恐怕前途黯淡。」等，紫式部批評得十分露骨。但相反的，清少納言在《枕草子》中卻完全沒有批評紫式部之處。為什麼紫式部會這麼討厭清少納言呢？

原來是《枕草子》中描寫了一段紫式部的丈夫藤原宣孝在御嶽參詣（譯注：登山參拜）時的服裝太過華麗，文字略有嘲弄之意的緣故。

紫式部與藤原宣孝結褵只有短短三年，夫妻親愛之情都留在她的詩歌中。因此，也許當她讀到《枕草子》對自己丈夫的不敬，心中便十分氣憤吧。

第三章

武士政治的樹立

3-1 保元、平治之亂

兩次大亂後，擴展勢力的是誰？

十二世紀中期，京都發生了兩次大戰亂，那就是「保元之亂」與「平治之亂」。一一五六年，鳥羽法皇崩逝，欲接替他施行院政的崇德上皇與弟弟後白河天皇形成對立。這場對立牽連到藤原氏，以及源、平二氏的有力人士，發展成戰亂，即是所謂的保元之亂。這次戰亂由後白河方勝出，失敗的崇德上皇被流配到讚岐國。

三年後，京都再次發生平治之亂。發動這次戰亂的是保元之亂中同為勝者的平清盛和源義朝。這次戰爭，清盛方獲勝，敗北的義朝在逃亡的途中被殺，其子賴朝被捕，流放伊豆。

因此，趁著這兩次戰亂擴展勢力的是平清盛。

日本最厲害的大天狗

在保元、平治兩亂的時代，有個遊走兩方、狡猾神通的人物，後來開啟鎌倉幕府的源賴朝稱其為「日本最厲害之大天狗」（譯注：天狗為日本傳說中神通廣大的妖怪），他就是後白河法皇。

後白河為鳥羽上皇的第四子，在近衛天皇死去後，就任皇位。但其兄崇德上皇不服，發起保元之亂。後白河巧妙地運用平清盛、源義朝等武士，平定戰亂。亂後他退下皇位，成為上皇，從此之後掌控政權長達五位天皇三十年餘。

後白河有時與平氏合作，有時又向源氏發出「追討平氏之宣旨」，其後甚至策動源氏同門自相爭鬥。後白河的種種謀略，也許可以說是朝廷對即將來臨的武士時代所作的抵抗。

兩大勢力激烈衝突 保元、平治之亂

●骨肉相爭的保元之亂●

	皇室	藤原氏	源氏	平氏
敗者 上皇方	崇德（兄）	賴長（弟）	為義（父） 為朝（弟）	忠正（叔父）
	鳥羽	忠實		忠盛
勝者 天皇方	後白河（弟）	忠通（兄）	義朝（子）（兄）	清盛（姪）

●源氏與平氏的主導權之爭，平治之亂●

院之近臣藤原氏			
通憲・自殺（信西）	勝者	平氏	清盛　重盛
信賴・斬首	敗者	源氏	義朝・謀殺　義平・斬首　賴朝・流放

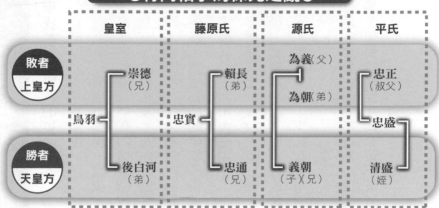

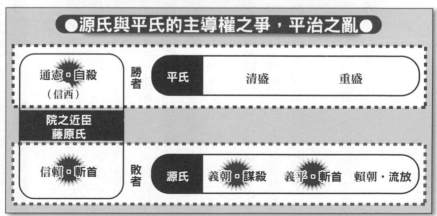

3-2 平氏的政權

平氏黃金時代的來臨

經歷保元、平治兩亂之後，平清盛登上了權力的寶座。清盛讓平氏一門嫁入皇室，結下外戚關係，一步步打穩權力基礎。隨後，他在一一六七年，成為第一個登上太政大臣之位的武士。太政大臣乃皇族之外者可就任的最高職位。清盛可稱得上位極人臣。平氏的財政基礎，來自於他們在全國的許多知行國和莊園。此外，他又任命家族中人為國司或莊官，進而統治全國。清盛又進而修復攝津國的大輪田泊，保障瀨戶內海航路的安全，與中國宋朝從事貿易，稱之為「日宋貿易」。

但是，運用強硬的婚姻政策或一家獨占政府要職的平氏，逐漸讓人們產生反感。

貴族與武士的折衷政權——平氏

平清盛就任的太政大臣一職，原本是在律令體制下所制定貴族最高職位。平氏雖是武士出身，但其權力結構卻凌駕了原本貴族社會的體系。雖然如此，平氏與畿內、西國的武士團之間建立了主從關係。也就是說，平氏政權可以說同時兼具貴族的性質，與類似後來鎌倉幕府展現的武家政權性質。

站在榮華之顛的平清盛，據說在一一八一年死於熱病。《平家物語》記載，清盛聽到曾救過一命的源賴朝舉兵反平氏，留下遺言：「拿賴朝的首級到我墓前祭拜！」

在清盛時期到達顛峰的平氏黃金時代

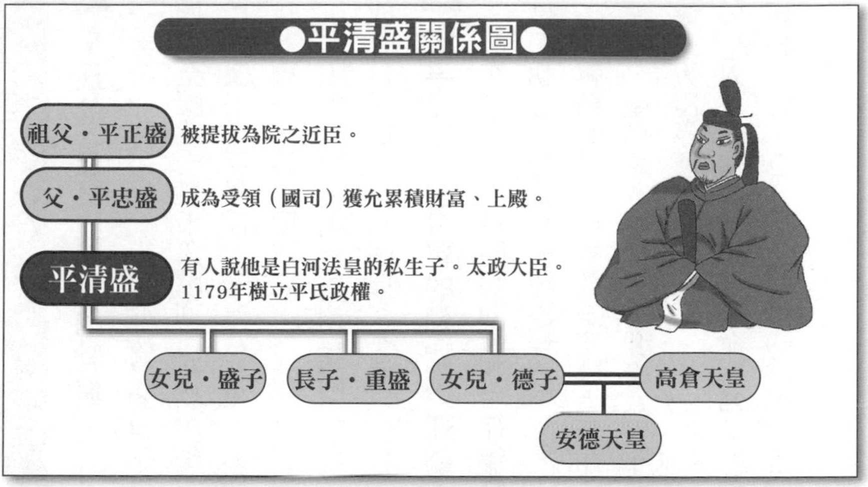
●平清盛關係圖●
祖父・平正盛
被提拔為院之近臣。
父・平忠盛
成為受領（國司）獲允累積財富、上殿。
平清盛
有人說他是白河法皇的私生子。太政大臣。
1179年樹立平氏政權。
女兒・盛子
長子・重盛
女兒・德子
高倉天皇
安德天皇

●平氏的知行國●
＊知行國：給予特定皇族、公卿、寺社等該國的國務執行權，並可取得該國收益
佐渡
能登
越中
加賀
飛驒
常陸
武藏
越前
丹後
但馬
若狹
美濃
上總
伯耆
福原（神戶）
丹波
尾張
三河
駿河
京都
備中
備前
播磨
伊勢
長門
安芸
和泉
志摩
淡路
讚岐
周防
阿波
紀伊
筑前
伊予
薩摩

3-3 源賴朝舉兵

平氏的黃昏與源氏的勃興

一一八〇年，後白河法皇的皇子以仁王號召各國武士打倒平氏。以仁王雖然舉兵失敗，但卻點燃了全國武士對平氏壓抑已久的不滿。流配伊豆的源賴朝和隱居信濃山中的木曾義仲等，各國的源氏相繼舉兵反平氏。一一八三年，義仲入京都，平氏逃往西國。而平治之亂中，源義朝的三子賴朝在石橋山之戰一度敗北，但隨後挽回勢力，於富士川之戰擊退平氏軍。

因此，最後出現奧州藤原氏占據奧州，賴朝占據東國，義仲占據畿內，平家統領西海道的狀態，日本被瓜分為四塊。不過，一位英雄打破了這個均衡狀態。

戰爭天才源義經的榮耀與悲劇命運

在富士川之役勝利的賴朝守住鎌倉，專心一意地鞏固東國政權。因此代替他在前線作戰的，便是賴朝之弟源範賴與源義經。

賴朝的異母弟義經是個戰爭天才。他先在粟津之戰中，大破同為源氏的義仲，接著又陸續在一之谷、屋島擊敗平氏軍。一一八五年的壇之浦戰役，進而一口氣將平氏完全殲滅。距離平清盛就任太政大臣僅僅不過十八年。

義經雖然戰功輝煌，命運卻受悲劇擺布。他因自作主張接受朝廷的任官，而觸怒賴朝，因而與賴朝敵對。也許軍功彪炳的義經，他的存在對兄長賴朝就是一個威脅吧。

源平爭亂

●平治之亂後主要的源氏大將●

源義平 逃至美濃，又返回欲暗殺清盛，被捕處斬。

源義朝 在尾張被舊識長田忠致背叛所殺。

源義仲 兩歲時逃至木曾，得乳母之夫中原兼遠撫養長大。

源賴朝 被平氏捕獲，但在清盛繼母求情下，被流放伊豆蛭之小島。

源義經 與母、兄一同被捕，被安置在鞍馬寺。

●源平之爭亂地圖●

一之谷戰役
(1184)
源義經、源範賴與平氏一門對戰。義經以「鵯越」偷襲打退平氏。
粟津之戰
(1184)
源義經、源範賴與源義仲對戰。義仲敗退。
俱利伽羅隘口之戰
(1183)
源義仲在俱利伽羅隘口擊破平維盛軍。
屋島之戰
(1185)
源義經與平氏一門之戰，平氏敗退。
❶
❷
❸
❹
❺
❻
❼
壇之浦之戰
(1185)
源義經與平氏一門之戰。平氏敗給義經軍，因而滅亡。
富士川之戰
(1180)
源賴朝與平維盛之戰。平維盛被水鳥拍翅聲驚嚇，未戰即敗走。
石橋山之戰
(1180)
源賴朝與大庭景親。大庭在石橋山打贏賴朝，但後來被捕處斬。

3-4 鎌倉幕府的成立

史上第一個武家政權的誕生

源賴朝在弟弟義經殲滅平家的一一八五年前後，正進行穩固地盤的種種作業。一一八〇年，設立了由御家人統率，負任軍事、警備的「侍所」。第二年設立執行政務的「公文所（後來的政所）」，與擔任審判的「問注所」。一一八五年，進而以追捕義經的名義，在全國配置地頭。

那麼，鎌倉幕府究竟在何時成立的呢？一般說法以一一九二年，賴朝就任征夷大將軍的時候開始算起最為有力。但是現在也有人提出一一八五年的說法，頗受支持。因為那年幕府統治遍及全國。

支持鎌倉幕府的御恩與奉公

鎌倉幕府的統治基礎，在於人稱「鎌倉大人」的賴朝和御家人的主從關係。

賴朝對御家人祖先傳下來的土地，施行「本領安堵」（譯注：即承認領地）給予保證；對立下戰功的武將，賜予新的領地，稱為「新恩給與」，這些稱為「御恩」。而御家人除了平時警備任務外，一旦有戰事發生時，需率一族郎黨為鎌倉大人效命，這稱之為「奉公」。

這套「御恩與奉公」的關係支撐鎌倉幕府。御家人信賴保證自家領地財產的幕府，而經由土地的搭橋所結合的主從關係，叫做「封建制度」。

武家政權　鎌倉幕府的誕生

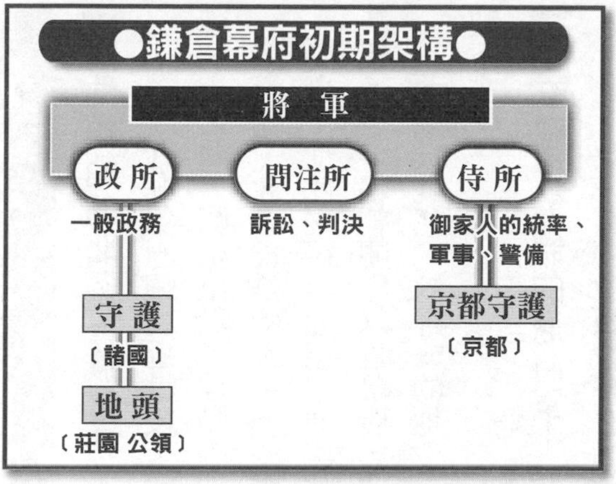
●鎌倉幕府初期架構●
將　軍
政所
一般政務
守護
〔諸國〕
地頭
〔莊園 公領〕
問注所
訴訟、判決
侍所
御家人的統率、
軍事、警備
京都守護
〔京都〕

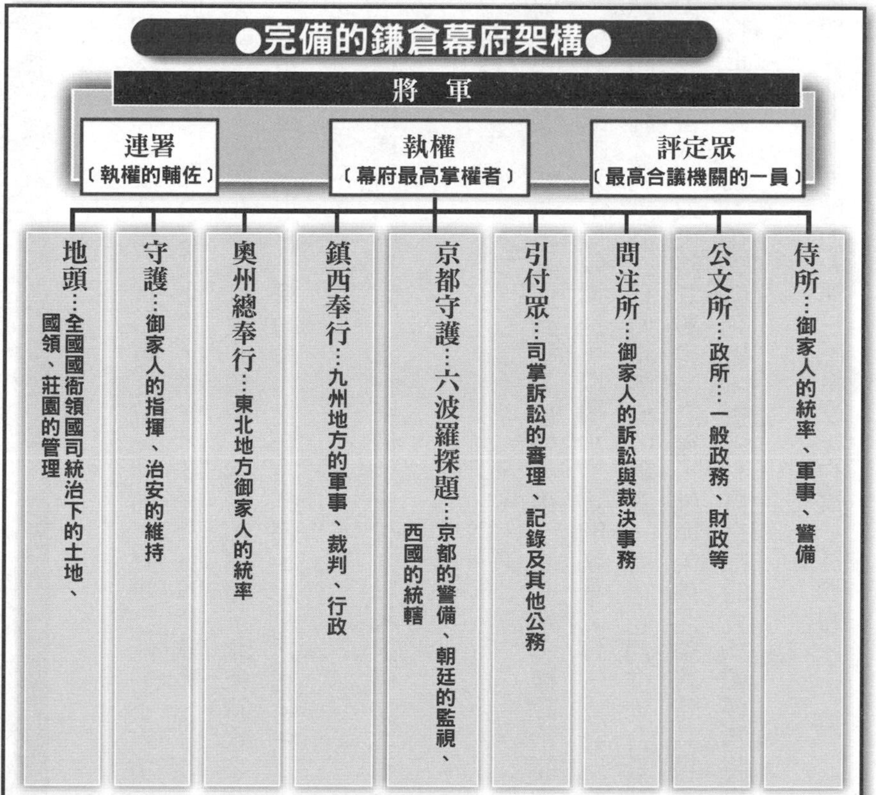
●完備的鎌倉幕府架構●
將　軍
連署
〔執權的輔佐〕
執權
〔幕府最高掌權者〕
評定眾
〔最高合議機關的一員〕
地頭…全國國衙領國司統治下的土地、國領、莊園的管理
守護…御家人的指揮、治安的維持
奧州總奉行…東北地方御家人的統率
鎮西奉行…九州地方的軍事、裁判、行政
京都守護…六波羅探題…京都的警備、朝廷的監視、西國的統轄
引付眾…司掌訴訟的審理、記錄及其他公務
問注所…御家人的訴訟與裁決事務
公文所…政所…一般政務、財政等
侍所…御家人的統率、軍事、警備

3-5 執權政治的確立

幫助賴朝的北条一族是何許人也？

一一九九年源賴朝過世後，賴朝之子賴家就任第二代將軍之位。然而，對賴家能力不太信任的御家人之間，開始出現了鬆動的情勢。因此，北条家族便趁此機會，掌握幕府的主導權。

早期，北条氏是受到平氏的委託，負責監視在伊豆流放的賴朝。然而賴朝娶了北条時政之女政子為妻，從此之後，北条家便與賴朝密不可分，也將一家的命運交託在賴朝手上。這個賭注下得很準確，後來賴朝開啟鎌倉幕府，北条家也在幕府內獲得要職。

北条氏就任「執權」的地位，兼任政所與侍所的長官，掌握幕府的實權。執權之職由北条氏世襲下去。

確立執權體制的尼將軍──北条政子

北条政子為開啟鎌倉幕府的源賴朝之妻，然而，她直到丈夫賴朝死後，才開始發揮政治能力。在當時，女性的權力較後世為強，即使失去丈夫，母親還是可以繼承實質的家督之位。

躍上政治舞台的政子逐漸施展她的手腕，為壓制二代將軍賴家的獨裁，與宿老們推動合議制政治，進而將意欲復辟的賴家流放至伊豆修善寺，最後將其殺害。之後，她與弟弟北条義時共謀，將父親時政流放伊豆，保護就任三代將軍的源實朝。在實朝死後，接受來自京都的九条賴經為將軍，自己以監護身分，垂簾聽政。

事實上，可以說北条氏的執權體制基礎，都是由人稱「尼將軍」的政子打下的。

北条氏確立執權政治

●執權政治的確立過程●

1199年1月	源賴朝亡故，源賴家就任二代將軍。
4月	北条政子阻止賴家親政，組成13人合議制。
1200年1月	梶原景時一行被征討而死。
1203年9月	比企能員為北条時政所征討。賴家被幽禁在伊豆修善寺。 北条時政當上政所別當（政所長官）。
1204年7月	賴家於修善寺被北条時政所殺。
1205年6月	北条時政殺害畠山重忠父子。
7月	北条義時（北条時政次子）擔任政所別當。
1213年5月	和田義盛在北条氏挑釁下舉兵，最後全族滅亡。 北条義時兼任侍所別當。
1219年1月	源實朝於鶴岡八幡宮被暗殺。源氏正統斷絕。

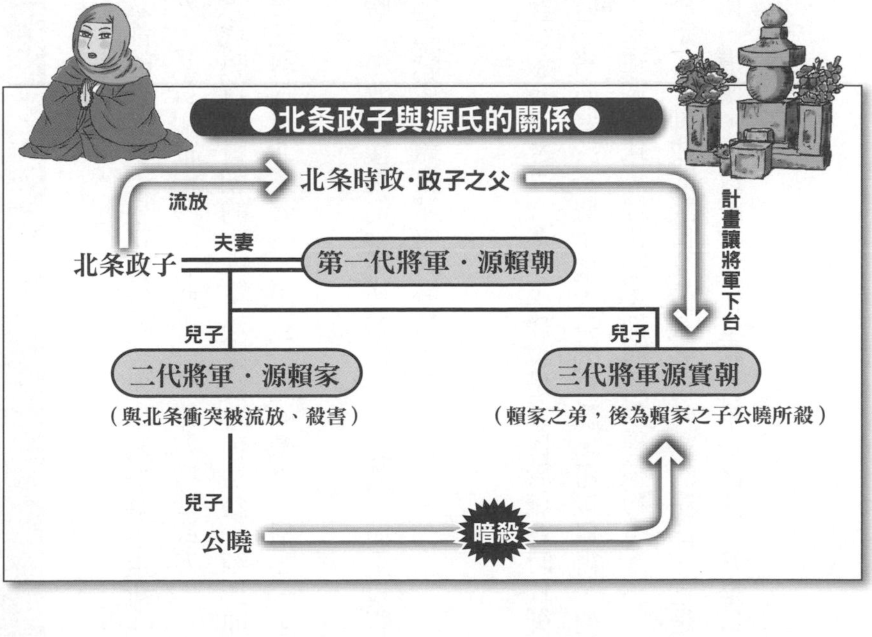
●北条政子與源氏的關係●
北条時政・政子之父
流放
北条政子
夫妻
第一代將軍・源賴朝
計畫讓將軍下台
兒子
二代將軍・源賴家
（與北条衝突被流放、殺害）
兒子
三代將軍源實朝
（賴家之弟，後為賴家之子公曉所殺）
兒子
公曉
暗殺

3-6 承久之亂與御成敗式目的制定

武士處罰皇族?!承久之亂

當鎌倉幕府鞏固由北条氏領導的執權體制，京都的後鳥羽上皇正實行院政。後鳥羽為了重新建立朝廷權威，在原本執行院方警衛的北面武士之外，又新配置「西面的武士」，努力增強武力。

一二一九年，鎌倉幕府發生了姪兒公曉殺害三代將軍源實朝的事件。後來公曉也被殺。源氏血脈因而斷絕。後鳥羽見此情勢，於一二二一年宣旨征討執權北条義時。由此掀起的戰爭，稱為「承久之亂」。

然而，戰亂僅一個月左右，即由幕府方面獲勝，失敗的後鳥羽被流放隱岐島。此外，與上皇親近的貴族、武士，其領地全遭幕府沒收。經過承久之戰後，鎌倉幕府終於掌控了全天下。

史上第一部武家法——御成敗式目

現在日語中耳熟能詳的成語「一生懸命」（譯注：拚命努力之意），據說是源自於鎌倉時代御家人的想法。原本的寫法為「一所懸命」，起自於「將命懸於一塊土地上」的意識。可以見得，對鎌倉時代的御家人來說土地重要的程度。事實上，在這個時代，經常因土地而發生種種紛爭。

一二三二年，為了解決這些爭端，鎌倉幕府制定了《御成敗式目（貞永式目）》的法律。它是將賴朝以來鎌倉幕府的先例、武家社會應有的習慣、道德，加以成文化。全數五十一條法，乃是日本第一部武家法。御成敗式目也成為後世武家法依循的範本。

承久之亂

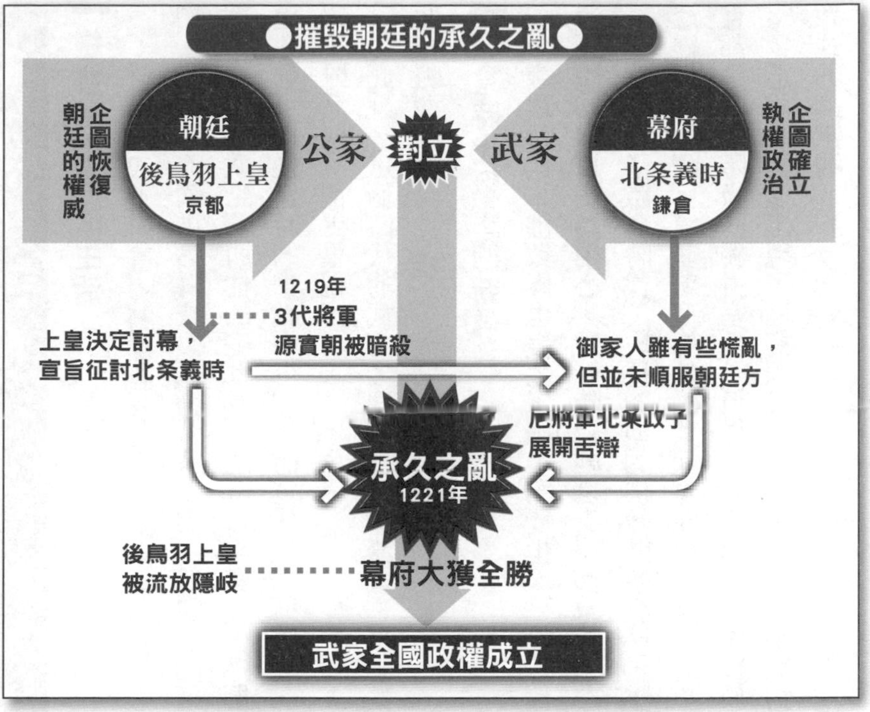
●摧毀朝廷的承久之亂●
企圖恢復朝廷的權威
朝廷
後鳥羽上皇
京都
公家
對立
武家
幕府
北条義時
鎌倉
企圖確立執權政治
1219年
3代將軍
源實朝被暗殺
上皇決定討幕，
宣旨征討北条義時
御家人雖有些慌亂，
但並未順服朝廷方
尼將軍北条政子
展開舌辯
承久之亂
1221年
後鳥羽上皇
被流放隱岐
幕府大獲全勝
武家全國政權成立

●承久之亂後的變化●

1221年5～6月	承久之亂。幕府派20萬大軍前進京都平亂，設置六波羅探題。
1225年12月	北条時房成為連署（輔佐執權的要職）
12月	設置評定眾
1226年 1月	藤原賴經成為四代將軍（藤原將軍之始）
1232年 8月	北条泰時制定御成敗式目（貞永式目）
1247年 6月	三浦泰村舉兵，戰死（寶治之戰）
1249年12月	幕府設置引付眾*。
1252年 4月	宗尊親王成為六代將軍（皇族將軍之始）

*譯注：輔佐評定眾，從事訴訟和庶務。

3-7 鎌倉文化與新佛教

鎌倉武士們的生活

對鎌倉武士而言，磨練武藝是生活中第一要務。他們尤其重視馬術與弓術。平日便磨練犬追物、笠懸、流鏑馬等射技，以備戰時所需。狩獵也能獲得獎勵，幕府會舉辦圍場打獵，作為軍事訓練的一環。武士們所住的宅邸為預防敵軍來襲，會挖掘濠溝，設有望樓的門，武具更是常備用品，這些都可以從當時的畫軸中得知。而這種住宅稱之為「武家造」，與平安時代貴族所住的寢殿造相比，雖然樸素卻更重視實質。

此外，這個時代的武士，同時也兼作農夫。平時勤於農耕，一旦到了戰時，換了鎧甲騎上馬，便直驅沙場。

鎌倉時代誕生的新佛教

鎌倉時代，佛教界也發生了極大的變化。平安時代結束前的佛教，以最澄創立的天台宗，和空海開設的真言宗為中心，貴族階級則是支持佛教的主力。

然而到了鎌倉時代，一種新型的佛教開始發展，主張不用出家，就算過著一般生活，也能靠著念經得到救贖。這些新型佛教的共通點在於，其目的都是為了拯救民眾。自佛教傳進日本之後，一直都是有限階級的獨占宗教，但從這時代起，它才終於降到一般民眾的地位。

這段時期還出現了描寫源氏、平氏爭戰的《平家物語》等優秀的軍事小說。字裡行間也散見佛教式的無常觀。

鎌倉武士與新佛教

●以笠懸鍛練武術的武士們●

自平安時代末期開始出現的騎射練習。由於一開始以斗笠作為標靶因而得名。

●鎌倉新佛教●

	淨土宗系			禪宗系		天台宗系
宗派	淨土宗	淨土真宗	時宗	臨濟宗	曹洞宗	日蓮宗（法華宗）
開祖	法然 1133～1212年	親鸞 1173～1262年	一遍 1239～1289年	榮西 1141～1215年	道元 1200～1253年	日蓮 1222～1282年
開宗年	1175年	1224年	1274年	1191年	1227年	1253年
中心寺院	知恩院（京都）	東、西本願寺（京都）	清淨光寺（神奈川）	建仁寺（京都）	永平寺（福井）	久遠寺（山梨）
教義	只要專心念佛（南無阿彌陀佛）就能得救。	心中念佛就能得救，惡人會優先得救（惡人正機說）。	推廣邊念佛邊舞蹈的「舞念佛」。	打坐，思考「公案」問題，開悟。	專心坐禪，得到開悟的「只管打坐」。	念誦南無妙法蓮華經，就能得道成佛。

3-8 蒙古來襲

斷然拒絕元人要求的北条時宗

十三世紀初期，成吉思汗自蒙古高原興起，統一了各部族，創立了橫跨中亞到南亞的廣大蒙古帝國。這個帝國後來由子孫分割統治，成吉思汗的孫子忽必烈將首都從高原上的哈拉和林，遷到中國北部的大都（今北京），改國號為「元」。

一二六八年，元人透過朝鮮半島的高麗，向日本傳遞書簡要求進貢。高麗在文中要求：「若不允諾與元通好，有可能行使武力。」明顯有威脅恐嚇之意。然而，當時的執權者北条時宗對此書簡卻使出強硬手段，五次斥退來訪的高麗使者，因而招致元軍兩次犯日。

鎌倉武士的奮鬥與兩次神風相助

一二七四年，元人率領高麗軍，進攻對馬與壹岐。幕府動員九州地方的御家人迎擊應戰，史上稱為「文永之役」。然而鎌倉武士戰得非常艱苦，原因在於此時日本武士一般都是單打獨鬥，不像元軍擅長集體戰法。此外，元人還使用日本不熟悉的火藥，將日軍打得落花流水。不過，當元軍暫時退回海上的船隻時，遇到暴風雨侵襲，受到極大的損失，也在千鈞一髮之際為日本解了危。

七年後，元軍再度來犯。此時日本軍記取前次失敗的教訓，採取阻擋上岸的戰略。被限制在海上的元軍，再次遭到暴風雨打擊而沉沒，史上稱為「弘安之役」。

而元軍兩次入侵的事件，稱之為「元寇」。

鎌倉武士奮力擊退元（蒙古帝國）軍表

●元（蒙古帝國）與鎌倉幕府●

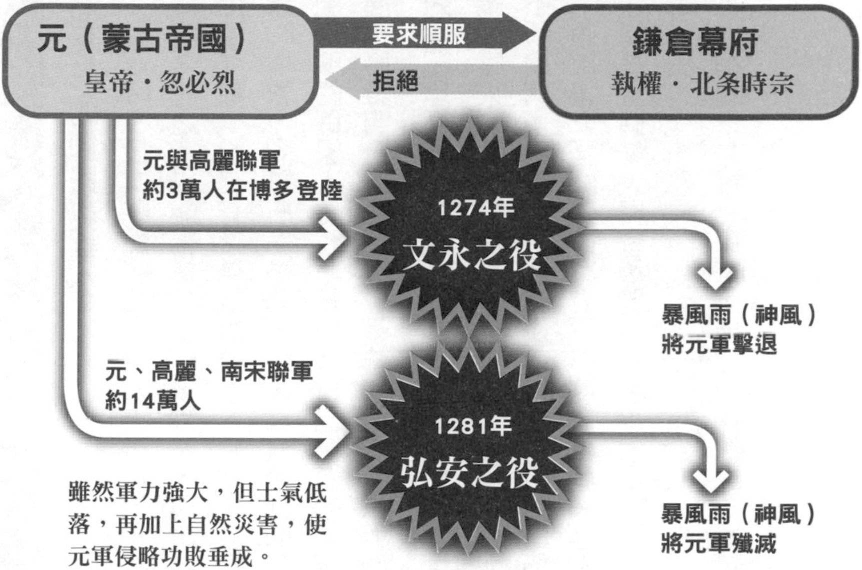

元（蒙古帝國）
皇帝・忽必烈
要求順服
拒絕
鎌倉幕府
執權・北条時宗
元與高麗聯軍
約3萬人在博多登陸
1274年
文永之役
暴風雨（神風）
將元軍擊退
元、高麗、南宋聯軍
約14萬人
1281年
弘安之役
暴風雨（神風）
將元軍殲滅
雖然軍力強大，但士氣低落，再加上自然災害，使元軍侵略功敗垂成。

●元的進攻圖●

文永之役
高麗
合浦
對馬
壹岐
博多
大宰府
平戶
元軍在對馬、壹岐上岸，殲滅守備隊，殺害居民。之後在博多灣登陸，與日軍展開激烈對戰，卻因暴風雨而退兵。

弘安之役
高麗
合浦
東路軍約4萬人
對馬
壹岐
博多
江南軍
約10萬人
大宰府
鷹島
平戶
東路軍在志賀島登陸，但被日軍擊退。東路軍與江南軍在鷹島會合，卻因颱風而潰滅。

3-9 御家人的窮困與德政令

逐漸瓦解的御恩與奉公

在元寇時，日本雖然成功擊退元軍，但這兩次大戰卻令幕府和御家人之間產生了裂痕。

鎌倉幕府之所以能維持，全靠著御家人與幕府之間的互信關係。但是元寇時期，御家人軍隊雖然趕走了外敵，卻沒有獲得新的領地。原因在於賜予御家人「御恩」的領地不足的關係。御家人背負高額的債款，向幕府「奉公」，卻沒有得到回報，因而漸漸對幕府心生不滿。

肥後國的御家人竹崎季長曾將自己奮戰的過程畫成〈蒙古襲來繪詞〉，留傳至今。據說此畫是用來向幕府證明自己的功勞，不論如何，御恩與奉公的互信關係已漸漸瓦解。

為救濟御家人，下令債務一筆勾消

讓御家人的困頓生活雪上加霜的，並不只是元寇。許多御家人繼承時分割土地，因而造成土地本身不斷縮減。而且，這個時期前後，貨幣經濟逐漸普及，領地的經營日益困難。

不過，鎌倉幕府對御家人的困境，也並未坐視不理。一二九七年，幕府發布《永仁德政令》。此項法律禁止御家人買賣、質押其名下領地，已賣掉的領地必須返還原地主。簡單地說，就是將負債一筆勾消。

不過德政令之後，御家人借款的條件更為嚴苛，因而落入更窮困的深淵。

御家人的變化

- 元軍入侵之前，祖先留下的土地由總領家的嫡子繼承。除此之外的土地由嫡子以外的孩子均分繼承。
- 元軍（蒙古帝國）入侵。
- 御家人奮戰擊退元軍。
- 然而御家人未像從前那樣得到封賞，沒有分賜的土地。
- 御家人出賣少數領地，抵充軍費。
- 幕府的政府由仰賴御家人協助的執權政治，在得宗家繼承執權北条家之後，轉變為專制政治。
- 得宗家的家人、御內人*勢力比御家人更強。
- 有力御家人安達泰盛被內管領平賴綱所滅。
- 御家人生活日漸窮苦。但另一方面，畿內周邊的新興武士以承包莊園年貢和放高利貸等，來累積財富。
- 看不下御家人的清苦生活，幕府發布《永仁德政令》。禁止御家人領地的質押和買賣，已質押或賣掉的土地必須無償還給御家人。
- 然而，御家人反而遭到融資緊縮，生活更艱苦，只能勉強餬口。
- 積蓄畿內力量的新興武士，使用武力搗毀莊園。莊園領主與幕府對立，被稱為「悪黨」。
- 御家人之間對幕府的不滿情緒開始蔓延。

*譯注：御內人指的是侍奉執權北条家的武士，家人則是隸屬於武士家的奴僕或武士。

3-10 鎌倉幕府的滅亡和建武新政

鎌倉幕府的滅亡

十四世紀後，鎌倉幕府因北条氏越趨專政，御家人的反感日升。此外，自十三世紀中葉起，皇室內持明院統（後來的北朝）與大覺寺統（後來的南朝）形成對立，幕府提議兩統輪流推出天皇。但只是加深對立的嫌隙。

在這種情勢下，大覺寺統的後醍醐天皇即位。後醍醐趁鎌倉幕府衰弱之際，意圖實現天皇親政，以杜絕攝關政治或武家政治。換句話說，他打算恢復古代天皇制，擁有絕對的權力。

後醍醐發動兩次倒幕計畫都失敗，天皇自己也一度被流放隱岐島。但第三次終於成功，消滅了鎌倉幕府。

讓武士們失望的建武新政

後醍醐天皇不具備直屬武力，所以他只有採取與敵對幕府勢力聯手的方法。首先成為後醍醐戰友的是寺社勢力，然後是幕府體制中視為「惡黨」的新興豪族。

依附後醍醐的惡黨中，最具代表性的是楠木正成。原為河內國豪族的正成，接到後醍醐舉兵的報告，立刻驅馬來歸為倒幕奔走。他聯合其他足利尊氏、新田義貞等御家人，終於滅了鎌倉幕府。

但是，後醍醐實行的「建武新政」卻讓眾武士失望。因為武士們期望的並不是後醍醐的理想——古代天皇制的復辟，而是新的武士治世。

鎌倉幕府走向滅亡的過程

●鎌倉幕府滅亡之道●

幕府

御家人的不滿 → 幕府的衰弱

朝廷

文保和談：幕府對皇位問題提出建議 → 朝廷對幕府的不滿日漸升高 → 計畫倒幕 →

1318年 後醍醐天皇即位

1324年 正中之變 計畫暴露失敗

1331年 元弘之變 失敗，後醍醐天皇流放隱岐

→ 1332年 全國各地倒幕舉兵

新田義貞……消滅鎌倉北条一族

足利尊氏……打倒京都六波羅探題

→ 1333年 鎌倉幕府滅亡

●建武新政的架構●

天皇

- 中央
  - 記錄所 重要政務
  - 恩賞方 恩賞事務
  - 雜訴決斷所 關於領地的裁決
  - 武者所 警備
- 地方
  - 鎌倉將軍府
  - 陸奧將軍府
  - 國司、守護 併置在各國下

然而，後醍醐天皇實施的新政短短兩年就垮台了。

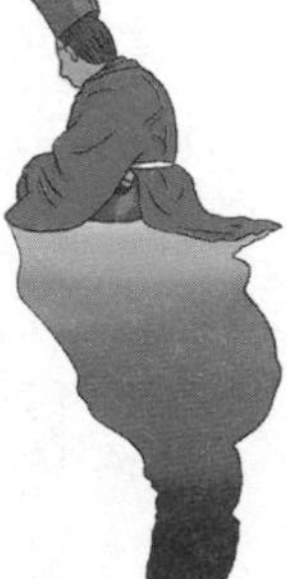

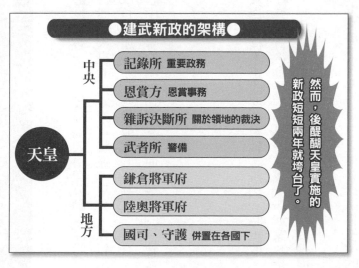

3-11 足利尊氏與初期的室町幕府

意圖重振武家政治的足利尊氏

鎌倉幕府在一三三三年滅亡，但參加倒幕的人並不都是同心一志。後醍醐天皇與公卿大臣盼望恢復昔日天皇親政，但楠木正成與赤松円心等惡黨則期待憑仗天皇的權威飛黃騰達。另外，像新田義貞和足利尊氏等御家人，卻是看清北条氏的執權政治沒有前途，才響應後醍醐的舉兵。

這種狀況下，尊氏卻背叛了後醍醐。尊氏是後醍醐眼中倒幕的第一功臣。然而後醍醐的「建武新政」政策，過於傾向公卿，因而他沒有參與新政。

於是，尊氏開始發動新的武家政治。

初期混亂的室町幕府

一三三五年，尊氏在鎌倉舉兵，與後醍醐方的新田義貞、楠木正成展開激戰。雖然一時戰敗，但又在九州重振軍勢，第二年成功將後醍醐趕出京都。在尊氏背後支持的，是盼望成立新武家政權的西國武士們。不過，後醍醐天皇並不承認尊氏。因此，尊氏擁立光明天皇。一三三八年終於得償所願，被任命為征夷大將軍。而室町幕府也在這一年成立。

尊氏並非以強勢領導帶領部下的領袖，而是在眾武士支持下領導的類型。但尊氏這種優柔的性格後來衍生出混亂，即「觀應擾亂」。尊氏與弟弟足利直義對立，而逃至吉野的後醍醐也隨之加入，發展成一場大亂。

建武新政到南北朝

●建武新政～後醍醐天皇的專制政治●

- ●無視武家社會的習慣 ← 引起武家反彈
- ●官職任免無視階級和官位 ← 引起公卿反彈
- ●為建設大內裏和實施新政而增稅 ← 引起農民反彈

↓

陸奥將軍府 北畠顯家 → ✕ ← 鎌倉將軍府 足利直義（尊氏之弟）

↓

足利尊氏 → ✕ ← 護良親王（後醍醐天皇的皇子）

↓

1335年年中，先代之亂：北条高時之子時行，在關東造反。

↓

足利尊氏前往關東平定動亂。

↓

亂事平定後，對後醍醐天皇的建武新政舉旗造反。

↓

1336年足利尊氏掌控京都，立光明天皇。是為北朝。

↓

後醍醐天皇逃往吉野，建立南朝，是為南北朝之始。

↓

北朝方面，足利尊氏派的高師直與尊氏之弟足利直義互鬥激烈，發展為「觀應擾亂」的戰事。

↓

「觀應擾亂」以足利直義戰死告終。但後來尊氏派、舊直義派與南朝派三強爭戰延續了十餘年。

3-12 室町幕府的機制

三管領與四職

室町幕府與鎌倉幕府及後來的江戶幕府相比，是個統治力較弱的組織。所謂室町幕府，一般是指自足利尊氏就任征夷大將軍的一三三八年，到織田信長放逐十五代將軍足利義昭的一五七三年。不過，它的前期有南北朝的爭戰，後半突然進入戰國時代，因此安定期非常短暫。

雖然如此，在三代將軍足利義滿統治天下時，確立了中央政權的組織架構。

在室町幕府時代，輔佐將軍的官職叫做「管領」。這個職位由斯波、畠山、細川三家輪流推出人選，稱為「三管領」。此外，負責京都警備、軍事的「侍所」長官，由山名、一色、赤松、京極四家輪流推出，稱為「四職」。

地方治理上暗藏火種的室町幕府

室町幕府將政權中樞設立在京都，各地除配置守護之外，也在不易管理的九州、東國、奧州之地各別設置駐外機關，駐外機關被賦予強大的權限，負擔領地內的行政和軍事。九州設「九州探題」，奧州設「奧州探題」和「羽州探題」，而東國則設有「鎌倉府」。

其中漸次露出獨立性格的是鎌倉府。東國先前就是個具有自主獨立氣氛的地方，從平安時代對中央舉旗反叛的平將門之例，便可看出端倪。

鎌倉府的長官稱為「鎌倉公方」，世代由足利氏子孫世襲。不過，就如一四三九年六代將軍足利義教迫使鎌倉公方足利持氏自盡（永享之亂），一再產生爭亂。

足利尊氏的室町幕府

●室町幕府的組織●

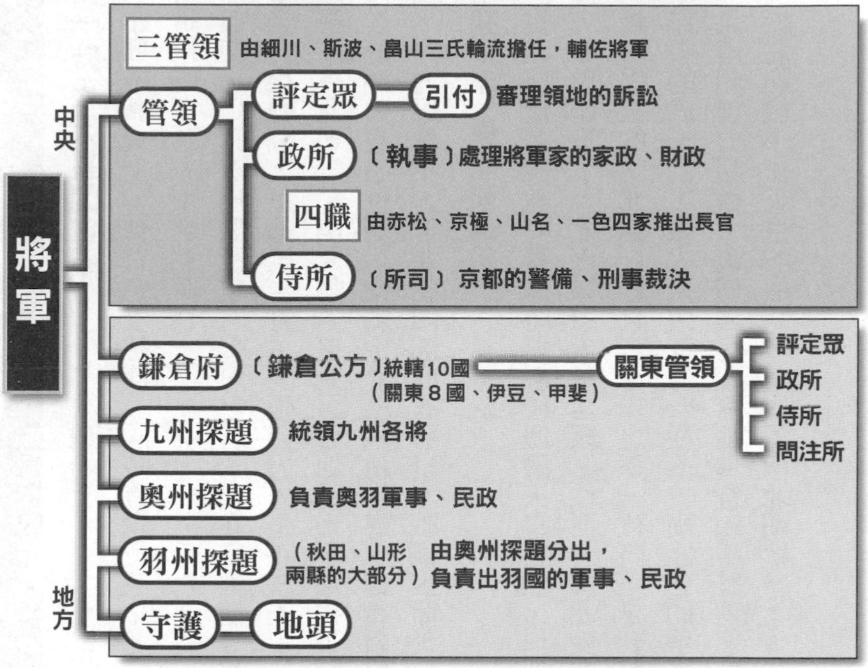
將軍
中央
三管領 由細川、斯波、畠山三氏輪流擔任，輔佐將軍
管領
評定眾
引付 審理領地的訴訟
政所 〔執事〕處理將軍家的家政、財政
四職 由赤松、京極、山名、一色四家推出長官
侍所 〔所司〕京都的警備、刑事裁決
地方
鎌倉府 〔鎌倉公方〕統轄10國（關東8國、伊豆、甲斐）
關東管領
評定眾
政所
侍所
問注所
九州探題 統領九州各將
奧州探題 負責奧羽軍事、民政
羽州探題 （秋田、山形兩縣的大部分）由奧州探題分出，負責出羽國的軍事、民政
守護
地頭

●室町幕府的財源●

幕府

課稅對象	稅的種類
庶 民	德政分一錢、棟別錢（對房屋課稅） 段錢（對土地課稅）
關、津	關錢、津費 （在道路、海、河、湖的港口設關，對貨物或通行人課稅）
貿 易	對與明貿易課稅
工商業者	酒屋役、土倉役（倉役）
守護、地頭	公用錢、臨時役等
幕府御料人	年貢、儀典、勞役

3-13 南北朝的分裂與統一

同一時代天皇鬧雙胞？

在日本歷史上，曾有一段時期，同時有兩位天皇並立，那是室町時代初期開始的六十多年，史上稱這段時期為「南北朝時代」。

起初，足利尊氏開設室町幕府之時，他在京都擁立光明天皇，宣示武家政治的方針。然而對尊氏不滿的後醍醐天皇逃至吉野，主張自己才是正統天皇。於是，吉野的朝廷稱為「南朝」，京都的朝廷稱為「北朝」。南北朝各自號召各地武士，互相不斷開戰。

後醍醐天皇過世後，南朝由北畠親房主導，繼續對京都抗戰。南朝以吉野一帶的狹窄地區為根據點，勢力雖然小，但北朝內部亦有紛爭，戰禍因而延長不休。

南朝衰弱被北朝吸收

足利尊氏開設室町幕府時雖與後醍醐天皇對立，但他仍然寄望南北朝統一。後醍醐在吉野過世之後，尊氏建設了天龍寺以慰天皇之靈。然而，南北朝在尊氏生前未能達成統一。

長年對立的南北朝，一直到尊氏之孫三代將軍足利義滿統治時，才完成了統一。到了此時，在各地作戰的武士們，戰火大致都告一段落，南北朝的爭亂也終於走向終局。

見南朝勢力衰微，義滿鍥而不捨地進行和平談判。於是在一三九二年，南朝的後龜山天皇，以讓位給北朝後小松天皇的形式，完成了南北朝統一。

南北朝的動亂

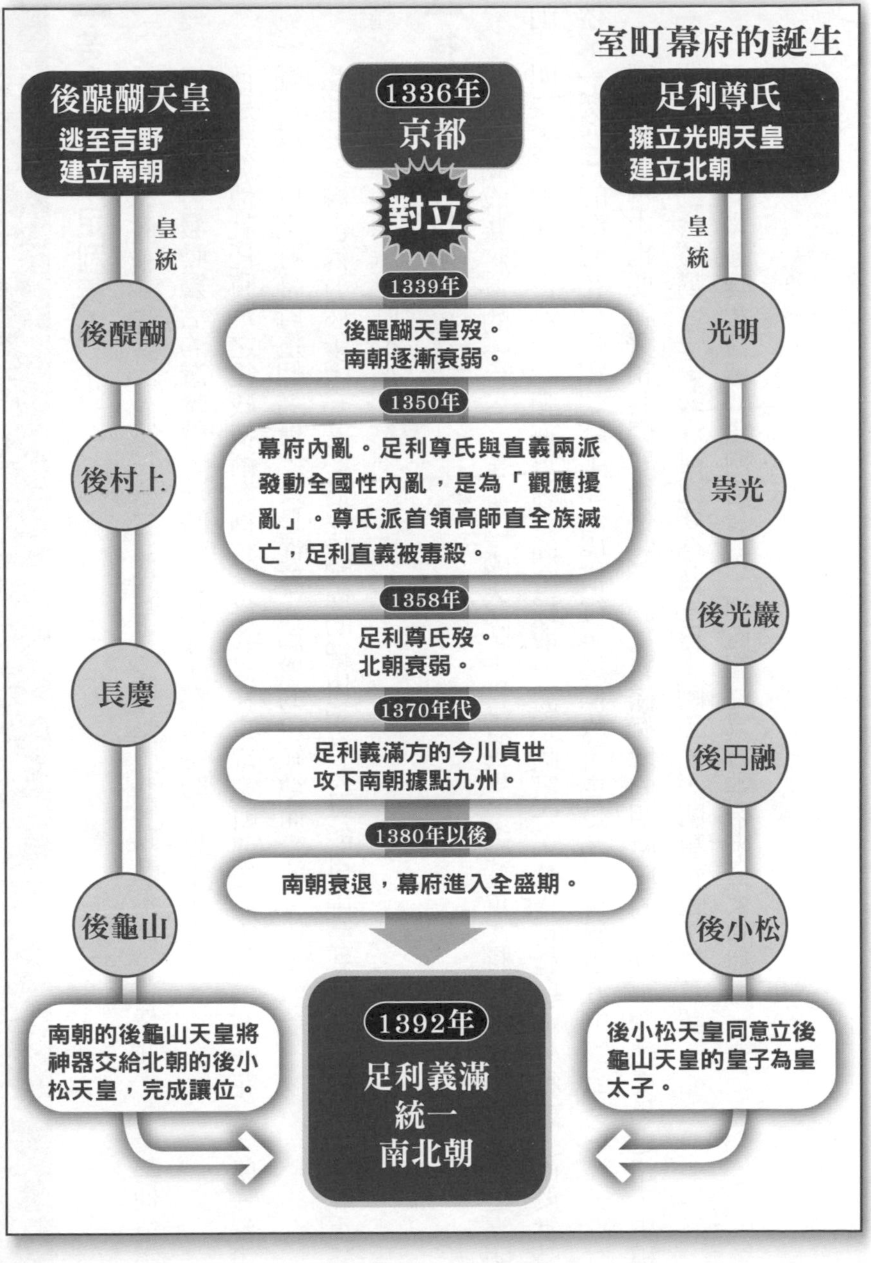
室町幕府的誕生
後醍醐天皇
逃至吉野
建立南朝
1336年
京都
足利尊氏
擁立光明天皇
建立北朝
對立
皇統
皇統
後醍醐
1339年
後醍醐天皇歿。
南朝逐漸衰弱。
光明
後村上
1350年
幕府內亂。足利尊氏與直義兩派發動全國性內亂，是為「觀應擾亂」。尊氏派首領高師直全族滅亡，足利直義被毒殺。
崇光
後光嚴
1358年
足利尊氏歿。
北朝衰弱。
長慶
1370年代
足利義滿方的今川貞世
攻下南朝據點九州。
後円融
1380年以後
南朝衰退，幕府進入全盛期。
後龜山
後小松
南朝的後龜山天皇將神器交給北朝的後小松天皇，完成讓位。
1392年
足利義滿
統一
南北朝
後小松天皇同意立後龜山天皇的皇子為皇太子。

3-14 日本國王足利義滿

苦命人將軍足利義滿

足利義滿年僅十一歲時，便就任第三代將軍。此時南北朝動亂未休，雖然北朝的優勢地位不變，但南朝一再發動靈活的游擊戰。幼時的義滿屢次在家臣的守護下逃亡。

但是，從他就任將軍之後政情漸漸穩定，從義滿在京都室町建築的宅邸稱為「花之御所」就可見一斑。以至於室町幕府這個名稱，便是從義滿御所的所在地而來的。

此外，義滿也得力於家臣甚多。擔任輔佐的細川賴之，雖能自由掌理幕政，但仍十分尊重義滿，因而將軍的權威不降反增。

捨名取實的日明貿易

足利義滿成為將軍的一三六八年，中國大陸上，朱元璋（洪武帝）將元人趕出北境，建立明朝。明恢復了中國自古傳統的朝貢貿易，同時採取「海禁政策」，禁止百姓與國外往來。由於當時俗稱「倭寇」的海盜在中國和朝鮮半島沿岸橫行，這個政策也是為了保護百姓的安全。

明人要求日本也要朝貢和共同取締倭寇，於是義滿採取向明臣服的態度，開啟交易之路，史稱「日明貿易（勘合貿易）」。義滿自己署名為「日本國王」，明皇帝也予以承認。

日明貿易的搬運費和滯留費由明國負擔，因而貿易為日本帶來莫大的利益。

三代將軍足利義滿

●倭寇●

前期倭寇

十四世紀開始，對馬、壹岐、松浦等地的日本人，在朝鮮和中國沿岸搶奪米糧和人，因而被稱為倭寇。

後期倭寇

十六世紀後半，因明的海禁政策，在中國和東南亞與中國人進行走私貿易和海盜行為。

●接受明國冊封「皇帝下詔封爵」的足利義滿●

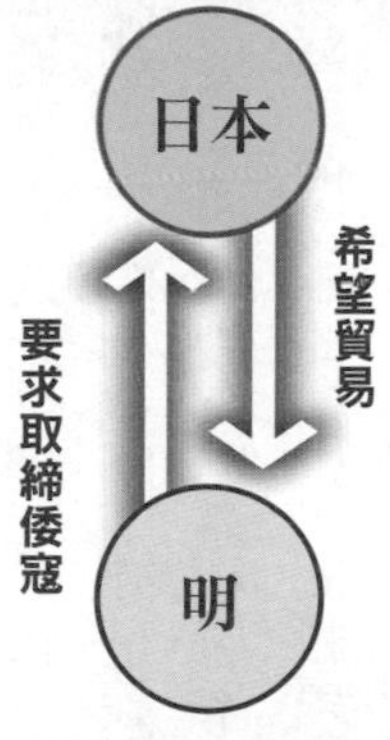

這個時代，俗稱日本倭寇的海盜在中國、朝鮮沿岸劫掠橫行。明朝要求日本取締倭寇。而期望與明展開貿易的足利義滿，向明朝遞送國書。

足利義滿的國書

「謹向大明皇帝陛下奉上國書。依照自古慣例派遣使者……」

明朝的回答中，將足利義滿記錄為：「日本國王源道義」。相當於接受了明朝的冊封。

義滿從與明的貿易中獲得龐大的利益和權威。

●日明、日韓貿易的主要品項●

	日明貿易	日韓貿易
進口品	銅錢、生絲、絹製品、藥草、書籍、書畫等	棉、麻布等織品、大藏經等高麗版的經典
出口品	刀劍、銅、硫黃、扇、蒔繪漆器、屏風、硯台等	硫黃、絹、刀劍、扇、南海產的蘇木、香料、藥劑等

3-15 北山文化與東山文化

足利義滿時代繁榮的北山文化

足利義滿統一南北朝，幕府漸漸掌握了政治實權之後，隨著傳統公卿文化的導入，以武家為中心的文化開始欣欣向榮，在室町幕府前期發展的這種文化叫做「北山文化」。名字緣起於足利義滿於京都北山建造的金閣。金閣的一樓為平安風格的寢殿建築，二樓為佛堂，三樓是禪宗風格，可以算是北山文化的代表性建築。

在藝術方面，猿樂或田樂等音樂有了進步，不久後發展成藝術性更高的猿樂能。其中，觀阿彌、世阿彌父子因將能樂集大成而聞名天下。能樂的理論書《風姿花傳》據說即為世阿彌撰寫而成，直到今日依然在世界中流傳。

戰亂時代開花結果的東山文化

八代將軍足利義政時期繁榮起來的文化，稱之為「東山文化」。北山文化有華麗的金閣作為代表，相比之下，東山文化展現出來的則是禪的簡樸、幽靜閑寂。

最能代表東山文化的建築是銀閣。這座山莊是義政在東山興建的，結構稱之為書院建築。內部的地面鋪滿榻榻米，以紙拉門隔間，設有壁龕和層架，可以從中看見後來和式建築的原型。此外還布置了配合書院建築的石庭。龍安寺的枯山水即將東山文化的石庭留傳至今。

義政興建銀閣在應仁之亂後。在此時期，將軍威信一落千丈，日本各地都聞得到烽火將起的氣息，說明了「下剋上」的時代即將開始。

北山文化與東山文化的特徵

●室町時代初期的北山文化●

公卿文化＋武家文化＝北山文化

公卿與武士文化融合為一，而與明朝的貿易也使日本受到中國文化的影響。

代表性的中國文化影響

- ●水墨畫
- ●禪的思想
- ●五山文學（漢詩、文、日記等）

●代表性的北山文化●

建築

鹿苑寺金閣
興福寺五重塔
慈照寺銀閣

庭園

西芳寺庭園
天龍寺庭園
龍安寺庭園

繪畫

寒山圖・可翁
四季山水圖卷・雪舟
秋冬山水圖・雪舟
周茂叔愛蓮圖・狩野正信

●室町時代後期的東山文化●

北山文化＋禪宗文化＋庶民文化＝東山文化

**在種種文化影響下，
閑寂成為庶民的生活文化。**

- ●留傳到今日的生活文化
- ●花道與茶道
- ●書院建築（建築）
- ●枯山水（造景）

●代表性的東山文化●

能樂

風姿花傳・世阿彌元清

連歌

新撰菟玖波集・宗祇

犬筑波集・宗鑑

御伽草子

酒吞童子・物草太郎・一寸法師・浦島太郎等

3-16 惣村與一揆

室町時代的自治組織──惣村

室町時代也是個以村落單位實行自治的時代。到了這個時代，農民們以武士化的有力名主（地侍）為軸心，有了超越莊園界限的紐帶。這種村落稱之為「惣村」。

在惣村中，會召開會議，定下獨有的規矩。例如，決定村落共有土地（入會地）的管理方法，違反者以獨有的律法嚴厲處分。此外，群體可與領主談判代官的罷免或年貢、稅金的減輕。若是領主不接受要求，有時會宣布「逃散」，暫時逃到別的土地，或是動用武力進行「強訴」。像這種自治性的舉動，在都市中亦可見到。像京都就有由工商業者團結組成的「町眾」組織。

各地爆發多起一揆

受到貨幣經濟急速進展的影響，越來越多人向放高利貸的土倉、酒屋或寺院借錢，而難以償還。領主將這筆帳轉到年貢上，結果因生活困難而將土地脫手的人層出不窮。領主還設置關所，向百姓徵收關稅，經營貨運的馬借等人的日子也越來越難過。

因此，在畿內為主的地區，一再於惣村中爆發行使武力的「一揆」之亂。

一四二八年，近江坂本地區的馬借紛紛起義，發生了「正長土一揆」事件。到了一四八五年的「山城國一揆」，農民們團結起來，將守護畠山氏趕出國外，由惣村主導從事自治長達八年之久。

有力的農村、惣村

●惣村的結構●

數個惣村結合為一個惣鄉。而惣村則由數個集落形成。

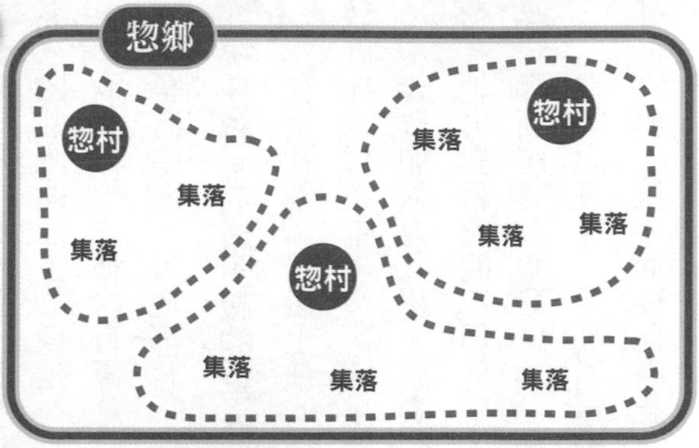
惣鄉
惣村
集落
集落
惣村
集落
集落
集落
惣村
集落
集落
集落

●惣村的組織●

惣村
農民的自治村落

領導者
地侍、有力名主

- 宮座：村落的祭祀組織，由領導階職組成。
- 寄合：全體村民參與經營惣村的最高合議機關。
- 入會地……村人共同使用的土地
- 地下請……村落將莊園年貢概括承受
- 地下檢斷…行使警察權和司法權
- 惣掟 ………村的法規

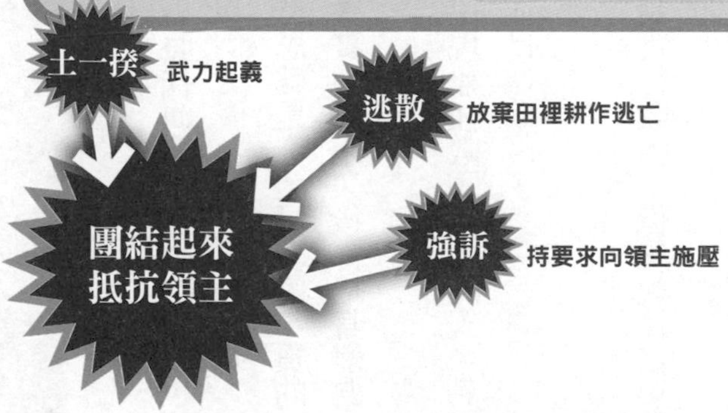
土一揆
武力起義
逃散
放棄田裡耕作逃亡
強訴
持要求向領主施壓
團結起來
抵抗領主

3-17 衰退的室町幕府

什麼是守護大名？

在鎌倉幕府時代，守護本來是設置在每一國的軍事行政官。但隨著時代演變，守護的權限也越加擴大。

例如，一三五二年足利尊氏向守護發出「半濟令」。「半濟」的意思就是守護具有將年貢的一半作為軍糧，分給國內武士的權限。在這條半濟令的加持下，守護積蓄實力，不久後都搖身變為大名。由此應運而生的便是「守護大名」。

大名化的守護擁有鎌倉時代同職位難以項背的強大權限，其中還出現兼任數國守護的人。到了室町幕府中期，各地都有手握強權的守護大名。而幕府威信則成反比地日益低落。

現任將軍遭暗殺的事件

在足利義滿之後上任的四代將軍義持，與有力的守護大名以合議制實行政治。但是義持之弟義教就任六代將軍之後，卻是態度丕變，開始壓制守護大名、公卿和僧侶。

義教加強對九州、東國的統治力，意欲實現幕府專制政治。然而，義教的政策卻招來強烈的反彈。地方對幕府的不信任感大增，一四四一年，播磨守護大名赤松滿祐憂心自己會成為鎮壓的犧牲品，因而將義教暗殺成功（嘉吉之亂）。

嘉吉之亂後，足利將軍家的威望更加低落。除了仰賴同陣線的守護大名進行合議制來營運政治外，別無他法。而從此時起，「下剋上」的身分反轉現象也露出端倪。

有力守護大名的叛亂

●室町幕府的有力人物●

管領……將軍輔佐者。由細川、斯波、畠山3大名輪流擔任。

侍所所司……司掌京都警備、裁決，由赤松、一色、山名、京極4家輪流擔任。

鎌倉公方……鎌倉府首長。世代由足利家世襲。

關東管領……鎌倉公方的輔佐官。由上杉家世襲。

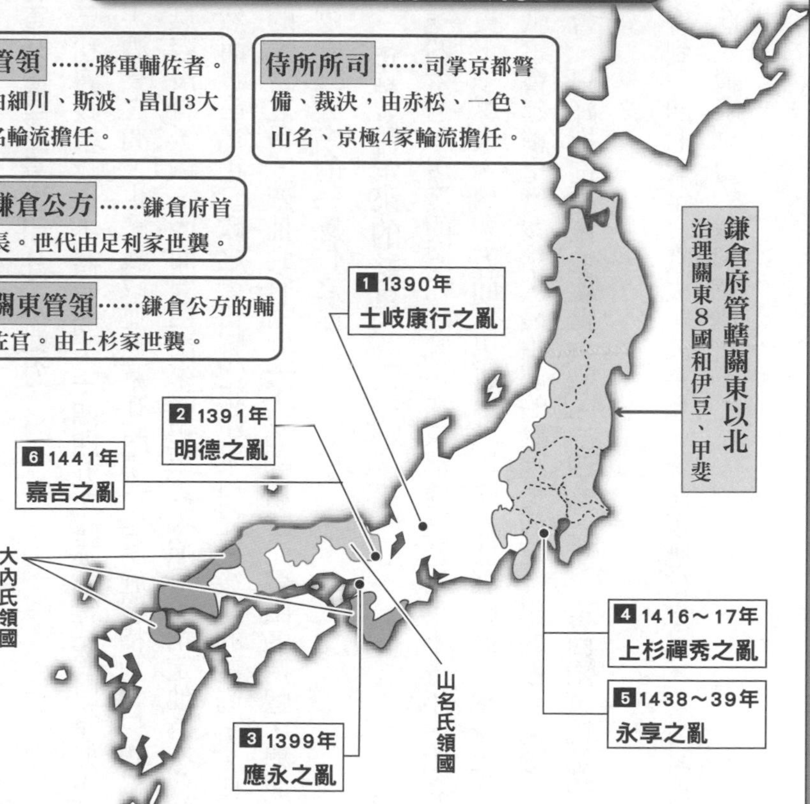
鎌倉府管轄關東以北
治理關東8國和伊豆、甲斐
1 1390年
土岐康行之亂
2 1391年
明德之亂
6 1441年
嘉吉之亂
大內氏領國
山名氏領國
3 1399年
應永之亂
4 1416～17年
上杉禪秀之亂
5 1438～39年
永享之亂

1 尾張、美濃、伊勢的守護，亦是室町幕府的元老土岐康行，與其弟土岐滿貞發生爭亂，將軍足利義滿出兵，滅了土岐康行。

2 在足利義滿挑撥下，十一國的守護山名氏清舉兵造反，戰死京都。

3 六國守護大內義弘在堺市向足利義滿舉兵，戰敗而死。

4 因關東管領職位的接替問題，前關東管領上杉禪秀向鎌倉公方足利持氏造反。初時占有優勢，但因戰友倒戈而露出敗象。最後禪秀於鎌倉自盡。

5 鎌倉公方足利持氏舉兵向幕府造反。因關東管領上杉憲實反對，而欲除之。後被將軍足利義教所滅。

6 播磨守護赤松滿祐，於自家府邸宴席上，暗殺將軍足利義教。但赤松滿祐也被討伐軍逼迫下自盡。

3-18 應仁之亂

將軍的優柔寡斷引起大亂?!

足利義政對政治不甚聞問，一四四九年雖然就任室町幕府第八代將軍，卻隱身在寺社參拜、遊山、酒宴之間。也許義政並無意在將軍寶座上施展權力，只想過文化性的生活吧。他曾考慮過隱居，無奈沒有子嗣，因而要已出家的弟弟義視還俗，指定他為次代將軍。

然而，第二年義政之妻日野富子生下男兒（後來的義尚），使事情變得複雜起來。義視派與義尚派的家督之爭，牽扯到有力守護大名細川勝元與山名持豐，變成一大動亂。不久後發展為波及日本全國守護大名的「應仁之亂」。

十一年動亂帶來的結果

一四六七年爆發的應仁之亂，在京都地區延續了十一年。山名持豐和擁立義尚的西軍，從二十國動員十一萬人。另一方面，東軍（細川勝元與義視派）據說也從二十四國集結了十六萬兵力。

戰事會延續這麼多年，最主要的原因是西軍提出的停戰協議，為勝元所拒絕。兩軍失去了停火的機會，只好拖拖拉拉地繼續拚戰。一四七三年，東西兩軍統帥陸續因病過世，然而戰鬥仍然未能停歇。

直到一四七七年，戰火終於平息。經歷了應仁之亂，室町幕府只剩下空架子。將軍權威掃地，瞬即進入講求實力的戰國時代。

動搖日本的應仁之亂

●應仁之亂對立關係●

西軍		東軍
足利義尚	將軍家	足利義政 義視
畠山持国 義就	畠山家	畠山持豐 政長
斯波義廉	斯波家	斯波義敏
山名持豐	幕府有力者	細川勝元
大內、一色、土岐、六角	有力大名	赤松、京極、武田
20國	參加國	24國
11萬人	人數	16萬人

●從應仁之亂到戰國●

西軍
東軍
統帥 山名持豐 兵力11萬人
統帥 細川勝元 兵力16萬人
同盟
同盟
將軍家 足利義尚
將軍家 足利義視
管領家 畠山義就 斯波義廉
管領家 畠山政長 斯波義敏
京都激戰
11年的戰爭
勝敗未決
幕府權威掃地
守護大名沒落
下剋上的風潮
進入戰國時代

3-19 戰國大名興起

戰國大名的出現

應仁之亂在一四七七年劃下休止符。然而這段期間，戰亂的火種散布全國各地，為「戰國時代」揭開了序幕。各地爭戰不止之間，許多擁有長久傳統的守護大名都逐漸沒落，取而代之的是「戰國大名」的興起。

戰國大名的出身各有不同。有如同武田氏和島津氏，從守護大名發展為戰國大名，但也有像毛利氏和龍造寺氏般，以守護代或國人打倒主君，站上戰國大名之位者。另外像後北条氏、齊藤氏，從出身背景不詳的階層一躍成上的人也所在多有。

戰國時代真正是「下剋上」的治世，也可以說是全憑實力的時代。

下剋上的實踐者——北条早雲

東國下剋上的帶頭人物，便是武將北条早雲。早雲最初只是一介素浪人，但是根據最近的研究，他早期應是室町幕府的申次眾伊勢新九郎。也就是說他本來是幕府內的精英分子，然而早雲並不想待在荒廢的京都，而將自己的未來寄託在東國。

早雲先是藉由妹妹嫁入今川家為側室的關係，進入駿河。他在今川家因調停內鬥有功，獲得興國寺城的封賞。之後，早雲將勢力擴展到伊豆，進而在相模建立小田原城。此時，早雲已年過六十。奉早雲為祖的後北条氏，其後稱霸關東長達約一百年。早雲應可算是大器晚成型的典型下剋上大名。

實力派大名、戰國大名出場

●1560年前後的戰國大名●
上杉謙信
武田信玄
朝倉義景
淺井長政
尼子義久
毛利元就
京都
北条氏康
今川義元
織田信長
三好長慶
大友義鎮
島津貴久

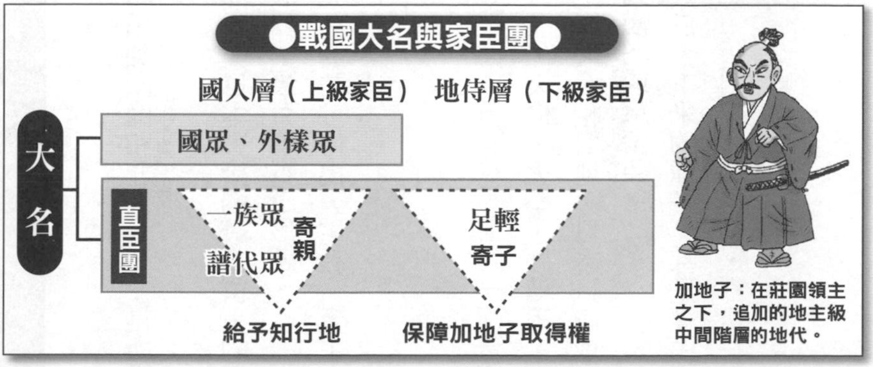
●戰國大名與家臣團●
國人層（上級家臣）　地侍層（下級家臣）
大名
國眾、外樣眾
直臣團
一族眾
譜代眾
寄親
足輕
寄子
給予知行地
保障加地子取得權

加地子：在莊園領主之下，追加的地主級中間階層的地代。

3-20 與歐洲初次接觸

火槍與天主教

日本進入戰國時代的十五世紀後半，西班牙與葡萄牙正將航路開拓到印度和非洲大陸，是所謂的「大航海時代」。

一五四三年，載著葡萄牙人的中國船，漂流到種子島，這是歐洲人與日本人接觸最早留下的紀錄。傳進來的新兵器是火槍。火槍迅即在戰國大名之間普及開來，改變了舊有的戰爭形態。

六年後，西班牙籍耶穌會的傳教士法蘭西斯科・沙勿略抵達鹿兒島造訪，傳揚天主教。天主教徒快速激增，此後的三十年，日本信徒擴增到約十五萬人。

南蠻貿易帶來了什麼？

當時的日本人將西班牙人和葡萄牙人稱為「南蠻人」，所以與兩國從事的貿易稱為「南蠻貿易」。葡萄牙人對南蠻貿易尤其熱中，他們將中國生產的生絲、絹製品、火槍、火藥、砂糖等，來交換日本的銀，獲得了龐大的利益。當時，日本是世界上少有的銀生產國。相對地，日本巨商或大名中，也有不少人在南蠻貿易中積聚財富，有些商人還將生意拓展到澳門或東南亞。

南蠻貿易也帶來許多當今日本人仰賴甚深的物品。像是南瓜、西瓜、玉米的種子，都是經由南蠻貿易帶進國內。此外，像卡斯特拉（譯注：長崎海綿蛋糕）、麵包、防雨外套的單字，都是在這個時代傳進日本的葡萄牙語。

歐洲人與南蠻貿易

●15～16世紀世界與天正遣歐使節●

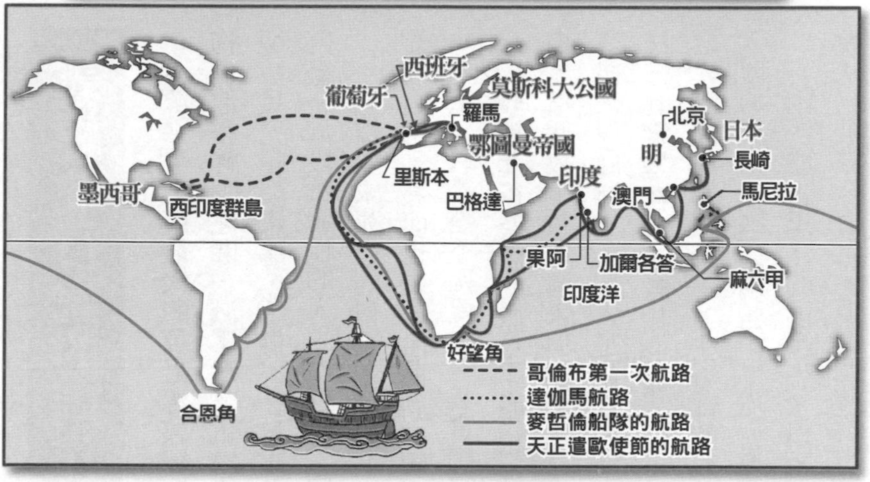
西班牙
葡萄牙
莫斯科大公國
羅馬
北京
日本
明
長崎
鄂圖曼帝國
里斯本
巴格達
印度
澳門
馬尼拉
墨西哥
西印度群島
果阿
加爾各答
麻六甲
印度洋
好望角
合恩角
哥倫布第一次航路
達伽馬航路
麥哲倫船隊的航路
天正遣歐使節的航路

●室町時代～江戶時代的天主教沿革●

時代	年	事件
室町時代	1549年	法蘭西斯科・沙勿略來航九州
室町時代	1568年	織田信長上京，承認天主教
安土桃山時代	1587年	伴天連追放令，豐臣秀吉鎮壓天主教
安土桃山時代	1596年	聖菲利浦號事件。長崎26聖人殉教
江戶時代	1613年	德川家康發布全國禁教令
江戶時代	1614年	高山右近等多名天主教徒被流放國外
江戶時代	1622年	元和大殉教。55名天主教徒在長崎被處死
江戶時代	1637年	島原之亂。天草四郎為首的天主教徒造反
江戶時代	1640年	幕府設置宗門改一職。取締祕密天主教徒

專欄

義經北行說的創作背景

源平爭亂中最大的英雄源義經，是日本人心中最喜愛的人物。他在轉眼之間，滅了殺父仇家平氏，堪稱作戰天才，然而卻被長兄賴朝嫌惡，不得不在日本各地逃亡，最後在奧州平泉自盡。這段戲劇性的人生，打動了所有日本人的心。

義經並未死亡的傳說十分有名。傳說中，他在平泉活了下來，祕密到了北海道成為愛奴之王，甚而也有他渡海到中國大陸，變成了成吉思汗等荒誕無稽的說法。若包含這些說法，「義經不死傳說」其實相當富變化性。

義經北行傳說的原型，歸根究底應是從《御伽草子》中〈御曹司島渡〉的故事而來。這個故事敘述還未與賴朝相見前，義經在青年時代遠渡北海道的種種怪異體驗。也許後人以此為本，加入了愛奴的故事才變成了傳說。現在所知「義經＝成吉思汗」的說法，其實是在大正時代形成的。愛奴研究者小谷部全一郎的著作《成吉思汗為源義經也》因而成為暢銷書。小谷部的說法雖不被學界認真對待，但它應合了當時日本欲進軍大陸的風潮，因而掀起了一大旋風。

由於成吉思汗的前半生，以及其父親的名字都有所考據。所以，義經＝成吉思汗的說法已被完全否定。但這個傳說也許會永遠留在期望英雄永世不朽的日本人心中吧。

第四章

戰國時代與天下統一

4-1 織田信長的「天下布武」

從大草包變成天下霸主

戰國時代長年爭戰，而收拾這個局面，停止戰禍的人物便是織田信長。

信長出生於一五三四年，是尾張國守護代織田信秀的長子。少年時代因舉止古怪奇異，被人譏笑是「大草包」。不過他漸漸嶄露頭角，成為織田家的領袖。

信長的轉機在一五六〇年的「桶狹間之戰」。這場戰爭中，他僅以兩千兵力，攻破坐擁四萬大軍的駿河今川義元，一躍而名揚天下。

一五六八年，信長完成上京壯舉，將此時在各地流浪的足利義昭擁為室町幕府第十五代將軍。利用將軍的權威，將近畿一帶納入手中。但他後來與義昭敵對，進而將之流放，消滅了室町幕府。

信長宣告的「天下布武」有什麼意義？

織田信長將「天下布武」四個字刻成自己的印章，表示將以武力統一天下的強烈意志。戰國大名之中，除了織田信長外，沒有任何人有如此的宏圖大略。

信長的政治策略也與從前其他的戰國大名大相逕庭。從前的戰國大名到了戰時才徵用農民作戰，農忙時期便無法動員兵力。但信長實現了兵農分離的策略，組織了常備軍。

此外，信長自早年就開始著眼於商業活動。訂定「樂市樂座」制，並廢止領內的關所。因此，在信長的統治領地內，工商業者可以自由營生。這些政策也與一向仰賴年貢的戰國大名很不同。

席捲戰國的織田軍團

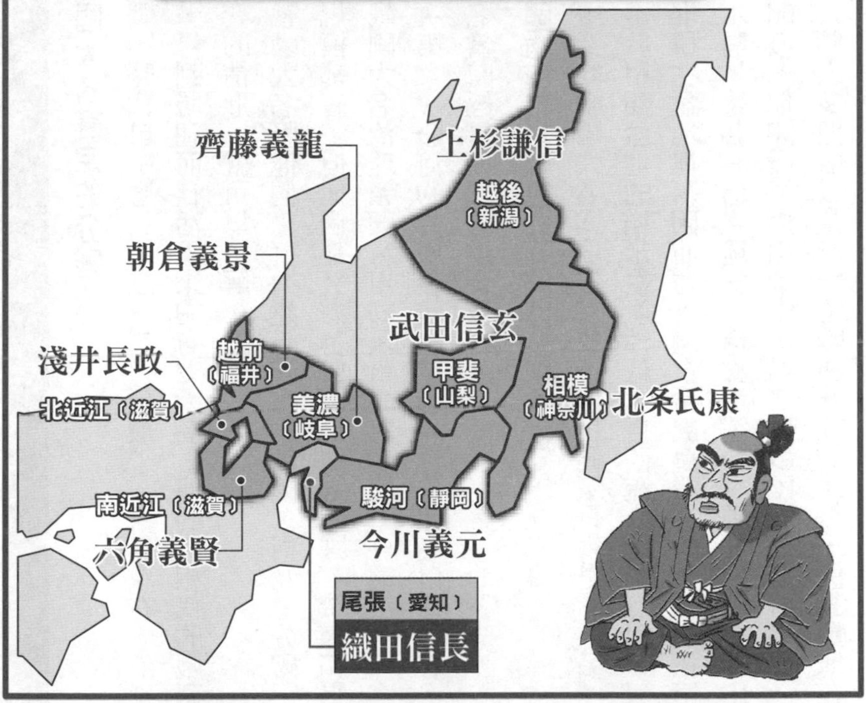
●包圍織田信長的有力戰國大名●
齊藤義龍
上杉謙信
越後〔新潟〕
朝倉義景
武田信玄
淺井長政
越前〔福井〕
甲斐〔山梨〕
相模〔神奈川〕
北条氏康
北近江〔滋賀〕
美濃〔岐阜〕
駿河〔靜岡〕
南近江〔滋賀〕
六角義賢
今川義元
尾張〔愛知〕
織田信長

●奪取天下的歷程●

- ●以下剋上方式打倒守護大名，獲取領地（獲得政治力）
- ●從取得的領地確保年貢，努力振興當地的工商業和流通（增加經濟力）
- ●在雄厚的經濟力支持下，締結堅固的主從關係，形成強大的軍團（增強軍事力）
- ●以脫離室町幕府獨立為目標
- ●整頓領國內法令（分國法），強化家中和領國的統治

4-2 戰國大名的領國經營

戰國大名訂定的分國法

戰國時代自「應仁之亂」起，延續了一百年左右。前半期為各地小勢力互相攻擊對戰，到了後半期，得到勝利而存活下來的有力大名上演同志相伐的戲碼。只要想像高中棒球地區預賽，和甲子園大賽的情形，就可以了解。

戰國大名將他們以實力建設起來的領國，稱為「分國」。其統治的領域大小不一，從數郡到數國的規模都有，但他們都努力為自己治理的領國，帶來和平和繁榮。

戰國大名治理領國，用的是事先訂定的「分國法」（家法）。如甲斐的武田信玄制定《甲州法度之次第》、駿河的今川義元制定的《今川假名目錄》等，有數部分國法還留傳至今，成為了解戰國大名當時經營領國的重要資料。

領國經營也出色非凡的武田信玄

甲斐的戰國大名武田信玄並不只是個擅長戰爭的大名。

由於甲斐盆地的稻米生產性低，自西流入的釜無川，只要氾濫的時候，土砂便會從上流沖刷而下，堆積在盆地裡，因而並不適合發展農業。因此信玄招攬自明國回日的僧侶，築起堤防阻擋釜無川的水勢，是為「信玄堤」。信玄堤遺跡，現在還留存在山梨縣的幾個地方。此外，信玄也著眼於礦山開發。他開發了黑川金山、湯之奧金山，鑄造日本第一套金幣「甲州金」。

人們大多把信玄當作一位戰功非凡的武將，但其實他在內政方面也發揮了卓越的手腕。

獨立獨步的戰國大名

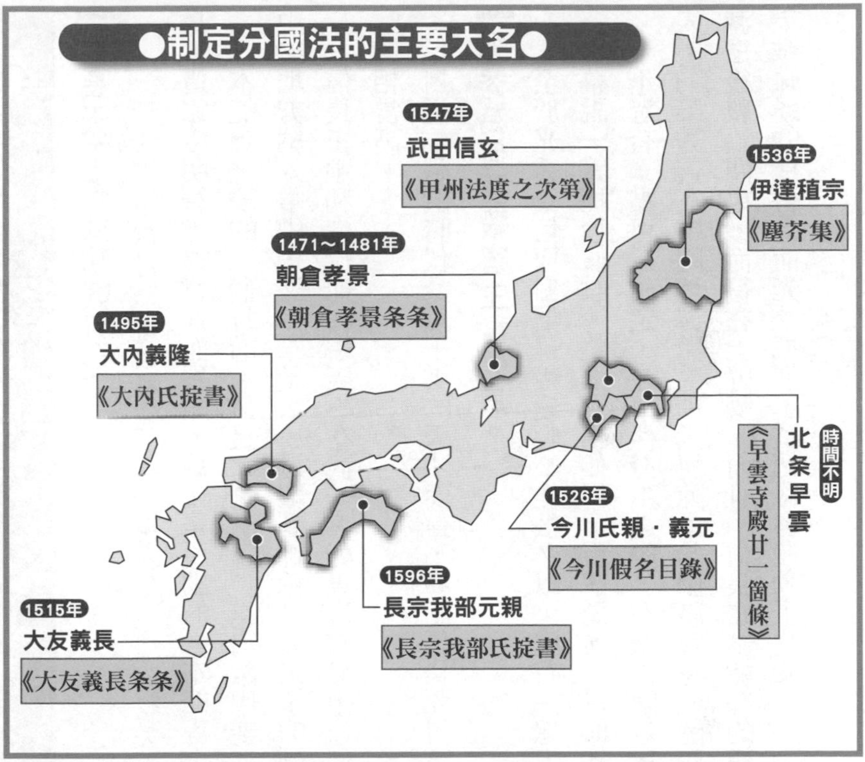
●制定分國法的主要大名●
1547年
武田信玄
《甲州法度之次第》
1536年
伊達稙宗
《塵芥集》
1471～1481年
朝倉孝景
《朝倉孝景条条》
1495年
大內義隆
《大內氏掟書》
時間不明
北条早雲
《早雲寺殿廿一箇條》
1526年
今川氏親・義元
《今川假名目錄》
1596年
長宗我部元親
《長宗我部氏掟書》
1515年
大友義長
《大友義長条条》

●武田信玄《甲州法度之次第》重點內容，分為●

- ●關於領主和其統治下武士、農民的項目
- ●關於納稅的項目
- ●關於主從關係、雇用關係的項目
- ●關於刑事事件的項目
- ●關於山中之國的特徵所規定的項目
- ●關於神社、佛閣的項目
- ●關於對領民徵稅的項目
- ●關於信玄自己的項目

4-3 本能寺之變

信長天下布武功敗垂成

一五八二年六月二日破曉前，京都爆發了一件震撼全日本的大事件。下榻在本能寺的織田信長，遭家臣明智光秀背叛而殞命。這便是所謂的「本能寺之變」。

本能寺之變的三個月前，信長才剛滅了長年宿敵甲斐武田氏。進而將畿內、中部、北陸和部分中國地方納入掌中，又令三子——過繼到神戶家為養子的神戶信孝——帶兵進攻四國。信長正順利進行他的「天下布武」，如果沒有發生這個事件，由信長來達成天下統一的可能性應該相當高。

對這位戰國時代豪氣干雲的天才而言，織田信長死得實在太冤枉了。

光秀為何要殺害主君信長？

至於光秀為何要對信長叛變呢？從很久以來就有「怨恨說」、「野心說」和在暗處操縱光秀的「黑幕說」等種種假設。然而真相如何，現在還是不得而知。

不過有一點可以確定，在事件發生之際，在京都附近率領大軍的武將，除了明智光秀，並無別人。羽柴秀吉在中國地方與毛利氏對陣；柴田勝家在北陸與上杉氏作戰；而瀧川一益為了在武田氏滅亡後整治關東，而待在上野國。而且，信長在本能寺的侍衛據說只有一百五十人。這是除去信長千載難逢的機會，而光秀把握了這個機會發動了政變。

「本能寺之變」織田軍的主要武將

●在各地作戰的織田軍團●
前田利家
上杉景勝
佐佐成政
森長可
明智光秀
奉織田信長之命，應前往中國援助遠征的羽柴秀吉。但他起了謀反之心，殺害在本能寺的信長。
佐久間盛政
柴田勝家
擔任北陸方面的司令官，和前田利家、佐佐成政一同與上杉景勝對峙，攻擊越中。
瀧川一益
擔任關東方面的司令官，與北条氏對峙。
北条氏政
細川藤孝
丹羽長秀
吉川元春
織田信忠
信長長子，率300兵力下榻在京都妙覺寺。
羽柴秀吉
擔任中國地方的司令官，向毛利氏的備中高松城進行水攻。
小早川隆景
京都
織田信長
帶隨從150人，下榻本能寺
德川家康
輕車簡從，在堺市遊覽
神戶信孝
織田信長三子
長宗我部元親
北畠信雄
織田信長次子

4-4 羽柴秀吉奪取天下

神速！中國大折返

「本能寺之變」爆發時，織田家的重臣全都在日本各地忙著打仗。發動叛變的明智光秀，應是想趁他們回防之前，賺取時間來鞏固體制。

但是，有個人出乎光秀的意料，以超凡的速度奔回畿內。他就是羽柴秀吉。秀吉此時正在備中與毛利氏對戰，但一接到本能寺之變的軍報之後，便迅速與毛利完成和談，沿山陽道往京都進軍。

然而，最令人驚訝的是他的速度。秀吉軍自備中高松城出發後，短短六天後就到達攝津國尼崎，第二天在山崎打敗了光秀。秀吉發動的這次出乎尋常的強行軍，稱為「中國大折返」。

打倒明智光秀之時，秀吉只不過是織田家的一位重臣。但是，他搶在眾人之前為主君報仇，可算是立下大功一件。

在信長後繼者競賽中勝出，走向天下人之道

信長死後，在決定織田家體制的「清洲會議」上，秀吉成為信長之孫三法師的監護人。信長嫡子信忠在本能寺之變後戰死，也對秀吉營造了有利的局面。

之後的秀吉將敵對的瀧川一益和柴田勝家各個擊破，在織田家內奠定穩固的地位。而且他雖然一度在「小牧－長久手之戰」中敗給信長的盟友德川家康，卻利用巧妙的政治手腕令家康臣服。秀吉也因此成為信長的後繼者，步上天下人之路了。

羽柴秀吉的天下統一

●從「本能寺之變」到天下統一期間的主要戰爭●

1583年
賤岳之戰中，
打敗柴田勝家
1584年
小牧－長久手
之戰，與德川
家康對戰
1590年
奧州的伊達政宗
降服
1582年
在山崎之戰擊破
明智光秀
1582年
與毛利氏談和
1587年
島津義久降服，
平定九州
1585年
長宗我部元親降
服，平定四國
1585年
平定紀州的根來、
雜賀的一揆
1590年
進攻、大破小田
原的北条氏
1.
2.
3.
4.
5.
6.
7.
8.
9.

●秀吉天下統一之路●

1582年 **「山崎之戰」** 在信長軍團中比所有人更早征討明智光秀，為信長報仇。有意奪取天下

1583年 **「賤岳之戰」** 與織田家棟梁之臣柴田勝家對戰，大勝。成為織田家的領袖

「興建大坂城」 在石山本願寺的舊址上，建立日本最大的城堡——大坂城。

1584年 **「小牧－長久手之戰」** 德川家康與織田信雄對戰。在戰爭中敗給家康，但卻與信雄私下議和，孤立家康。

1585年 **「進攻紀州」** 平定根來、雜賀的一揆。

「進攻四國」 土佐的長宗我部元親降服。

「就任關白」 公卿中最高地位，成為第一個就任的武士。

1586年 **「德川家康臣服」** 為了讓德川家康臣服，他把妹妹朝日姬和母親大政所送到家康處。

「就任太政大臣」 後陽成天皇賜姓豐臣。豐臣政權確立。

1587年 **「進攻九州」** 薩摩的島津義久降服，平定九州。

1590年 **「進攻小田原」** 令小田原的北条氏降服，平定關東。

「懲治奧州」 伊達政宗降服，掌握奧州大名。平定東北。

天下統一完成！

4-5 豐臣秀吉的政權

太閤檢地與刀狩

豐臣秀吉在一五九〇年統一天下，這一年歸降秀吉的小田原後北条氏，成為最後一股敵對豐臣政權的勢力，在他之後再沒有人能與秀吉匹敵。自「應仁之亂」以來，長達一百二十年的戰國亂世終於休止。

秀吉的政策中，特別值得記上一筆的是「太閤檢地」和「刀狩」。檢地即是土地普查，信長也做過，但規模較小，秀吉卻是以全國的規模來實施檢地。經由這次太閤檢地，從奈良時代以來連綿已久的莊園，在日本消失了。

另外，他還施行「刀狩」，沒收農民階層的武器。藉此防止一揆發生，也將農民與武士的身分劃分清楚。這些政策後來在江戶幕府時也繼續沿用，作為身分、土地的基本政策。

天下人秀吉的最大弱點是？

急速竄升、飛黃騰達的秀吉，其實有一個很大的弱點。秀吉沒有傲人的武家祖先，因而無法像源賴朝或足利尊氏一般，成為武家的棟梁。因此，秀吉向朝廷示好。一五八五年，獲任為關白，又再於翌年成為太政大臣，獲得賜姓「豐臣」。他選擇利用天皇權威睥睨全國的路子。

晚年，秀吉兩次出兵朝鮮半島等，在執政上失誤連連。而正當第二次出兵朝鮮之際，他卻在對年幼繼承人秀賴的惦念中，結束了波折動亂的一生。

豐臣政權的外交、內政

●太閤檢地●

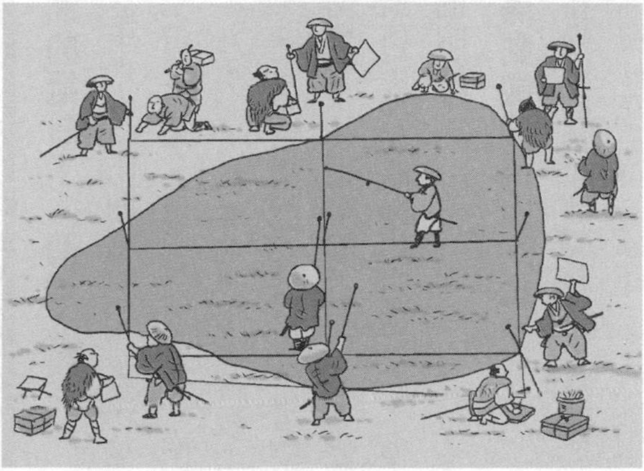

秀吉實行的檢地稱為「太閤檢地」。檢地是由檢地官前往村中，在名主等的引導下測量田地。內容包括調查面積、等級、耕作人，然後記入檢地帳。檢地時已具備高度技術，就算是形狀不整的土地也能正確測量。藉著這次檢地，終於消滅了奈良時期以來的莊園。

●文祿・慶長之役〔壬辰・丁酉之役〕●

會寧
4.
1592年7月
加藤清正在會寧抓到朝鮮兩王子，進攻到明領地。
明
朝鮮
1592年6月
占領平壤。擊退明朝援軍但是撤退。
3. 平壤
1592年5月
占領首都漢城。國王逃至平壤。
2. 漢城〔首爾〕
1597年12月
加藤清正在蔚山受到明、朝鮮聯軍的夾攻，陷入苦戰。
文祿之役
蔚山
1598年10月
明大軍追趕撤退中的日本軍，為島津義弘所擊退。
1592年4月
日本軍自釜山上岸，一天即攻陷釜山城。
2.
釜山
1.
泗川
3.
1.
1597年7月
日本軍殲滅朝鮮水軍
對馬
慶長之役
名護屋

4-6 南蠻文化與桃山文化

歐洲的氣息——南蠻文化

從十六世紀中期開始，西班牙及葡萄牙等南蠻人將醫學、天文學、地理學、航海術，以及西洋畫技法帶進日本。這些都稱之為「南蠻文化」。

在九州的天草等地，用由傳教士范禮安帶來的活版印刷機，陸續出版了《伊曾保（伊索）童話》、《平家物語》等文學書。這些出版品曾為「天主教版」（天草版）。

南蠻文化帶進來的文物中，不少都與人們現在的生活有關。像是將天主教第一次帶進日本的法蘭西斯科・沙勿略向周防國守護大名大內義隆獻上的品目當中，有眼鏡等物。這是在紀錄中日本最古老的眼鏡。

充滿動能的桃山文化

在織田信長和豐臣秀吉當政時代繁盛綻放的文化，稱為「桃山文化」，由於其推手是新興的戰國大名與住在都市的豪商，因而桃山文化豪華而充滿動能，反映出他們的格局。

最能代表桃山文化的是城郭建築和障壁畫。

這個時代的城郭與以往的山城不同，挖掘深壕、巨石堆砌的石牆，以及高層的天守閣成為城堡的主流。受人歡迎的不再是難攻易守、適合實戰的城，而是可作為城主威儀象徵的城郭。

此外，城內的紙門、牆壁、天花板和屏風，描繪著運用金箔的華麗繪畫，稱為「濃繪」。繪畫的題材，又以象徵權威的唐獅子、虎、龍最受喜愛。

勃興的南蠻文化與桃山文化

●傳入日本的南蠻文化●

●傳教士范禮安傳來的活字印刷

這個技術幫助日本書籍能以羅馬拼音字出版。

●天文學

●醫學

●地理學 …地球儀也傳入

●航海術

●造船術

●南蠻甜點（卡斯特拉蛋糕、金平糖、麵包等）

●吸菸的習慣

●油畫或銅版畫的技法

●壯麗豪華盛開的桃山文化●

受南蠻文化的影響，現實性的風氣成為主導者，佛教的影響也減少了。

●建築

都久夫須麻神社本殿（伏見城遺跡）

西本願寺書院〔鴻之間〕

醍醐寺三寶院表書院、庭園

姬路城

松本城天守閣

二条城二之丸御殿

●繪畫

洛中洛外圖屏風〔狩野永德〕

唐獅子圖屏風〔狩野永德〕

牡丹圖〔狩野山樂〕

松林圖屏風〔長谷川等伯〕

職人盡圖屏風〔狩野吉信〕

●工藝

高台寺蒔繪*

*譯注：在漆器表面以漆繪畫的一種技法。

4-7 關原之戰與江戶幕府的成立

決定天下的關原之戰

一五九八年豐臣秀吉過世後，德川家康的動向備受矚目。家康雖是五大老的領袖，擔當秀吉之子秀賴的監護人，但所作所為卻漸漸背離了秀吉的遺命。

五奉行之一的石田三成，對家康的舉動感受到更大的威脅。三成因而與五大老中的毛利輝元共謀舉兵討伐家康。家康則將福島正則、加藤清正等豐臣家的武將收入麾下。兩方在一六〇〇年，於美濃關原激烈衝突，這便是史上稱為決定天下的「關原之戰」。

戰爭最後是由家康率領的東軍，擊破三成的西軍。敗北的三成被斬首，豐臣家兩百五十萬石以上的領地也被削減，成為只有六十五萬石的一介大名。家康也因此掌握了統領全國的實權。

江戶幕府成立

家康在一六〇三年獲任征夷大將軍，於江戶開闢幕府。開啟了從此直到明治維新為止，長達近兩百六十年的「江戶時代」。

不過，江戶幕府成立之初，並不算得上穩固。大坂城依然還有豐臣秀賴存在，對豐臣家盡忠效勞的武將並不少。因此，家康在一六〇五年將將軍一職讓給兒子秀忠，自稱大御所，在駿府主導幕府政治。家康擔任征夷大將軍只兩年，便傳位給兒子，即是昭告天下，德川一家將世代繼承將軍一職。進而在一六一一年，要求各大名宣誓向德川家臣服盡忠。

從豐臣到德川政權

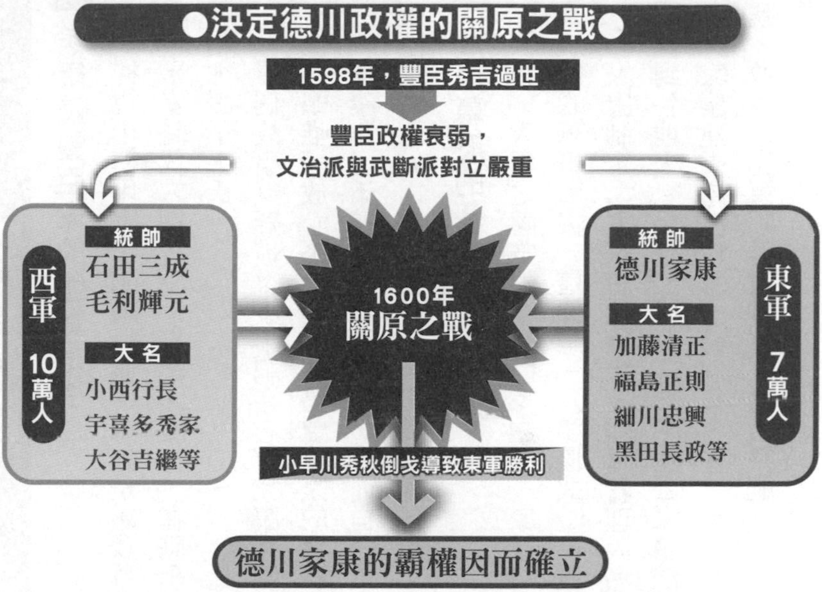
●決定德川政權的關原之戰●
1598年，豐臣秀吉過世
豐臣政權衰弱，
文治派與武斷派對立嚴重
西軍 10萬人
統帥
石田三成
毛利輝元
大名
小西行長
宇喜多秀家
大谷吉繼等
1600年
關原之戰
東軍 7萬人
統帥
德川家康
大名
加藤清正
福島正則
細川忠興
黑田長政等
小早川秀秋倒戈導致東軍勝利
德川家康的霸權因而確立

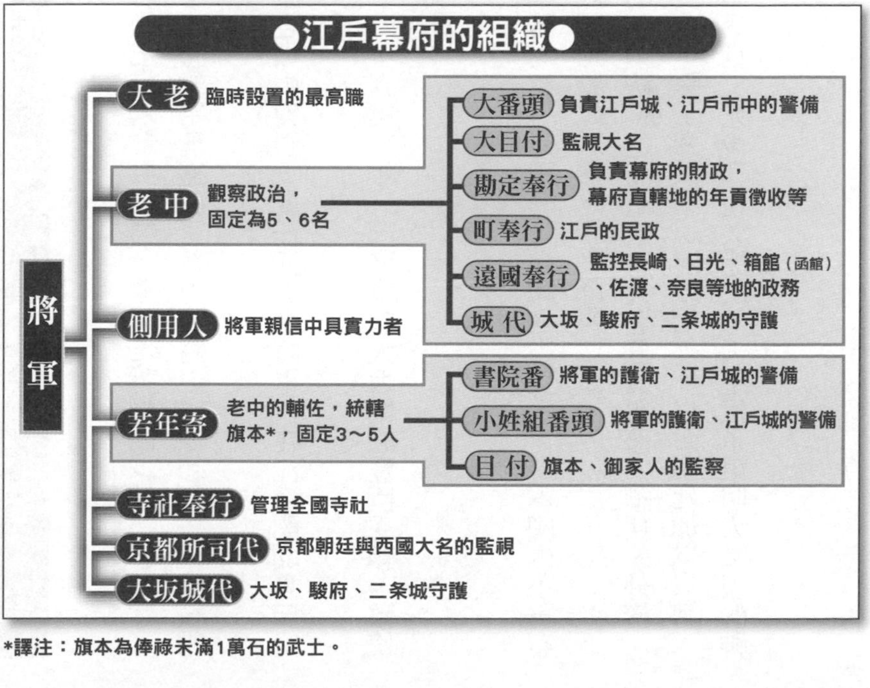
●江戶幕府的組織●
將軍
大老 臨時設置的最高職
老中 觀察政治，固定為5、6名
大番頭 負責江戶城、江戶市中的警備
大目付 監視大名
勘定奉行 負責幕府的財政，幕府直轄地的年貢徵收等
町奉行 江戶的民政
遠國奉行 監控長崎、日光、箱館（函館）、佐渡、奈良等地的政務
城代 大坂、駿府、二条城的守護
側用人 將軍親信中具實力者
若年寄 老中的輔佐，統轄旗本*，固定3～5人
書院番 將軍的護衛、江戶城的警備
小姓組番頭 將軍的護衛、江戶城的警備
目付 旗本、御家人的監察
寺社奉行 管理全國寺社
京都所司代 京都朝廷與西國大名的監視
大坂城代 大坂、駿府、二条城守護

*譯注：旗本為俸祿未滿1萬石的武士。

4-8 大坂之陣與江戶幕府的基本政策

家康滅豐臣家的盤算是？

據說，德川家康飽讀詩書，尤其是鎌倉幕府的史書《吾妻鏡》，他更是讀得滾瓜爛熟。平安時代末期發生「平治之亂」，在戰爭中獲勝的平清盛放了敵方大將之子源賴朝，但是後來賴朝卻滅了平氏。

這個故事無疑被家康牢記在心。家康在關原之戰中獲勝，就任征夷大將軍，在江戶開闢幕府，但他心頭唯一放心不下的，便是豐臣家的存在。

家康為了不讓隱憂傳予子孫，因而自一六一四年到第二年，兩度攻擊大坂城的豐臣秀賴，致使豐臣家完全滅亡。這便是「大坂冬之陣、夏之陣」。

江戶幕府的基本政策

在「大坂之陣」毀滅豐臣家之後，家康將年號改為「元和」，向國內外宣示，日本國內不再有大規模的軍事衝突。這便是「元和偃武」。偃武即是收起武器、和平降臨之意。

家康制定《武家諸法度》，作為管理大名的基本法。進而重新將大名分為親藩、譜代、外樣，配置到各地去。另外又訂有《禁中並公家諸法度》，除了讓天皇遠離政治外，也對朝廷加以規制。

家康建立起江戶幕藩體制後，在一六一六年過世。死後葬在久能山，天皇授予東照大權現的神號，並入日光東照宮設神位，供人祭祀。

德川家康的天下統一

●豐臣家滅亡到德川政權成立●

●1600年

關原之戰：豐臣家淪落為一大名

●1603年

德川家康成為征夷大將軍：江戶幕府開府

德川秀忠之女千姬與豐臣秀賴結婚

●1605年

家康把將軍職位讓給秀忠

宣言將軍職為世襲制

●1611年

家康與豐臣秀賴在京都二条城會面

加藤清正去世

●1614年

家康對方廣寺鐘銘提出質疑

大坂冬之陣：填平大坂城的外濠

●1615年

大坂夏之陣：豐臣秀賴自盡，豐臣家滅亡。

自戰國時代起的戰亂終於告一段落

元和偃武：改年號為元和，偃武為不使用武力之意。

●江戶幕府統治策略●

農民的統治～基本上納稅百姓未減，維持年貢。

田畑的永代買賣禁止…禁止農民買賣土地。

分地限制令…防止百姓將土地細分化，限制田地分割繼承。

五人組制度…鄰近的連帶責任制度。目的在於防止年貢未納或犯罪。

大名的統治～削弱大名實力，防止他們反叛幕府。

大名配置…將外樣大名配置到離江戶最遠的地區，親藩、譜代在天領（幕府直轄地）設置要所，監視外樣大名。

一國一城令…大名領國只允認一城，其他的城都必須拆毀。

武家諸法度…統治大名的基本法。違反的大名受到嚴厲處分。

參勤交代…一年輪流來往江戶與領國。削弱大名的實力。

普請役…下令進行城郭或治水工程，削弱大名的經濟力。

4-9 德川家光的治世

天生的將軍——家光

江戶幕府的三代將軍德川家光，從一出生就在和祖父家康、父親秀忠截然不同的環境中成長。家康和秀忠與全國諸將總是站在戰線上，勇渡戰國時期一波波猛浪。但一六〇四年家光誕生時，戰國時代已結束。由於長兄長丸早逝，家光很小即注定成為將軍，可說是個「天生的將軍」。在家康的光環消失之後，如何讓家光成為諸將心服口服的領袖，是江戶幕府的一大考驗。

一六二三年，家光一就任將軍之位，便著手大舉修建日光東照宮。藉著將祖父家康神格化，來提高幕府的權威，取得領導力。

參勤交代與鎖國的完成

一六三二年，父親秀忠過世，家光更進一步地在治理政事施展身手。在《武家諸法度》中，加入「參勤交代」制度的便是家光。參勤交代是命令大名將妻子安置江戶作為人質，而大名本身則必須每隔一年輪流來往本國和江戶。

家光在一六三九年還禁止葡萄牙船來航。這個禁令很大的原因，來自兩年前發生的「島原・天草一揆」，家光深知天主教凝聚力的可怕，因而下令禁航，並且在兩年後以不進行宣教活動的條件下，要求荷蘭人移居長崎人工島「出島」，禁止其自由往來。從此直到幕末美國海軍將領佩里來航之前的兩百年之間，日本進入鎖國狀態。

江戶幕府的基本體制，可以說是在家光治世時完成的。

鞏固幕府基礎的德川家光

●從家康到家光的德川將軍●

德川家康：退位後成為大御所，在幕後指導秀忠。

德川秀忠：雖不突出，實際上是個有能力的將軍。

福島正則：受豐臣恩澤的大名。安芸廣島藩主。因任意改建廣島城而被免官。

松平忠輝：家康六子。秀忠之弟。越後高田藩主。因未趕上大坂夏之陣而被免官。

松平忠直：秀忠之姪。福井藩主。因惡行惡狀而被免官。

德川家光：天生的將軍。鞏固幕府的基礎，建立繁榮的根基。

德川忠長：秀忠三子。駿府藩主。因行為不端而閉居上野高崎後自盡。

●江戶時代初期幕府與外國的關係●

- ●1600年　荷蘭船德里佛德號漂流到豐後〔大分縣〕。
- ●1604年　創設糸割符制度：將外國船所持有的生絲，由堺、京都、長崎、江戶、大坂特定商人全數搜購的制度。
- ●1607年　朝鮮通信使來日。
- ●1609年　與朝鮮訂定己酉條約。1607年～1811年之間，總計來日12次。島津氏征服琉球。荷蘭人於平戶設立商館。
- ●1612年　家康宣布領土禁教令。
- ●1613年　英國於平戶設立商館。全國禁教令。放逐天主教大名高山右近等人。
- ●1616年　限制中國船之外的外國船，只能停靠平戶、長崎。
- ●1622年　元和大殉教。在長崎處斬55名傳教士、信徒。
- ●1623年　英國關閉平戶商館。
- ●1624年　禁止西班牙船來航。
- ●1635年　禁止日本人渡航海外、回國。
- ●1636年　驅離與貿易無關的葡萄牙人。
- ●1637年　島原之亂。
- ●1639年　禁止葡萄牙船來航。

4-10 元祿時代

從武斷政治到文治政治

德川家光在位時，幕府施行以武力為後盾的高壓性「武斷政治」。然而，從第四代將軍家綱開始，進入了和平時代，因而施政方式也轉向尊重學問、藝術的「文治政治」。

一六八〇年，德川綱吉就任第五代將軍，開始獎勵儒學，曾在江戶湯島建孔子廟等。這種文治政治與產業的發展互相扶持，也帶來學問和藝術的隆盛。綱吉在位時稱為「元祿時代」。在上方（京都、大坂）的藝術活動尤其盛行，使「元祿文化」開花結果。

然而另一方面，綱吉卻宣達了過度的動物愛護令——「生類憐憫令」，嚴厲取締違法者。

動搖元祿治世的赤穗浪士復仇

一七〇二年發生了一個事件，受到元祿時期百姓的喝采。

在江戶城內發生播州赤穗藩主淺野長矩以刀刺傷吉良上野介的刃傷事件，淺野切腹謝罪，家族斷後，赤穗藩也將四分五裂。但是，家老大石內藏助率領赤穗的遺臣團，為主君向吉良復仇。

百姓們對赤穗事件熱烈支持的背景之一，便是庶民們的生活一直處於水深火熱之中。

這個時代各地的金山、銀山出產量急劇減少，幕府降低質地，大量發行元祿小判作為彌補，但是反而造成物價上揚。赤穗事件對生活於元祿泡沫時代的人們而言，具有一掃陰霾的效果。

開放性的新元祿時代

●元祿文化的特徵●

戰火平息，建立起新的社會秩序。到了17世紀後半，社會現實面延伸而出的學問，在多方面的領域發達起來。
尤其是在元祿時代（17世紀末～18世紀初），各種藝術以上方（京、大阪）為中心地發達起來，這就叫做「元祿文化」。

●主要的著作物●

大日本史（水戸家）
聖教要錄（山鹿素行）
本朝通鑑（林羅山・林鵞峰）
古文辭學（荻生徂徠）
農業全書（宮崎安貞）
大和本草（貝原益軒）
發微算法（關孝和）
貞 享 曆（澀川春海）

●主要的文學作品●

好色一代男（井原西鶴）
日本永代藏（井原西鶴）
世間胸算用（井原西鶴）
奧之細道（松尾芭蕉）
曾根崎心中（近松門左衛門）
心中天網島（近松門左衛門）

●主要的美術作品●

紅白梅圖屏風（尾形光琳）
回眸美人圖（菱川師宣）
八橋蒔繪（尾形光琳）
色繪吉野山圖茶壺（野野村仁清）

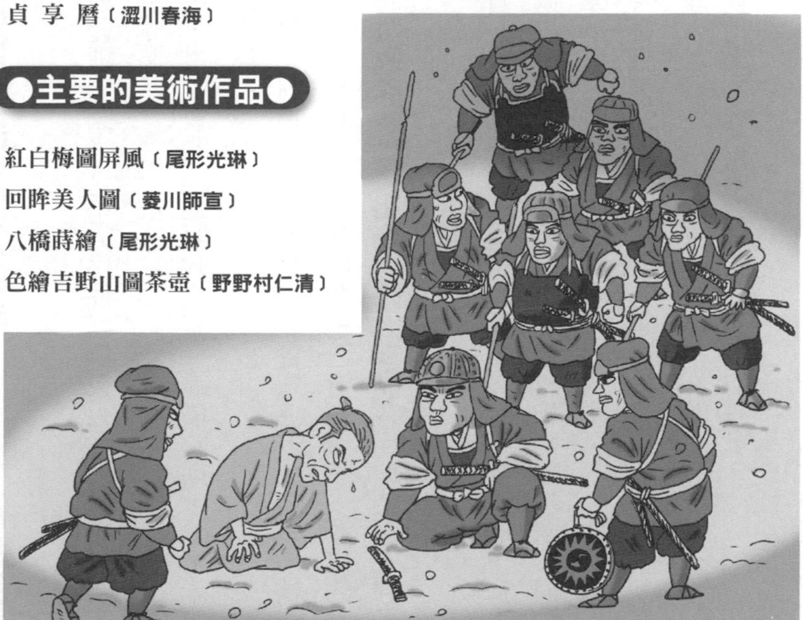

4-11 享保改革

江戶幕府中興之祖──德川吉宗

一七一六年，江戶幕府七代將軍德川家繼薨逝，家光直系的男性已無後人。因此由御三家之一的紀州藩家中，選出將軍繼任者，是為德川吉宗。

吉宗發揮了強有力的領導，著手進行改革，最主要的即是財政重整。這段時期，除了米價低迷外，各種物價皆不斷飛漲。幕府的赤字就像滾雪球般越滾越大。

吉宗發布了「儉約令」，抑制不必要的花費。同時獎勵新田開發，實施「定免制」，試圖拉高年貢。此外，又對各大名下令「上米」，每一萬石米的俸祿，就需繳納一百石米。一連串的改革叫做「享保改革」。吉宗此舉使即將傾倒的幕府財政成功重建起來，因而被喻為江戶幕府中興之祖。

理解庶民心情的將軍

德川吉宗為紀州藩主德川光貞的四子。有一說指出，他的生母是為光貞打掃浴池的下女，因此他本應與出仕當官絕緣。然而由於兄長相繼過世，因而成為紀州藩主。當時紀州藩也處於財政困難的窘境，吉川上任後的十二年內，實行藩政改革，是百姓口中的明君。

吉宗實行的政策中，特別與眾不同的是「投訴箱」的設置。吉宗親自檢視庶民的投書，在身分制度分明的江戶時代，算是劃時代的體系。

吉宗的聲望直到現今依然居高不墜，也就是因為他是個理解庶民心情的將軍。

德川吉宗的「享保改革」

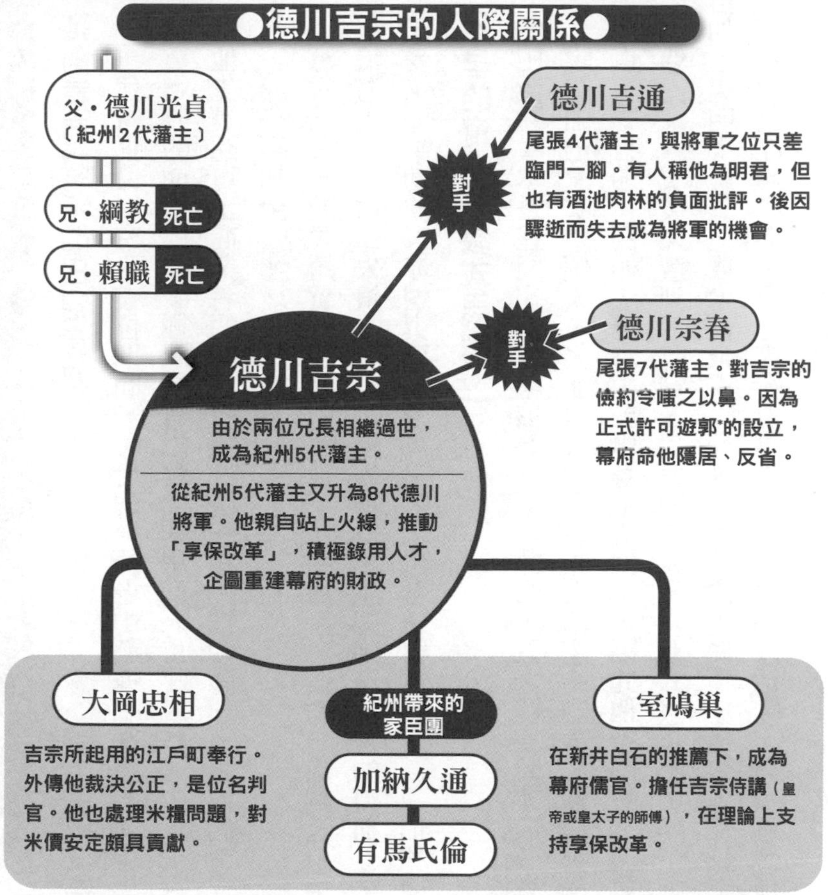
●德川吉宗的人際關係●
父・德川光貞
〔紀州2代藩主〕
兄・綱教 死亡
兄・賴職 死亡
德川吉宗
由於兩位兄長相繼過世，成為紀州5代藩主。
從紀州5代藩主又升為8代德川將軍。他親自站上火線，推動「享保改革」，積極錄用人才，企圖重建幕府的財政。
對手
德川吉通
尾張4代藩主，與將軍之位只差臨門一腳。有人稱他為明君，但也有酒池肉林的負面批評。後因驟逝而失去成為將軍的機會。
對手
德川宗春
尾張7代藩主。對吉宗的儉約令嗤之以鼻。因為正式許可遊郭*的設立，幕府命他隱居、反省。
大岡忠相
吉宗所起用的江戶町奉行。外傳他裁決公正，是位名判官。他也處理米糧問題，對米價安定頗具貢獻。
紀州帶來的家臣團
加納久通
有馬氏倫
室鳩巢
在新井白石的推薦下，成為幕府儒官。擔任吉宗侍講（皇帝或皇太子的師傅），在理論上支持享保改革。

*譯注：妓女戶。

4-12 田沼意次的政治

推動重商政策的田沼意次

十代將軍德川家治在位期間，幕府的一位老中發揮了練達的才幹，他叫做田沼意次。意次感到對年貢增收的期望已到了極限，有意轉向利用商人重建財政。

他先是認可工商業者的同業組織「座」和「株仲間」，讓他們有權獨占經營，但相對課徵「運上金」或「冥加金」。

意次又著眼於長崎貿易，將蝦夷地所產的海產「俵物」或銅輸出中國。從中國輸入金銀，用這些銀鑄造成「南鐐二朱銀」，作為錢的單位，意圖刺激貨幣的流通量，讓商業活動更活絡。此外，他因受工藤平助的《赤蝦夷風說考》影響，也考慮與當時入侵西伯利亞的俄羅斯開放交易。

過早的資本主義式思想

田沼意次本是在紀州德川家侍奉的下級藩士，五十四歲時才成為老中。

說起田沼意次這個人，大多數人都有收賄政治家的印象，然而另一方面，史家對他積極的行政手腕也讚譽有加。例如，也許由於出身下級武士，因此他不問身分門第，而是視實力來晉用人才。

然而，意次後來遭到了貶黜。主要因素在於一七六八年動工的下總國印旛沼的干拓計畫失敗，再加上天明大饑饉造成米價飛漲，升高了百姓的不滿情緒所致。

意次是江戶中期，有志實行資本主義式經濟的政治家，只不過，他的想法可能太先進了。

老中田沼意次的政治

●支援運輸的交通網●

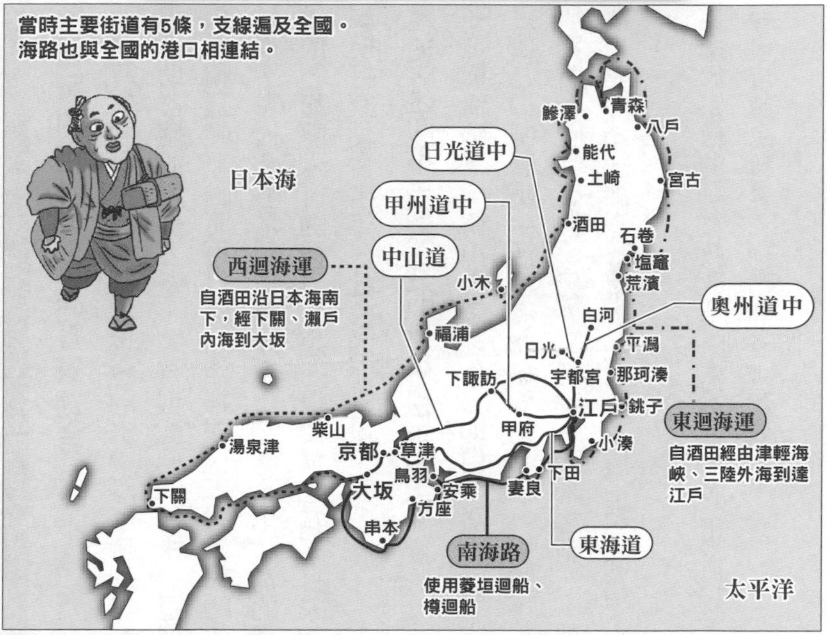
當時主要街道有5條，支線遍及全國。
海路也與全國的港口相連結。
日本海
西迴海運
自酒田沿日本海南下，經下關、瀨戶內海到大坂
日光道中
甲州道中
中山道
奧州道中
東迴海運
自酒田經由津輕海峽、三陸外海到達江戶
南海路
使用菱垣迴船、樽迴船
東海道
太平洋
青森
鰺澤
八戶
能代
土崎
宮古
酒田
石卷
塩竈
荒濱
小木
白河
福浦
平潟
日光
宇都宮
那珂湊
下諏訪
江戶
銚子
甲府
柴山
湯泉津
京都
草津
小湊
鳥羽
下田
大坂
安乘
妻良
下關
方座
串本

●與自由世道中出生的田沼同時代的文化人●

杉田玄白

與前野良澤等人翻譯、發行《解體新書》。解剖江戶千住小塚原的死刑囚屍體，對醫學發展貢獻很大。

平賀源內

博物學者暨通俗讀物作者。仿造溫度計，開發礦山，製作摩擦發電機。多方面都能發揮才能。

鈴木春信

浮世繪師。開發了多色刷木版畫，創作出錦繪。並在美女圖開創出獨特的境界。

大田南畝

以蜀山人的號聞名全國的通俗作家。雖為幕臣，但卻也是很受歡迎的狂歌師。

山東京傳

通俗作家暨浮世繪師。最初是全職的浮世繪師，後來開始寫作，從洒落本轉為讀本*作家。

工藤平助

仙台藩醫工藤丈庵的養子，著有《赤蝦夷風說考》，警告當政者俄羅斯會南下。遊說蝦夷地的開拓與開港交易。

*譯注：洒落本為描寫妓女與恩客間的遊里文學，讀本則類似小說。

4-13 寬政改革

頻頻爆發的百姓一揆和打家劫舍

江戶時代的農民們，雖然也會向上申訴嚴苛的年貢徵收，和官吏的貪污。但偶爾也迫於現實，而必須借助群體的行動力量，來實現他們的需求。這便是「百姓一揆」。進入十八世紀後，各地都發生荒年和饑饉。因而再對商品作物課稅，對農民的生活無疑是雪上加霜。

然而，幕府和各藩對這種狀況，卻拿不出救濟的辦法。於是，在都市和農村都有貧苦人民要求降低米價，襲擊米行的情事發生。這便稱之為「打家劫舍」。一七八七年幕府直轄地江戶、大坂爆發大規模打家劫舍事年，社會因而動盪不安。

嚴厲過度而不受歡迎的老中松平定信

在這種情勢下，德川吉宗之孫，即白河藩主松平定信就任幕府老中。

定信為抑制奢華生活，發布「儉約令」，加強不正風俗的取締。限制農民出外工作，勸解在江戶居無定所者回到農村。另外又制定「圍米之制」，儲備米糧以防饑饉。為恢復質實剛健的風氣，獎勵武士學問和武術。在幕府的學校昌平坂學問所，禁止朱子學以外的學問。稱為「寬政異學之禁」。

但由於定信的「寬政改革」太過嚴苛，不得民心，此時創作出的狂歌，抒發了人們的心情。

白河清時魚難聚，卻戀昔日田沼泥。

老中松平定信的「寬政改革」

●江戶時代一揆的發生時間表●

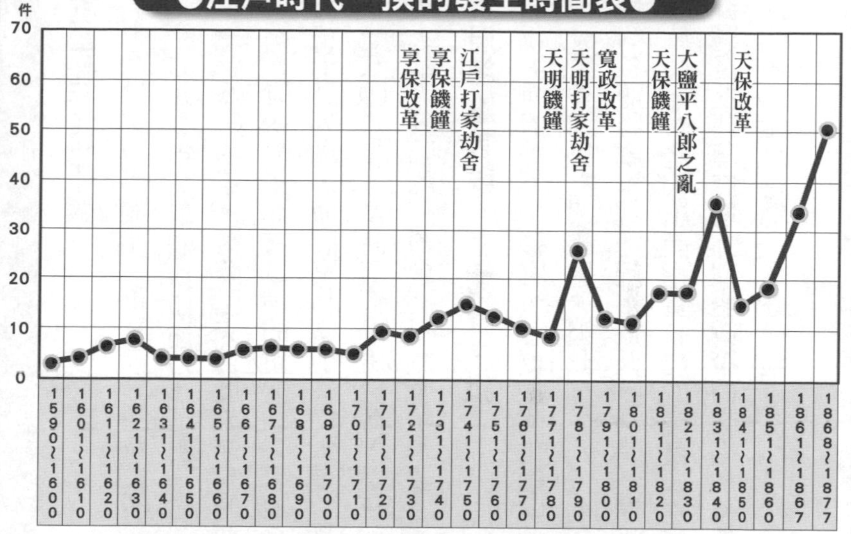

●寬政期前後設立的主要藩校●

設立年	設立藩	藩校名	設立者
1788	會津	日新館	松平容頌
1791	白河	立教館	松平定信
1789	秋田	明德館	佐竹義和
1776	米澤	興讓館	上杉治憲
1783	尾張	明倫堂	德川宗勝
1792	加賀	明倫堂	前田治脩
1791	紀伊	學習館	德川治寶
1791	廣島	修業館	淺野重晟
1791	德島	學問所	蜂須賀治昭
1799	福岡	修猷館	黑田齊隆
1796	中津	進修館	奧平昌高
1773	薩摩	造士館	島津重豪

4-14 外力的施壓與蠻社之獄

外國船頻頻叩關

十八世紀後半開始，俄羅斯、英國的外國船隻屢屢在日本近海出現，威脅鎖國體制。

一七九二年，俄羅斯使節拉克斯曼攜日本漂流人民，來航到根室，向幕府要求通商，為幕府所拒。一八〇四年，雷薩諾夫再度來航長崎要求通商，但幕府仍然拒絕。不過，俄羅斯船的一再來航，讓幕府認清了北方軍備的重要性。幕府命伊能忠敬測量蝦夷地，同時，派遣最上德內、近藤重藏前往千島列島，命間宮林藏前往樺太進行探險。

一八〇八年，當時與荷蘭處於敵對關係的英國，發生軍艦費頓號入侵長崎港的事件。這讓幕府感覺，歐美列強的糾紛會將日本牽扯進去。

幕府鎮壓言論——蠻社之獄

在這種情勢下，幕府決意更加強化鎖國體制，而在一八二五年發布「異國船打拂令」，命令各藩一發現外國船立即擊退。因此，一八三七年美國商船摩里遜號攜日本漂流民來航浦賀時，江戶灣警備的各藩將摩里遜號趕出港灣，稱為「摩里遜號事件」。

然而，有些人出面指責幕府的態度。透過蘭學研究了解歐美列強實力的渡邊崋山和高野長英，各自寫書批評幕府對外國船政策的輕率。不過，幕府處分了崋山與長英，最後更逼死了兩人。這段事件叫做「蠻社之獄」。

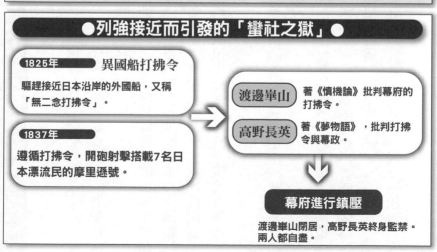

受到威脅的鎖國體制

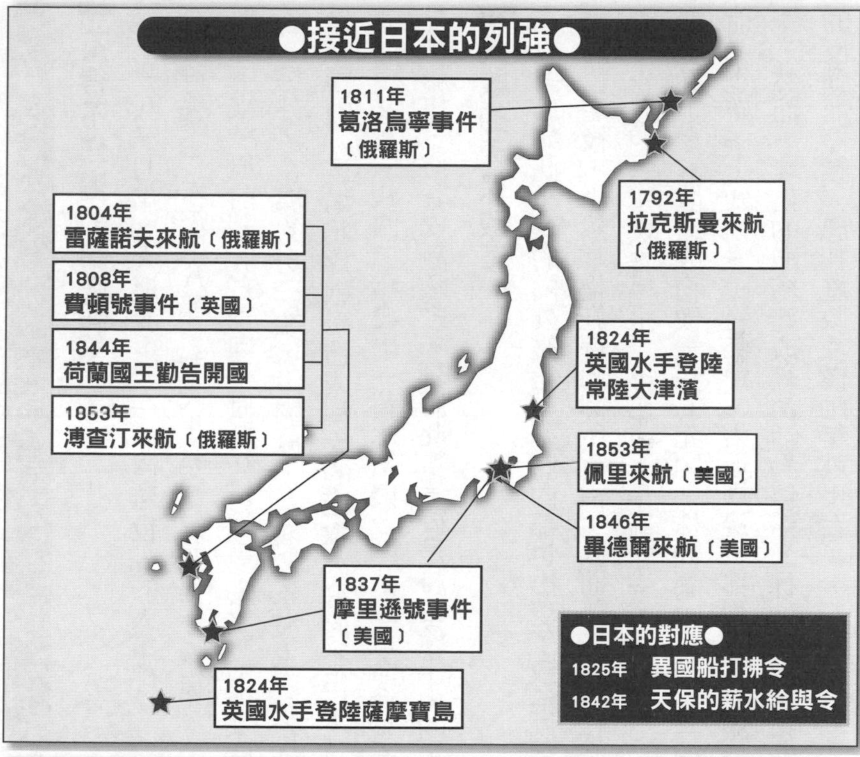
●接近日本的列強●
1811年 葛洛烏寧事件〔俄羅斯〕
1792年 拉克斯曼來航〔俄羅斯〕
1804年 雷薩諾夫來航〔俄羅斯〕
1808年 費頓號事件〔英國〕
1844年 荷蘭國王勸告開國
1853年 溥查汀來航〔俄羅斯〕
1824年 英國水手登陸常陸大津濱
1853年 佩里來航〔美國〕
1846年 畢德爾來航〔美國〕
1837年 摩里遜號事件〔美國〕
1824年 英國水手登陸薩摩寶島
●日本的對應●
1825年 異國船打拂令
1842年 天保的薪水給與令

●列強接近而引發的「蠻社之獄」●

1825年 異國船打拂令

驅趕接近日本沿岸的外國船，又稱「無二念打拂令」。

1837年

遵循打拂令，開砲射擊搭載7名日本漂流民的摩里遜號。

→

渡邊崋山　著《慎機論》批判幕府的打拂令。

高野長英　著《夢物語》，批判打拂令與幕政。

↓

幕府進行鎮壓

渡邊崋山閉居，高野長英終身監禁。兩人都自盡。

4-15 鎖國政策的轉變與天保改革

不得不轉變的鎖國政策

一八三七年，大坂發生了一件震驚世人的大事件。一名前大坂奉行所的與力（譯注：指領地內有力的將領）大鹽平八郎，帶人起義向幕府造反。這場「大鹽平八郎之亂」本身大約一個多月就被鎮壓下來，但前幕府官差向幕府舉兵這種事，可說前所未聞。

另外，在海的另一端，中國於一八四〇年發生「鴉片戰爭」。英國打敗清國的消息也傳到了日本國內。這場鴉片戰爭造成極大的衝擊，幕府不得不轉變鎖國政策。先是減緩了「異國船打拂令」，又在一八四二年發出「薪水給與令」。這道命令是允許提供食糧、水、柴薪給漂流到日本的外國船隻，使其安靜離去。幕府此舉等於是將百餘年來的鎖國政策，做了一百八十度的轉變。

失敗的天保改革

對於如此激烈的內外震盪，幕府內部也出現了政治必須改革的聲音。然而，十一代將軍德川家齊退位之後，仍然掌權施行大御所政治，因而無法有所作為。

一八四一年家齊過世，老中水野忠邦決意重建幕府。忠邦取締已成奢華的風俗及歌舞伎等娛樂，又下令解散造成物價飛漲的元凶「株仲間」，發布「回鄉令」，強制流入江戶者回鄉歸農。進而又宣布「上知令」，將江戶、大坂周邊全部列入幕府領地。史稱「天保改革」。

然而，風俗的取締造成經濟活動停滯，株仲間解散也讓流通混亂。此外「上知令」招致各大名的反彈而停頓。忠邦施政僅僅兩年就下台了。

老中水野忠邦的「天保改革」

●天保改革的導火線●

大鹽平八郎之亂

大鹽平八郎

陽明學者，自辭去大坂東町奉行所與力之職後，開設私塾洗心洞。天保饑饉之際，向奉行所請求救濟而被拒，因而賣掉自己藏書救民。

他對幕府處理天保大饑饉的拙劣提出批判，與300名同志一同起義。

生田萬之亂

生田萬

平田篤胤的門生，國學者，於越後柏崎開設私塾。目睹天保饑饉慘狀，憤怒難平，因而呼應大鹽平八郎之亂。

與同志一起襲擊幕府柏崎代官宿舍，負傷後自盡。

兩次動亂給幕府造成打擊和強烈的危機感，成為實行「天保改革」的契機。

●江戶3大饑饉●

1732年「享保饑饉」

原因：長雨和害蟲
範圍：以西日本為主
受害者：餓死、病死1萬2000人

影響

1733年江戶發生第一起打家劫舍事件，因米商屯積米糧，苦不堪言的貧民1500人進攻幕府御用商人高間傳兵衛的家。

1782～1787年「天明饑饉」

原因：長雨和淺間山火山爆發造成的異常氣象
範圍：以關東、東北為主
受害者：餓死、病死　13～20萬人

影響

田沼政治垮台，轉向松平定信的「寬政改革」。

1833～1839年「天保饑饉」

原因：洪水和寒害
範圍：全國
受害者：餓死、病死　20～30萬人

影響

發生「大鹽平八郎之亂」、「生田萬之亂」，水野忠邦開始「天保改革」。

4-16 化政文化與學問

庶民成為主角的化政文化

十一代將軍德川家齊在任期間，以中下級市民為主角的文化在江戶繁盛起來。由於在文化、文政年間到達顛峰，因而稱之為「化政文化」。

在文藝方面，以喜劇為基調描寫庶民生活的滑稽本、表現男女戀愛情感的人情本最受青睞。此外，以富庶民機智諷刺世道的狂歌、川柳也十分流行。在繪畫方面，錦繪技法的開發，使運用鮮豔色彩的浮世繪受到喜愛。此外，人們也開始繪製銅版畫或油畫。

化政文化的特徵在於文化的商品化。以前的文化，推動者需要有人贊助。然而化政文化中，版畫或書都能變成商品販賣，相撲或歌舞伎也在收取入場費下表演，是個專業文化人誕生的時代。

江戶時代的學問

長年太平的江戶時代，也是學問發達的時代。「國學」方面由賀茂真淵的門人本居宣長集大成。這門學問是透過古典的研究，了解日本人在佛教等外來思想傳來前的本質。

此外，國人對西洋知識的興趣也提高，「蘭學」因而興盛。蘭學指的是對江戶幕府唯一有邦交的歐洲國家——荷蘭——的學問。前野良澤、杉田玄白等譯出荷蘭語的解剖書《解體新書》，正式開拓了蘭學之道。繼而，來日擔任荷蘭商館醫師的德國醫師西佛多，在長崎郊外開設鳴瀧塾，教授醫學為首的西洋學問。

文化、文政年間興盛的化政文化

●化政文化的主要作品●

●主要的文學作品

南總里見八犬傳〔瀧澤馬琴〕
椿說弓張月〔瀧澤馬琴〕
東海道中膝栗毛〔十返舍一九〕
浮世風呂〔式亭三馬〕
吾家之春〔小林一茶〕
東海道四谷怪談〔鶴屋南北〕
三人吉三廓初買〔河竹默阿彌〕

●主要著作品

靈能真柱〔平田篤胤〕
群書類從〔塙保己一　編〕
大日本沿海輿地全圖〔伊能忠敬〕
戊戌夢物語〔高野長英〕
弘道館記述義〔藤田東湖〕
西域物語〔本多利明〕
經濟要錄〔佐藤信淵〕
二宮翁夜話〔二宮尊德〕

●主要的美術作品

役者舞台之姿繪・高麗屋〔歌川豐國〕
富嶽三十六景〔葛飾北齋〕
東海道五十三次〔安藤廣重〕
公餘探勝圖卷〔谷文晁〕
一掃百態〔渡邊崋山〕
兩國圖〔亞歐堂田善〕

●主要私塾

江戶　蘐園塾　荻生徂徠／1709年左右
江戶　芝蘭堂　大槻玄澤／1789年左右
近江小川　藤樹書院　中江藤樹／1634年左右
京都　古義堂　伊藤仁齋／1662年
大坂　懷德堂　中井甃庵等／1724年
大坂　洗心洞　大鹽平八郎／1830年左右
大坂　適塾　緒方洪庵／1838年
萩　松下村塾　玉木文之進（吉田松陰叔父）／1842年
長崎　鳴瀧塾　西佛多／1824年
豐後日田　咸宜園　廣瀨淡窗／1817年

4-17 佩里來航與開國

美國動作頻頻逼迫日本開國

十八世紀後半在英國發生的工業革命，擴展到西歐和美國。進入十九世紀，歐美列強為了開發新的市場，挾武力入侵亞洲。

當時，美國的目的是在北太平洋尋找可供作業的捕鯨船基地。另外也對如何讓日本開國，作為對中國貿易的中繼點，而寄予強烈的關注。

美國派遣使節請求日本開國，是透過荷蘭方面通知幕閣。水野忠邦下台後，就任老中的阿部正弘，對此廣徵諸大名的意見。這是幕府危機感的一種表現，但卻也給了一直置身事外的朝廷鞏固權威，公卿和外樣大名介入幕政的可乘之機。

步上開國之途的幕府

一八五三年，美國東印度艦隊司令官佩里率領四艘軍艦，出現在浦賀。佩里出示費爾摩爾總統的國書，迫使幕府開國。幕府雖然拖延回答的時間，然而仍在第二年佩里再度來日時，與美國締結了「日美和親條約」。隨後幕府也與俄羅斯、荷蘭、英國之間，都締結了相同內容的條約。

日美和親條約中，決定了開放下田和箱館（現今函館）兩港，對條約締結對象，日本同意了外交上有利的條件。於是，堅持兩百年以上的鎖國體制完全破滅。

佩里來航的時候，擔任江戶灣警備的諸藩陷入一片混亂，當時的景況有狂歌為證：

太平夢覺上喜撰（譯注：上喜撰為綠茶品名，與蒸氣船同音。） 只飲四杯夜難眠

扳開大門的佩里來航

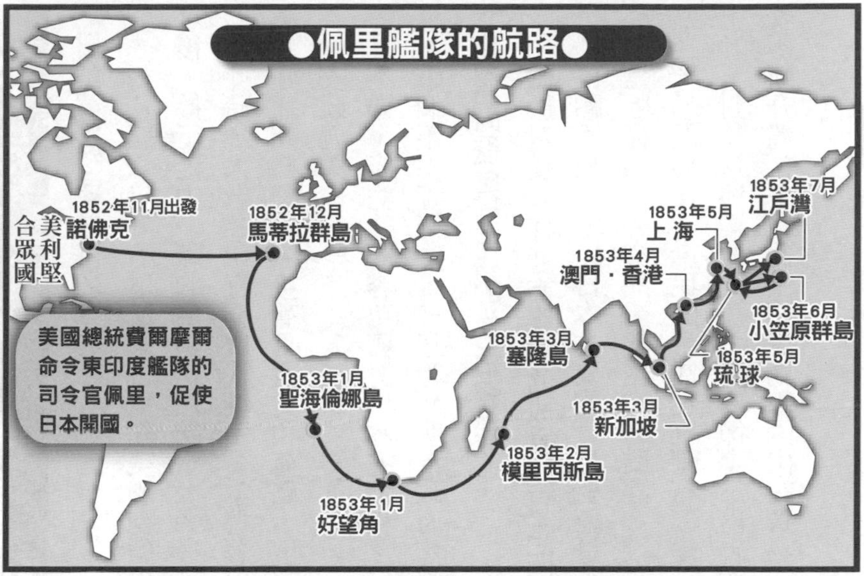
●佩里艦隊的航路●
美利堅合眾國
1852年11月出發
諾佛克
1852年12月
馬蒂拉群島
1853年1月
聖海倫娜島
1853年1月
好望角
1853年2月
模里西斯島
1853年3月
塞隆島
1853年3月
新加坡
1853年4月
澳門・香港
1853年5月
上海
1853年5月
琉球
1853年6月
小笠原群島
1853年7月
江戶灣
美國總統費爾摩爾命令東印度艦隊的司令官佩里，促使日本開國。

●佩里來航後，日本與外國接觸事件●

1853年6月	佩里來航（美國）
7月	溥查汀來航（俄國）
1854年3月	日美和親條約
1856年7月	哈里斯到任（美國）
1858年6月	日美修好通商條約
1860年1月	遣美使節出發
1863年5月	長州藩砲擊外國船
1863年7月	薩英戰爭（薩摩藩與英國的戰爭）
1864年8月	下關戰爭。四國艦隊（美、英、荷、法）占領長州藩下關砲台
1866年5月	改稅約書簽定。為幕府同意與美、英、荷、法減輕關稅、撤銷貿易限制的條約
1867年5月	兵庫開港敕許

4-18 通商條約與國內的混亂

日美修好通商條約

一八五六年，哈里斯來日擔任美國總領事，他要求幕府的老中締結通商條約。當時在阿部正弘之後，接下老中一職的堀田正睦向眾大名尋求意見，但卻無法得到強硬攘夷論者孝明天皇的敕許。

此時，大老井伊直弼取代堀田，掌握幕府大權。他在未得天皇敕許下，於一八五八年簽訂「日美修好通商條約」。接著幕府又和荷蘭、俄羅斯、法國、英國簽訂同樣的條約。因此這個條約也稱為「安政五國條約」。

不過，條約的內容明顯對日本方不利。日本沒有決定關稅的權利，並且承認外國方的領事裁判權。這個不平等條約，一直等到明治政府才處理改正。

物價高漲與庶民的生活艱難

由於日美修好通商條約的成立，日本開始與各國貿易。這段時期，由於美國國內發生南北戰爭，自顧不暇，所以日本主要的貿易對象是英國。日本出口的產品以茶、生絲、海產物為主，進口品則是毛織品、錦織品、武器、艦船等，幾乎都是工業製品。

貿易開通後，庶民的生活也立刻有了變化。由於生活物資大量流出，造成用品不足，物價急劇上升。對於這種經濟亂象，幕府卻拿不出有效的抑制方法。各地不斷發生一揆和搶劫事件，社會不安不斷升溫。下級武士們認為原因出在貿易，於是攘夷意識抬頭，因而也發生殺傷外國人事件。

通商條約與庶民的生活

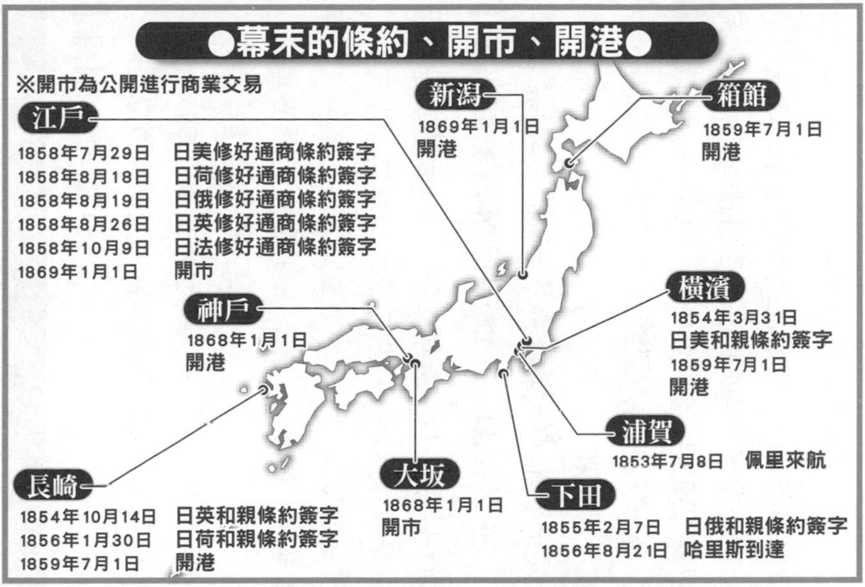
●幕末的條約、開市、開港●
※開市為公開進行商業交易
江戶
1858年7月29日 日美修好通商條約簽字
1858年8月18日 日荷修好通商條約簽字
1858年8月19日 日俄修好通商條約簽字
1858年8月26日 日英修好通商條約簽字
1858年10月9日 日法修好通商條約簽字
1869年1月1日 開市
新潟
1869年1月1日
開港
箱館
1859年7月1日
開港
橫濱
1854年3月31日
日美和親條約簽字
1859年7月1日
開港
神戶
1868年1月1日
開港
浦賀
1853年7月8日 佩里來航
長崎
1854年10月14日 日英和親條約簽字
1856年1月30日 日荷和親條約簽字
1859年7月1日 開港
大坂
1868年1月1日
開市
下田
1855年2月7日 日俄和親條約簽字
1856年8月21日 哈里斯到達

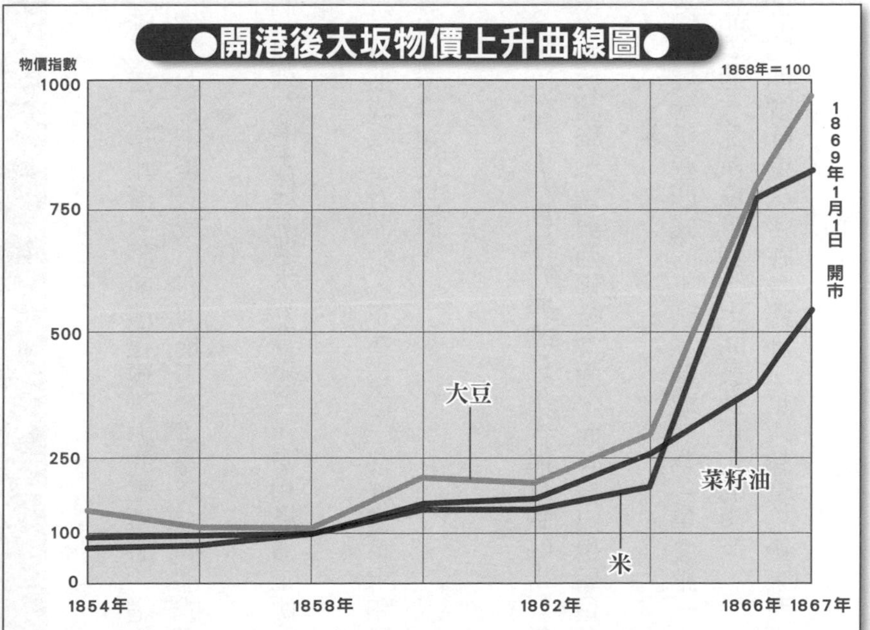
●開港後大坂物價上升曲線圖●
物價指數
1858年＝100
1000
750
500
250
100
0
1854年
1858年
1862年
1866年
1867年
1869年1月1日 開市
大豆
菜籽油
米

4-19 雄藩登場

雄藩是什麼？

江戶時代末期，成功改革藩政的土佐藩、薩摩藩、長州藩、肥前藩在經濟力的支持下，增加了其存在分量。像這類的藩國，稱為「雄藩」。相對於幕末幕府威信江河日下，雄藩藩主們卻成了眾下級武士們的希望所寄。

其中有四位藩主，人稱「四賢侯」。他們是福井藩主松平慶永（春嶽）、宇和島藩主伊達宗城、土佐藩主山內豐信（容堂）、薩摩藩主島津齊彬。

伊達宗城曾經暫時收留蘭學家高野長英，當時他成為幕府罪犯，正在逃亡。宗城還將宇和島藩的軍備轉變為西式。在雄藩藩主中，不少人都有這般高遠的見識。

幕末屈指可數的明君──島津齊彬

島津齊彬是幕末的薩摩藩主。齊彬生於一八〇九年，為島津齊興的長子。但直到四十三歲成為藩主之前，他一直住在江戶。這段期間，他醉心於蘭學，曾與西佛多會面。而且自己也學習荷蘭語，顯示出他對西洋文明的認識，比別人多一倍。

成為藩主之後，他在薩摩藩建造反射爐和融礦爐。這些西式的工廠，他取名為「集成館」。集成館從製造大砲到西式帆船、從武器彈藥到食品製造、瓦斯燈實驗等，開發多角化的事業。

齊彬也著力於人才的發掘，他拔擢沒沒無名的西鄉隆盛，帶在身邊施以英才教育。後來西鄉成就了大事業，開啟了新的明治時代。

領導幕末的雄藩

●諸藩的藩政改革●
藩主　毛利敬親
打出重商主義，積極進行人才晉用，採取先進的政策。
藩主　松平慶永〔春嶽〕
推動重商主義為條件的富國強兵論，改革藩政。
藩主　鍋島直正〔閑叟〕
施行儉約令，指導殖產事業，建設反射爐，製造大砲，將軍隊西化。
越前藩
水戶藩
長州藩
宇和島藩
土佐藩
肥前藩
薩摩藩
藩主　德川齊昭
晉用藤田東湖等，強制施行均田政策和專賣制。
藩主　山內豐信〔容堂〕
拔擢吉田東洋，採用西式兵器等，果斷施行藩政改革。
藩主　伊達宗城
重西學，招聘村田藏六，建造軍艦。
藩主　島津齊彬
從事藩的財政重建，建造反射爐、融礦爐、鐵工廠、造船廠等。
?

4-20 安政大獄與櫻田門外之變

遍地狂掃鎮壓風暴——安政大獄

十三代將軍德川家定病體孱弱，沒有子嗣。因此，將軍後繼誰屬成為一大問題。有力的人選有紀州德川家的慶福（後來的家茂）與一橋家的慶喜。

慶喜聰明過人，雖然人人誇讚，但幕府大老井伊直弼卻強行擁立年僅十二歲的慶福為將軍。進而直弼又獨斷簽下日美修好通商條約，遭到反對派的責難。不過他仍堅持加強鎮壓。井伊直弼的一連串鎮壓行動，叫做「安政大獄」。

安政大獄中除了處死了有名志士橋本左內和吉田松陰，實際上有百人以上受到處分。但是，直弼過度高壓的鎮壓也招致激烈的反彈。

光天化日下的恐怖行動——櫻田門外之變

一八六〇年三月三日，正準備進入江戶城的井伊直弼，在櫻田門外遭到暗殺身亡。這便是「櫻田門外之變」。殺害直弼的是水戶浪士團體。當時，水戶藩的激進尊王攘夷思想，眾所周知。他們對直弼的獨斷政策，抱持強烈的反感。

直弼堅持執行安政大獄，終於激怒了反對派，招來了殺身之禍。雖然如此，但他也是個努力強化幕藩體制，保護日本免受外國威脅的政治家，只不過手法太過激烈了。

最高權力的當政者，在光天化日下慘遭暗殺的大事件，也向世人凸顯出幕府的權威早已蕩然無存。從此之後各地也一再發生血腥暴力的恐怖事件。

大老井伊直弼的安政大獄

●獨裁色彩濃厚的井伊直弼●

●1858年，未得天皇敕許，直接與哈里斯簽訂「日美修好通商條約」。

●一橋派與南紀派爭鬥不下的將軍繼嗣問題，決定由紀伊德川家的德川慶福為次代將軍。

●關於以上兩件事，水戶藩的前藩主德川齊昭、現藩主德川慶篤、尾張藩主德川慶恕發動猛烈的抗議，但直弼以未經許可進城要他們禁閉。

●進而也命令一橋派一橋慶喜、松平慶永禁止入城，退隱。

●以向朝廷疏通失敗為由，而將老中首席堀田正睦罷免，迫其退隱。

●排除政敵，增加獨裁作為。

●安政大獄主要處罰者●

	名字	處分
大名	前水戶藩主 德川齊昭	永久禁閉
大名	福井藩主 松平慶永	隱居、禁閉
大名	一橋家當主 一橋慶喜	隱居、禁閉
大名	土佐藩主 山內豐信	隱居、禁閉
大名	尾張藩主 德川慶勝	隱居、禁閉
大名	宇和島藩主 伊達宗城	隱居

	名字	處分
幕臣、公卿	作事奉行 岩瀨忠震	免職、禁閉
幕臣、公卿	西丸留守居 川路聖謨	免職、禁閉
幕臣、公卿	左大臣 近衛忠熙	出家
幕臣、公卿	前關白 鷹司政通	出家
思想家	長州藩士 吉田松陰	死罪
思想家	尊攘派志士 賴三樹三郎	死罪
思想家	越前藩士 橋本左內	死罪
思想家	小濱藩士 梅田雲濱	獄死

4-21 幕末的意識形態

水戶學成為倒幕的原動力？

德川御三家之一水戶藩，從二代藩主水戶光圀開始，便熱中於追求日本古來傳統的學問。水戶藩發達的學問，叫做「水戶學」。水戶學最初只是單純的學問，但到了幕末，它成了倒幕派勢力的重要論據。

歸根溯源，當思考日本正當的統治者為誰時，就形式上而言，天皇應比德川將軍的地位更高。從這個想法往上延伸，便發展為德川家只不過是天皇委以政治權力的想法。

倒幕派的想法，使得中世紀以來有名無實的天皇重新被重視，相對的也開始否定幕府的權威。水戶藩既是親藩大名，也是德川御三家之一，該藩所孕育出的水戶學卻成為打倒幕府的原動力，這一點可謂歷史的一大諷刺。

結合的尊王與攘夷

幕末流行的思想有「尊王」和「攘夷」。如同字面之義，尊王即是以天皇為尊的想法，攘夷則是把外國勢力逐出日本的思想。這兩種思想原本截然不同，但受到水戶學的影響，兩股思潮逐漸合而為一，而成為「尊王攘夷」。

在打倒江戶幕府上發揮莫大力量的，是一群號稱「志士」的下級武士。許多志士眼看幕府對外國言聽計從、簽訂條約，質疑幕臣太過軟弱。因此，便想到應該尊奉天皇，作為取代德川家的權威。尊王攘夷思想於是便成為下級武士們的精神依靠。

尊王攘夷派發動的事件

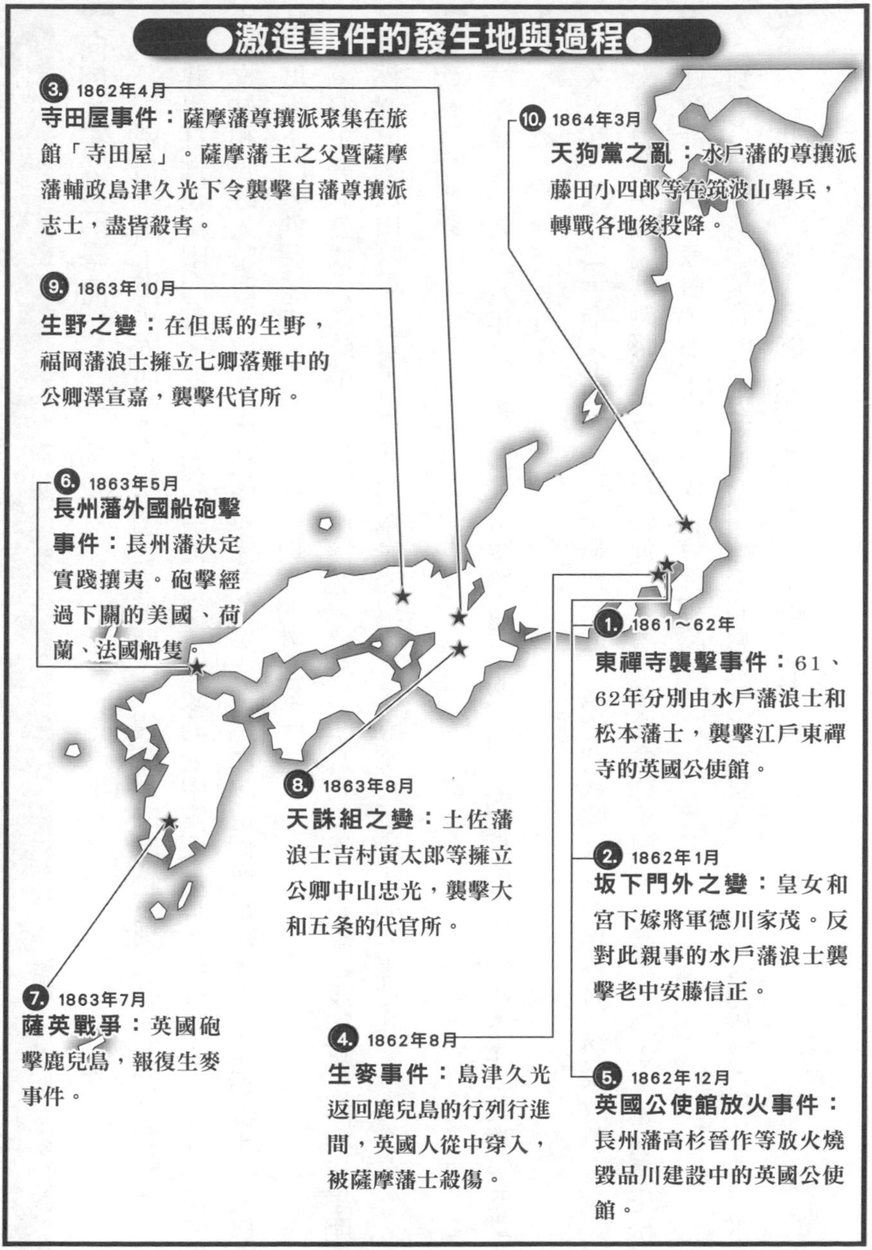
●激進事件的發生地與過程●
1. 1861～62年
東禪寺襲擊事件：61、62年分別由水戶藩浪士和松本藩士，襲擊江戶東禪寺的英國公使館。
2. 1862年1月
坂下門外之變：皇女和宮下嫁將軍德川家茂。反對此親事的水戶藩浪士襲擊老中安藤信正。
3. 1862年4月
寺田屋事件：薩摩藩尊攘派聚集在旅館「寺田屋」。薩摩藩主之父暨薩摩藩輔政島津久光下令襲擊自藩尊攘派志士，盡皆殺害。
4. 1862年8月
生麥事件：島津久光返回鹿兒島的行列行進間，英國人從中穿入，被薩摩藩士殺傷。
5. 1862年12月
英國公使館放火事件：長州藩高杉晉作等放火燒毀品川建設中的英國公使館。
6. 1863年5月
長州藩外國船砲擊事件：長州藩決定實踐攘夷。砲擊經過下關的美國、荷蘭、法國船隻。
7. 1863年7月
薩英戰爭：英國砲擊鹿兒島，報復生麥事件。
8. 1863年8月
天誅組之變：土佐藩浪士吉村寅太郎等擁立公卿中山忠光，襲擊大和五条的代官所。
9. 1863年10月
生野之變：在但馬的生野，福岡藩浪士擁立七卿落難中的公卿澤宣嘉，襲擊代官所。
10. 1864年3月
天狗黨之亂：水戶藩的尊攘派藤田小四郎等在筑波山舉兵，轉戰各地後投降。

4-22 公武合體與幕府的衰弱

向朝廷靠攏的幕府

幕府威信不斷下滑，因而計畫利用朝廷的權威，恢復往日的威權。稱之為「公武合體」。井伊直弼在櫻田門外之變中遭到暗殺後，操持幕政的老中安藤信正，於一八六二年成功將孝明天皇之妹和宮迎入幕府，成為十四代將軍家茂的夫人。然而，這個舉措卻觸怒了水戶浪士，安藤在江戶城坂下門外遇襲，因而下台。史稱「坂下門外之變」。

幕府主導的公武合體政策，在此事件後並未停頓。一八六三年，將軍家茂上京，向內兄孝明天皇起誓攘夷。德川將軍上京，是三代將軍家光以來，時隔兩百三十年的大事件。

衰弱的德川家

薩摩藩在一八五八年島津齊彬遽逝之後，藩主的父親，即齊彬之弟島津久光成為實質的掌權者。

久光在一八六二年率兵上京，並且與朝廷接近。他隨同敕使直接面見幕府，要求改革。幕府對此無法視若無睹，不得已只好進行人事變革，命德川慶喜任將軍監護人，越前藩主松平慶永任政治總裁，令會津藩主松平容保為京都守護。

到了這個時期，幕府已失去單獨發揮強權的力量。必須與久光之流的有力雄藩合作，才能推行政策。由此一來，德川家的衰弱已是人盡皆知的事實了。

逐漸衰微的江戶幕府

●江戶幕府的動向●

- ●1858年6月　「日美修好通商條約」
- ●1858年9月　「安政大獄」，井伊直弼對尊攘派進行鎮壓，吉田松陰、橋本左內等多數志士入獄、處刑。
- ●1860年3月　「櫻田門外之變」：水戶浪士暗殺井伊直弼。
- ●1861年10月　「皇女和宮下江戶」：孝明天皇之妹和宮成為德川將軍家茂的夫人。
- ●1862年 1月　「坂下門外之變」：井伊直弼的繼任者老中安藤信正推動公武合體政策。反對的水戶藩浪士襲擊安藤的事件。
- ●1862年7月　「文久改革」：公武合體派的薩摩藩主島津久光，上江戶要求改革幕政。因而幕府發布一橋慶喜成為將軍監護、松平慶永成為政治總裁，會津藩主松平容保成為京都守護。

●幕末思想相關圖●

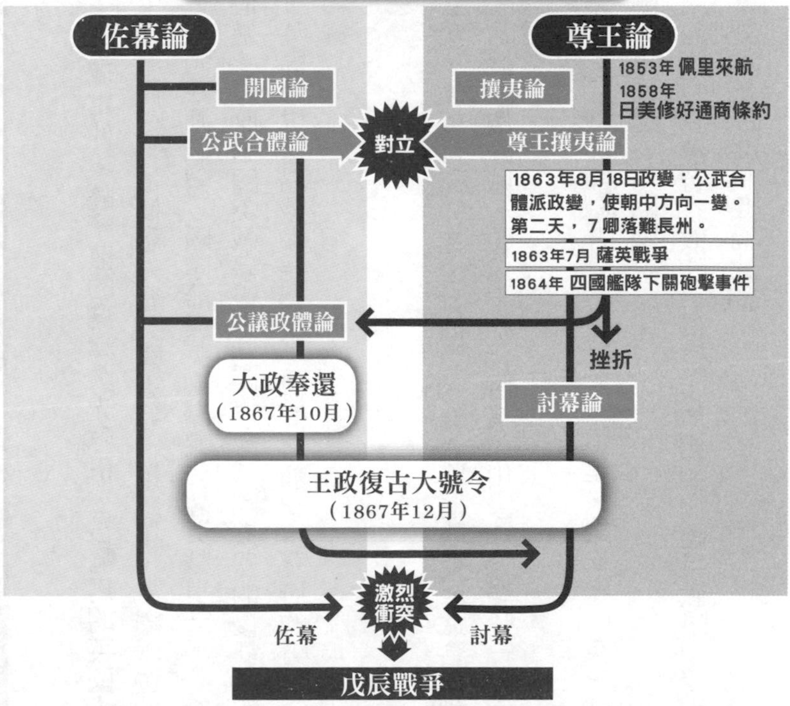
佐幕論
尊王論
1853年 佩里來航
1858年
日美修好通商條約
開國論
攘夷論
公武合體論
對立
尊王攘夷論
1863年8月18日政變：公武合體派政變，使朝中方向一變。第二天，7卿落難長州。
1863年7月 薩英戰爭
1864年 四國艦隊下關砲擊事件
公議政體論
挫折
大政奉還
（1867年10月）
討幕論
王政復古大號令
（1867年12月）
激烈衝突
佐幕
討幕
戊辰戰爭

4-23 與外國的衝突

向英國開戰的薩摩藩

一八六二年，橫濱近郊生麥村發生了一個事件。薩摩藩的島津久光隊伍，被騎馬的英國人穿入，薩摩藩士將英國人殺傷。這就是「生麥事件」。這個意外令英國震怒。第二年，英國派遣七艘軍艦到鹿兒島灣，欲和薩摩藩直接談判。不過談判破裂，薩摩藩與英國爆發「薩英戰爭」。戰爭僅只兩天就由英國取得勝利。但是，經歷過薩英戰爭後，薩摩了解英國武器的優異，親身體會到單純的攘夷不可能實現了。此外，英國也以這場戰役為契機，轉變之前支持幕府的方針，而與薩摩藩親近。

與長州藩的馬關戰爭（下關戰爭）

長州藩方面，吉田松陰門下的久坂玄瑞、高杉晉作、桂小五郎等，努力將藩論從公武合體轉變為尊王攘夷。隨後，長州藩促使三条實美等激進派公卿，要求十四代將軍德川家茂允諾「一八六三年五月十日實行攘夷」。

在決定實行攘夷的那天，長州藩開砲攻擊經過關門海峽的外國船。但是，第二年，英、法、荷、美四國艦隊便以報復之名，攻擊下關。這便是「馬關戰爭」。

馬關戰爭中，下關砲台被四國聯軍占領，長州藩苦吞敗仗。但是，他們和從薩英戰爭中學到教訓的薩摩藩一樣，開始引進現代化軍備，迅速跨步走向倒幕之路。

一觸即發的對外關係

●生麥事件與薩英戰爭●

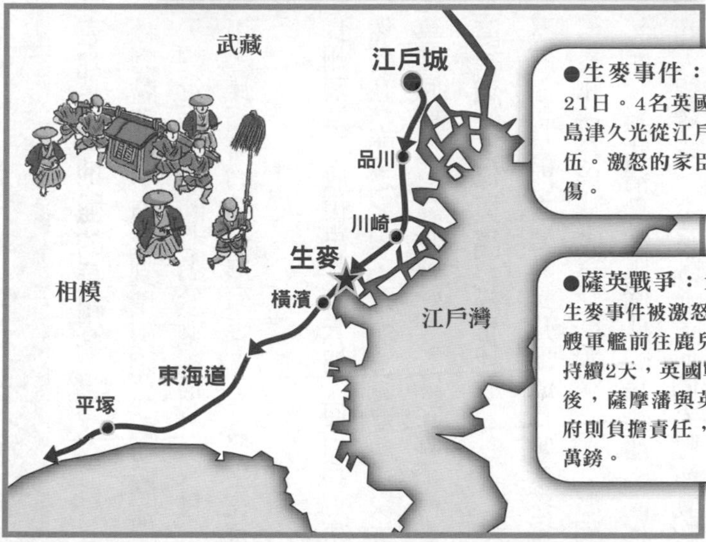

●**生麥事件**：1862年8月21日。4名英國人騎馬穿越島津久光從江戶回薩摩的隊伍。激怒的家臣將英國人砍傷。

●**薩英戰爭**：1863年7月。生麥事件被激怒的英國人派7艘軍艦前往鹿兒島，戰爭只持續2天，英國戰勝。從此之後，薩摩藩與英國親近，幕府則負擔責任，賠償英國10萬鎊。

●長州藩高杉晉作引領時代的行動●

●1862年 **「上海視察」**：見到中國被列強變成殖民地而感到威脅，因而體會到軍隊近代化和軍事力增強的必要性。

●1862年 **「江戶品川．火燒英國公使館」**：受吉田松陰的影響，為攘夷運動奔走。

●1863年 **「馬關戰爭」**：英、美、法、荷四國聯合艦隊，為報復長州藩發動的砲擊外國船事件，進攻下關，輕易占領。這場戰爭中，高杉晉作了解了列強的實力和攘夷的不可能。為加強軍事力，創設了不拘身分的「奇兵隊」。

●1864年 **「舉兵」**：帶領少數士兵發難。成功掌握長州藩實權，將藩論統一為討幕。

●1866年 **「四境戰爭」**：第二次長州征伐中，擊退進攻四個藩境的幕府軍。

●1867年 27歲病逝。

4-24 禁門之變與長州征伐

在京都失去地盤的長州藩

經歷薩英戰爭而感到攘夷困難的薩摩藩，與公武合體派的公卿們結合，一八六三年包圍京都御所，趕走長州系的七名公卿，稱為「八月十八日政變」。經此一役，長州藩失去在京都的地盤。第二年，長州藩的尊王攘夷志士，又發生在京都旅宿池田屋被新選組襲擊的事件，是為「池田屋騷動」。

長州藩為了收復京都的失地，便引兵入京，與薩摩藩、會津藩展開戰鬥。此為「禁門之變」。然而在禁門之變中，長州藩戰敗。這次失敗更激起長州藩強烈的忿恨。傳說，從此之後長州人都在草鞋底寫上「薩賊會奸」，踩在腳下行走。

二度長州征伐與高杉晉作

幕府面對禁門之變時長州藩的行動，透過朝廷下令各藩出兵討伐。於是組織成第一次長州征伐軍，但長州藩在馬關戰爭受創頗深，保守派因而抬頭，未開戰便向幕府投降。

然而，對此情勢深感危機的長州藩士高杉晉作，眼看對幕府臣服的長州藩毫無作為，於是以農民和商人組織成「奇兵隊」。他們大膽發動政變，奪回藩政。高杉和桂小五郎還向英國買進兵器、增強軍備，為樹立一個開國、足以對抗歐美列強的統一政權而努力。

於是，幕府於一八六五年決定再次征伐長州（第二次長州征伐）。

長州藩的戰爭

●長州藩的步伐●

●1863年8月	**「8月18日」**三条實美等7名公卿為所朝廷驅逐，落難長州。
●1864年6月	**「池田屋騷動」**在京都失去地盤的長州藩，其尊王攘夷志士在池田屋聚集，卻遭新選組襲擊。
●1864年7月	**「禁門之變」**與薩摩藩、會津藩戰爭敗北。 **「第一次長州征伐」**幕府領軍的長州征伐，長州藩屈服。
●1864年8月	**「四國聯合艦隊下關砲擊事件」**與英國、美國、法國、荷蘭對戰，下關砲台失陷。
●1864年10月	向幕府謝罪。
●1864年11月	長州藩保守勢力抬頭。
●1864年12月	高杉晉作起義，奪回藩的主導權，將藩論統一為討幕。
●1865年7月	自英國購買武器。
●1866年1月	在坂本龍馬斡旋下，成立薩馬同盟。
●1866年6月	幕府第二次長州征伐失敗。

●第二次長州征伐「四境戰爭」●

以西洋軍制和近代兵器重新裝備的長州藩，面對幕府15萬人的大軍進攻長州藩四個藩境。但是長州藩卻翻轉了對方絕對性戰力優勢。幕府軍在四個藩境都被打敗。

4-25 坂本龍馬與薩長同盟

有志描繪日本未來的男子——坂本龍馬

土佐藩脫藩浪士坂本龍馬，據說有著與其他志士們不同的思考模式。從龍馬的行動看來，可以想見他是個不拘於立場或利害，思想十分靈活的人。龍馬在江戶接觸到異類幕臣勝海舟的見識，為勝所主導的神戶海軍操練所的設立而四處奔走。同時，他在勝受到禁閉處分期間，與松平慶永、西鄉隆盛、橫井小楠等人物交往，建立個人的人脈。此外，他還創立日本第一家商社「龜山社中」，集合了超越藩和身分的人才。

幕末活躍的許多志士，基本上都為自藩利害而行動。但是龍馬因為脫了藩，因而所有思考行止，都不拘束於特定的藩的利害。龍馬構想的是日本全體的未來。

倒幕的門票——薩長同盟

坂本龍馬親自出馬，積極為處於敵對的薩摩藩和長州藩改善關係。因為他認為只要有這兩藩的協助，就一定能打倒幕府，打開新世界的大門。在龍馬的斡旋下，一八六六年的正月，薩摩藩的西鄉隆盛與長州藩的桂小五郎祕密簽訂了「薩長同盟」。

另一方面，幕府決定了「第二次長州征伐」。但已締結薩長同盟的薩摩藩，自然拒絕出兵。戰爭開始後，大村益次郎指揮的長州藩西式軍將幕府軍牽制苦戰。雪上加霜的是，十四代將軍德川家茂罹患急症去世，征伐軍的士氣立刻一蹶不振。再加上江戶和大坂一再發生一揆事件，幕府不得不中途撤軍，停止長州征伐。

幕末的風雲人物——坂本龍馬

●坂本龍馬傲人的人脈●

坂本龍馬

中岡慎太郎

龍馬的盟友。參加土佐勤王黨後脫藩。幫薩長二藩尋求合作的可能，為討幕而奔走。成立陸援隊，但與龍馬一同在京都被暗殺身亡。

土佐勤王黨

為尊王攘夷運動，武市半平太等土佐藩下級武士一同組成此黨，成為土佐藩的一大勢力。

勝海舟

龍馬的恩師。幕府旗本之子。曾指揮咸臨丸渡美。歸國後，設立海軍操練所。成為軍艦奉行，給予龍馬莫大的影響。

佐久間象山

幕末的思想家。精通蘭學、砲術。訴說海防的重要。後為攘夷派浪士所暗殺。

阿龍

龍馬之妻

土佐藩重臣

板垣退助

土佐藩士。參與倒幕運動，意圖武力倒幕。明治期間成為自由民權運動的主導者，成績斐然。

後藤象二郎

土佐藩士。最初為公武合體派的急先鋒，但後來轉為攘夷論。根據龍馬的船中八策而活動。

橫井小楠

熊本藩士。開設私塾「四時軒」培育人才。龍馬「船中八策」的原案便是來自他的「國是七條」。

高杉晉作

長州藩士。吉田松陰的弟子。長州藩尊王攘夷派成員。創設奇兵隊等。

木戶孝允＝桂小五郎

長州藩士。吉田松陰的弟子。與高杉晉作一同將藩論導向對幕府徹底抗戰。在龍馬的遊說下，消除了對薩摩藩的不信任。

西鄉隆盛

薩摩藩士。促成龍馬提倡的薩長同盟和王政復古。此外，與勝海舟會談，決定了江戶城無血開城。

海援隊

陸奧宗光

和歌山藩士。
後為外務大臣。

岩崎彌太郎

司掌土佐藩的通商，後獨立成為運輸業者。三菱財團的創始者。

大久保利通

薩摩藩士。初為公武合體派，但後來成為倒幕派。致力於王政復古。曾與龍馬有意促成薩土盟約，但不久即毀棄。

後援者

松平慶永

「福井藩主」

大久保一翁

「幕臣」

白石正一郎

「下關尊王攘夷派的豪商」

4-26 武家政治的終點

江戶幕府的滅亡

藉著薩長同盟的締結，薩摩藩與長州藩達成共識，決意武力倒幕。而有識之士之間，則已開始暢談新的政權規劃。

一八六六年十二月，反對倒幕的孝明天皇遽然崩逝，翌年一月，明治天皇即位。同年夏天，東海及近畿等地，民眾發生「不亦善哉」的暴動狀態。民眾的不安接近沸騰。

在這種危急的情勢下，就任十五代將軍的德川慶喜接納土佐藩主山內豐信（容堂）的建言，宣布將政權奉還朝廷。史稱「大政奉還」。慶喜大政奉還的目的，在於以大名身分保留德川氏香火，另外，也維持對新政權的影響力。

王政復古大號令

倒幕派見幕府的這番行動，和朝廷內具影響力的公卿岩倉具視合作，發動政變，宣告「王政復古大號令」。恢復朝廷的傳統權威，樹立新政權。不僅如此，倒幕派更打算將幕府勢力掃蕩一空。他們逼迫德川慶喜辭去官職、繳回領地。然而，氣數將盡的德川家已無力拒絕。

這也使得自德川家康開幕府以來，延續了兩百六十餘年的武家政權從此劃下句點。

不過，仍有許多人對幕府十分不滿，情勢依然混沌未明。

江戶幕府的滅亡

●大政奉還前的過程●

1866年1月
聯手對抗幕府的薩長同盟（薩摩藩與長州藩）簽訂

1867年5月
薩土盟約（薩摩藩與土佐藩）締結。倒幕派公卿和薩摩藩、長州藩密謀下敕詔討幕

1867年10月3日
土佐藩向德川慶喜建議大政奉還

1867年10月13日
德川慶喜向各藩重臣諮詢大政奉還

1867年10月13日
討幕密詔下達薩摩藩

1867年10月14日
討幕密詔下達長州藩

1867年10月14日
德川慶喜向朝廷稟告大政奉還之意

1867年10月21日
朝廷接受大政奉還的動作，討幕密詔取消

1867年11月9日
大政奉還

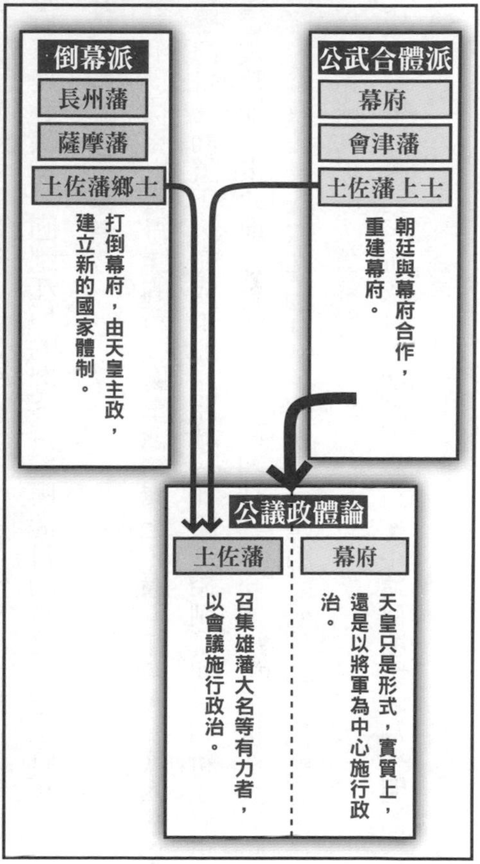
倒幕派
長州藩
薩摩藩
土佐藩鄉士
打倒幕府，由天皇主政，建立新的國家體制。
公武合體派
幕府
會津藩
土佐藩上士
朝廷與幕府合作，重建幕府。
公議政體論
土佐藩
召集雄藩大名等有力者，以會議施行政治。
幕府
天皇只是形式，實質上，還是以將軍為中心施行政治。

4-27 戊辰戰爭

被視為朝敵的舊幕府軍

雖然德川慶喜執行「大政奉還」，新政府發布「王政復古大號令」，但舊幕府內部還是有殘餘勢力負嵎頑抗。

一八六八年一月，舊幕府軍與新政府軍京都鳥羽、伏見兩地，爆發了戰端。這便是對抗長達一年半的「戊辰戰爭」。

鳥羽、伏見之戰，新政府軍高舉「錦之御旗」（譯注：代表天皇、朝廷的旗幟）進軍。舊幕府軍變成了與朝廷作對的朝敵，士氣一落千丈。而德川慶喜竟然在開戰前，祕密從大坂城脫逃，這也令舊幕府軍痛心疾首。回到江戶的慶喜接納勝海舟的意見，在上野寬永寺禁閉，表示恭順之意。

五稜郭之戰定勝負

鳥羽、伏見之戰得勝的新政府軍繼續東上，逼近江戶。一八六八年三月奪下江戶城。在西鄉隆盛與勝海舟的商議下，完成了無血開城。此時，控制了江戶的新政府軍繼續北上，追趕舊幕府軍。

這段時期，東北地方各藩結成「奧羽越列藩同盟」，抵抗新政府軍的來襲，然而一一被新政府軍所破。繼而在一八六九年五月，政府軍包圍箱館五稜郭，抗戰到最後的幕臣榎本武揚等人終於降服，以武力成功掃除了舊幕府勢力。

戊辰戰爭的勝利，新政府也鞏固了基石。年號自慶應改為「明治」。從此，日本走入了近代。

幕府最後的抵抗——戊辰戰爭

●官軍的行進路線●

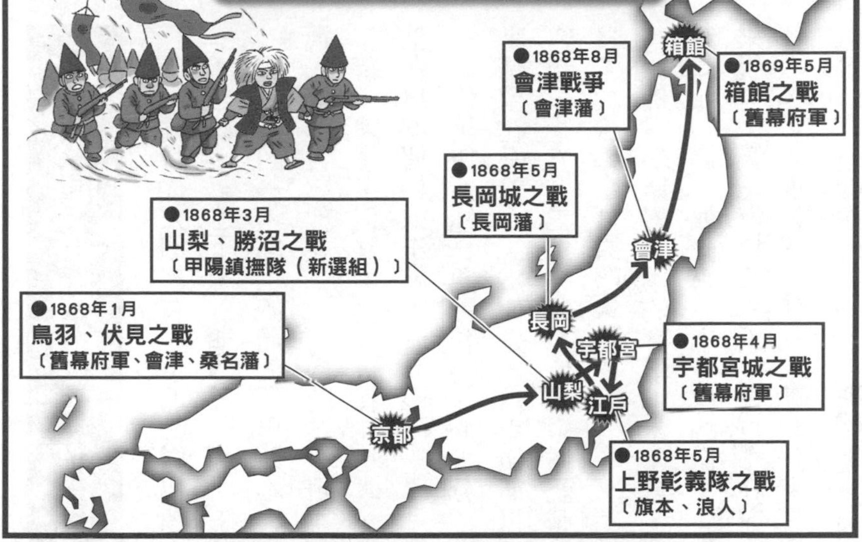
●1868年1月
鳥羽、伏見之戰
〔舊幕府軍、會津、桑名藩〕
●1868年3月
山梨、勝沼之戰
〔甲陽鎮撫隊（新選組）〕
●1868年5月
長岡城之戰
〔長岡藩〕
●1868年8月
會津戰爭
〔會津藩〕
●1869年5月
箱館之戰
〔舊幕府軍〕
●1868年4月
宇都宮城之戰
〔舊幕府軍〕
●1868年5月
上野彰義隊之戰
〔旗本、浪人〕
京都
山梨
江戶
宇都宮
長岡
會津
箱館

●戊辰戰爭的經過●

年	月	事件
1867年	12月	王政復古大號令 庄內藩兵等火燒江戶的薩摩藩府
1868年	1月	鳥羽、伏見之戰 德川慶喜從大坂城逃出
	3月	甲陽鎮撫隊在山梨、勝沼迎擊政府軍的東山道軍，戰敗 西鄉隆盛與勝海舟討論，江戶城無血開城
	4月	江戶城無血開城。德川慶喜退避水戶 宇都宮的舊幕府軍不敵政府軍的東山道軍
	5月	奧羽越列藩同盟成立 長岡之戰，政府軍獲勝 彰義隊在上野之戰中，不敵政府軍，敗北
	8月	榎本武揚率舊幕府艦隊，逃離江戶 會津戰爭中會津藩敗北
	9月	仙台藩投降新政府 會津藩投降新政府 庄內藩投降新政府
	10月	榎本武揚占領箱館五稜郭
	12月	榎本武揚在蝦夷地樹立新政權
1869年	4月	新政府軍進攻蝦夷地
	5月	榎本武揚投降新政府
		戊辰戰爭結束

專欄

藍眼睛看到的中世日本人

戰國時代末期，有一位耶穌會傳教士將那個時代的日本，鮮活自然地記述下來，他叫做路易斯．佛里伊斯。

一五四一年出生於葡萄牙里斯本的佛里伊斯，十六歲出家進入耶穌會。他在三十一歲時踏上日本的土地，之後曾到澳門旅行一陣子，但基本上一直長住日本，一五九七年在長崎過世。可以說他的大半輩子，都在日本傳揚天主教。

佛里伊斯極具語言和寫作的天分。他運用自己的才華將耶穌會在日本各地的傳道活動都留在記錄中，這便是《佛里伊斯日本史》。《日本史》從一五四九年沙勿略來日時寫起，一五九三年完成。但書中還記載了許多同時代日本沒有記錄的事件，是了解當時日本社會相當寶貴的資料。

佛里伊斯對日本的評價相當善意，但也寫了不少有趣的事。像是日本人教養良好，有禮而親切，偶爾會露出謎樣的微笑。佛里伊斯稱之為「背叛的微笑」。因為對西洋人來說，微笑是友情的表現，但日本人的笑未必有此意，反而經常是為了隱藏心意。

現今在外交場合中，外國人也經常諷刺「日本人心口不一」，但四百年前的日本人似乎就有這種傾向。佛里伊斯的藍眼睛早已看穿了這個事實。

第五章 走向近代國家之道

5-1 明治政府的基本方針

五條御誓文與五榜揭示

一八六八年三月，戊辰戰爭如火如荼之際，新政府以明治天皇向神起誓的形式，公布〈五條御誓文〉。文中主張廣議公論的尊重、開國和親、對國際社會的積極參與等，可以算是明治新政府的基本方針。此外，〈五條御誓文〉公布的第二天，也向民眾發表禁止事項。包括強行上告、逃亡、天主教信仰等，都被禁止，與江戶幕府的人民統治政策沒什麼不同。這稱之為「五榜揭示」。

不過，禁止天主教信仰這部分，遭到歐美列強嚴厲批評，因而於一八七三年正式解禁。

邁向中央集權國家之道

雖然宣告「王政復古大號令」，但政權只是從江戶幕府轉移到朝廷。要進行中央集權體制，就必須廢除全國各地的大名領（藩）。因此，一八六九年一月施行「版籍奉還」，意指全國大名持有的土地與人民，全部歸還給朝廷。但是，各大名轉變為藩知事，仍然統領舊領。現狀與江戶時代不太有變化。不過，當一八七一年實施「廢藩置縣」時，情勢便有了很大的變化。這個措施廢止了藩，設置府和縣。同時，新政府還罷免舊藩主知事，命其居住在東京，另外由中央任命府知事和縣令，前往當地從事地方行政。

這樣一來，幕藩體制完全瓦解，國家朝著近代化的中央集權國家前進。這一連串的大改革，即是「明治維新」。

「王政復古」新體制開始

●五條御誓文●

一　廣興會議，萬機應由公論決定
（廣泛召開會議，天下政治由公開議論來決定。）

二　上下一心，盛展經綸
（不論是在上位的人，還是下位的人，大家一條心來治理國家，解救人民。）

三　官武一途，乃至庶民，各遂其志，勿使人心怠惰
（官吏或武士以及庶民，各自達成志向，千萬不能失望、失志。）

四　破除舊有陋習，以天地公道為基
（改掉自古以來的壞習慣，基於普遍的道理行動。）

五　求智識於世界，大大起振皇基
（向世界追求知識，大大地發展日本國。）

●明治政府的主要政策●

廢藩置縣	…廢除藩，設置3府302縣，之後縣又併為72縣
學　制	…引進義務教育制度
徵兵制度	…20歲以上的男子課以兵役
地租改正	…繳納地價3%的租金
戶籍建立	…四民平等的基礎上，制定戶籍法

●1871年明治政府的組織●

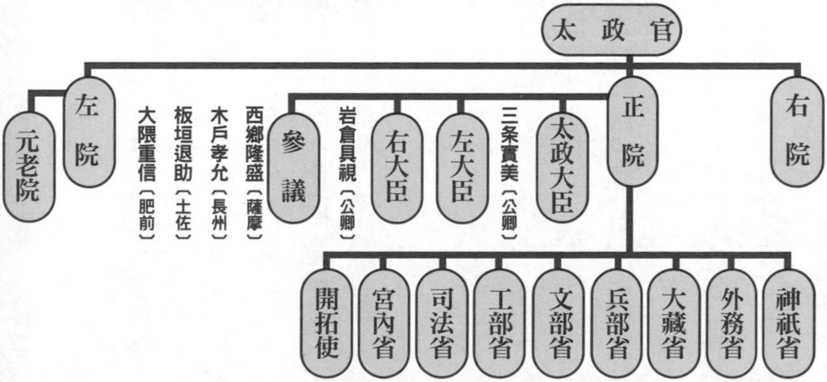
太政官
左院
元老院
正院
右院
太政大臣
三条實美（公卿）
左大臣
右大臣
岩倉具視（公卿）
參議
西鄉隆盛（薩摩）
木戶孝允（長州）
板垣退助（土佐）
大隈重信（肥前）
神祇省
外務省
大藏省
兵部省
文部省
工部省
司法省
宮內省
開拓使

5-2 岩倉使節團與對中國、朝鮮外交

了解歐美現狀的岩倉使節團

強行實施廢藩置縣，實現統一國家的政府，隨後便開始思考如何提高國家獨立性的問題。因此，有必要讓外國軍隊撤退，修正不平等條約。

一八七一年，由右大臣岩倉具視擔任全權大使，大久保利通與木戶孝允為副使，總計一百零七名「岩倉使節團」朝歐美出發了。目的是與外國談判不平等條約的修改，和歐美文明的視察。

然而，歐美各國卻以日本近代化太緩慢為由，連條約修正會議都不列席。使節團一行看到了歐美各國完備的制度下所建立的強大文明。旅行時間長達一年九個月，他們都在在深切感受到日本最急切的要務，便是近代化。

留守政府對中國、朝鮮的外交

岩倉使節團出發歐美，進行視察旅行之前，一八七一年九月，新政府與清國之間，簽訂了對等的「日清修好條規」。代管留守的政府承諾「新政策會等到使節團回國才施行」。然而使節團出發後，政府便以天皇的名義，向朝鮮要求外交。以清為宗主國的朝鮮拒絕此議。政府內部贊成對朝鮮動用武力，強迫對方同意要求的呼聲隨之高漲。

一八七三年，留守政府的領袖西鄉隆盛、板垣退助等召開內閣會議，決定在出兵朝鮮的前提下，派遣使節赴朝。但是，岩倉和大久保等回國後，極力反對，在政府內部產生對立。這個狀態稱為「征韓爭論」。

日本的外交與國境問題

●岩倉使節團的路線●

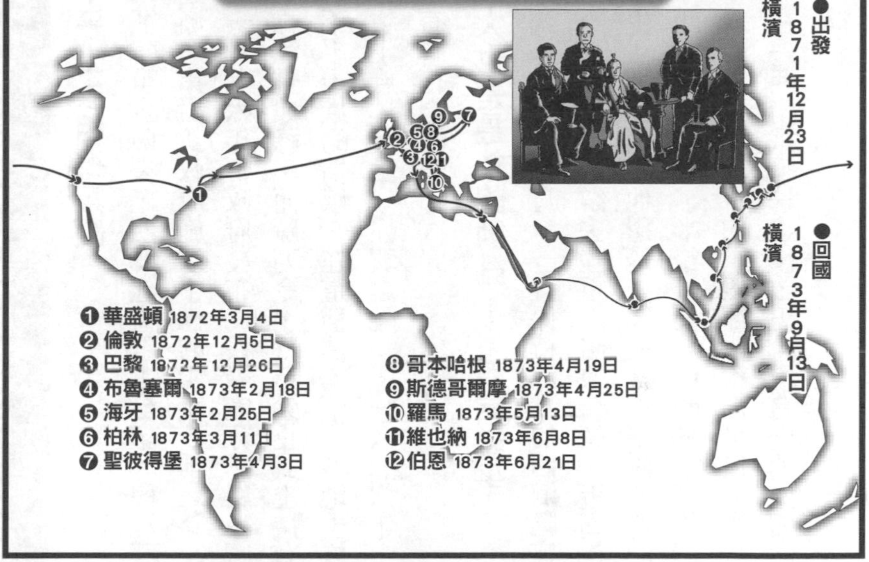
●出發
1871年12月23日
橫濱
●回國
1873年9月13日
橫濱
❶華盛頓 1872年3月4日
❷倫敦 1872年12月5日
❸巴黎 1872年12月26日
❹布魯塞爾 1873年2月18日
❺海牙 1873年2月25日
❻柏林 1873年3月11日
❼聖彼得堡 1873年4月3日
❽哥本哈根 1873年4月19日
❾斯德哥爾摩 1873年4月25日
❿羅馬 1873年5月13日
⓫維也納 1873年6月8日
⓬伯恩 1873年6月21日

●日本國境●

俄羅斯
庫頁島
庫頁島、千島交換條約 1875年
千島群島
日清修好條約 1871年
日朝修好條約 1876年
北京
漢城
江華島
朝鮮
日本
東京
中國（清）
江華島事件
1875年
琉球處分 1879年
沖繩
小笠原群島
台灣
出兵台灣 1874年
通告小笠原群島為領地 1876年

5-3 不平士族的叛亂

不平士族相繼叛亂

征韓爭議破裂，西鄉隆盛辭去參議，與江藤新平和板垣退助等人，強烈批判新政府。他們的周圍逐漸聚集對新政府施政不滿的士族，稱之為「不平士族」。

一八七六年，政府發布「秩祿處分」與「廢刀令」。秩祿處分指的是廢除先前政府支給給士族的家祿和賞典祿。而廢刀令，就是禁止武士持有刀械，但持刀原本是武士的特權。這兩個政策都刺激了不平士族的情感。在這種情勢下，各地士族紛紛起兵叛亂。一八七四年，已經下野的江藤新平率佐賀士族，發動「佐賀之亂」。一八七六年，熊本有「神風連之亂」、福岡有「秋月之亂」，山口則有「萩之亂」。

最大也是最後的動亂——西南戰爭

一八七七年二月，一直保持沉默的西鄉隆盛，終於在鹿兒島起兵，爆發了「西南戰爭」。

一八七三年，辭去陸軍上將兼參議、近衛都督之後，西鄉回到了鹿兒島，一直過著自由自在的悠閒生活。但是，他還是在鹿兒島不平士族們的擁護下，向新政府豎起反旗。

西南戰爭綿延了半年以上，但西鄉軍最終還是戰敗，他自己也在鹿兒島的城山舉刀自刎。鹿兒島士族的勇猛舉世皆知，但卻敗給從平民中徵兵而來的政府軍，和其最新銳的裝備。

在「西南戰爭」之後，再也沒有勢力能與政府武力對立。人們放棄了武力，走進以言論攻擊政府的時代。

士族向新政府造反

●西日本各地發生的士族叛變●

萩之亂 1876年10月

前參議前原一誠為首，率舊長州藩士約300人起義。

秋月之亂 1876年10月

宮崎車之助等舊秋月藩約230人舉兵。

佐賀之亂 1874年

江藤新平等率佐賀士族約1萬2000人造反。新政府軍5400人半個月敉平。

神風連之亂 1876年10月（敬神黨之亂）

熊本士族約200人起義。

西南戰爭 1877年2月

擁護西鄉隆盛，舊薩摩藩士1萬3000人舉兵。

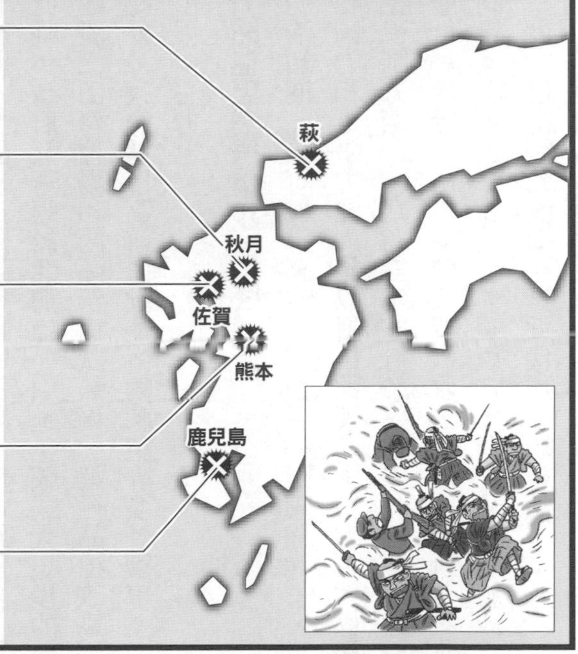
萩
秋月
佐賀
熊本
鹿兒島

●1877年西南戰爭的進展和激戰地●

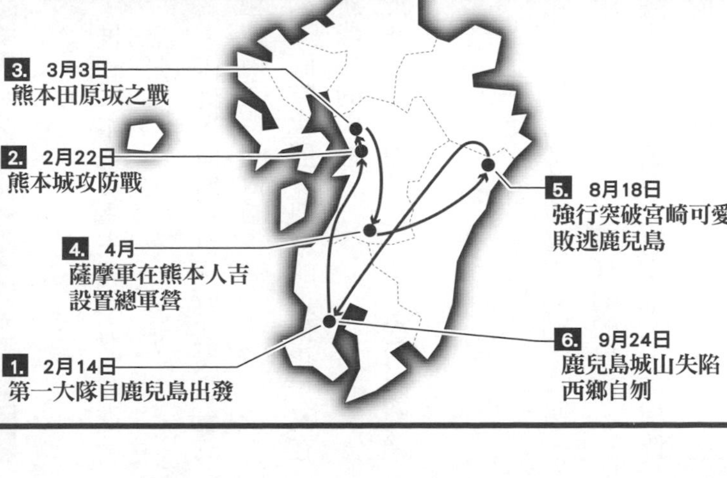
3. 3月3日
熊本田原坂之戰
2. 2月22日
熊本城攻防戰
4. 4月
薩摩軍在熊本人吉設置總軍營
1. 2月14日
第一大隊自鹿兒島出發
5. 8月18日
強行突破宮崎可愛岳敗逃鹿兒島
6. 9月24日
鹿兒島城山失陷
西鄉自刎

5-4 殖產興業與富國強兵

保護、培育產業的明治政府

明治政府培育近代化的產業，同時也謀求貨幣制度的建立，推動日本往資本主義的方向前進。這便是「殖產興業」政策。

幕末，日本開始與外國交易之後，最大的出口產品就是生絲。因此，政府在群馬縣建設官營的富岡製絲廠，並請求法國進行技術指導，以達到生絲品質提升和技術學習的目的。

此外，政府又著眼於北海道，引進美國式大規模的農業技術，同時也展開農業的近代化。又在東京建設三田育種場和內藤新宿試驗場，進行品種改良，和最新農具的引進。

此外，政府還以高薪自歐美各國聘請許多外國專家，他們被稱為「特聘外國人」，對殖產興業貢獻了不少心力。

國力的增強與精銳軍隊

明治初期，政府最常高喊的口號是「富國強兵」，將發展國家經濟和增強軍備作為國家政策。希望在國力和軍事力注入足以對抗歐美列強的力量，以達成保護國家和改正不平等條約的目標。

在稅制方面，一八七三年施行了「地租改正」。政府對全國土地進行調查，訂定地價，再根據價格發行「地券」。不論豐收或歉收，都向土地所有者收取地價3%的稅金。

同年又發布了「徵兵令」，規定不問身分為士族或平民，只要是年滿二十歲的男子，都必須服三年兵役。日本因此漸漸初具近代國家的規模。

勤於富國強兵的新政府

●領導產業的新政府●

札幌
青森
盛岡
仙台
福島
直江津
宇都宮
水戶
前橋
高崎
松本
東京
橫濱
名古屋
靜岡
京都
大阪
神戶
岡山
廣島
門司
博多
長崎
熊本
佐渡金山：政府直接經營。
富岡製絲廠（群馬縣富岡市）：1872年設立的官營製絲廠。在法國技師指導下，生產高品質的生絲。
開智學校（長野縣松本市）：1876年建設的西式建築小學。
三池煤礦：1873年轉為官營。號稱國內生產量最大。
1871年，由前島密籌劃，東京、大阪間的郵政事業開始。
在東京三田育種場和內藤新宿試驗場中，進行近代農技的研究，從事米、棉花的品種改良，以及農具的研究。
橫須賀造船廠：政府直接經營。
1872年，在英國技師的指導下，日本第一條鐵道在東京新橋、橫濱之間開通。
1869年，東京新橋與橫濱間架設電信線路。
銀座煉瓦街：1872年火災的教訓下，仿照倫敦鋪設煉瓦街。
長崎造船廠：1868年轉為官營。1887年被三菱買下。

5-5 四民平等與文明開化

士農工商到四民平等

發展近代國家建設的政府，也廢止了自古到江戶時代的身分制度：「士農工商」。一八六九年訂上等的公卿、大名稱為「華族」，武士稱為「士族」，農工商稱為「平民」。一八七〇年，平民也允許使用姓名。進而在翌年訂定的戶籍法中，只登記國民的居住地，不問其身分。每一家被指定的戶長，都給予家長的權限。到了一八七二年，人們取得了職業選擇的自由，也可自由轉移居住地。達到所謂的「四民平等」。

如此一來，士農工商的身分制度終於消失。但是，卻又建立出以天皇為頂點，皇族、華族等金字塔式的新身分秩序。

近代化的日本

明治初期，人們的生活和文化，尤其是都市居民，產生了很大的變化。稱之為「文明開化」。東京銀座興建了紅磚建築的洋樓，點起了瓦斯燈。設立郵政制度和電信、鋪設鐵道等都是在這個時期。而政府更在一八七二年，將曆法從太陰太陽曆（舊曆）改成了太陽曆（新曆）。官廳方面實施週日休假制。此外，新聞與雜誌的發行也相當興盛，將歐美各國的知識和學問介紹到國內。

此時誕生了一本暢銷書。生於中津藩下級武士之家的福澤諭吉寫了《勸學》，暢述人的平等與學問的重要，許多年輕人都受到他的感召。

令生活為之一變的文明開化

●明治初期的人口比率●

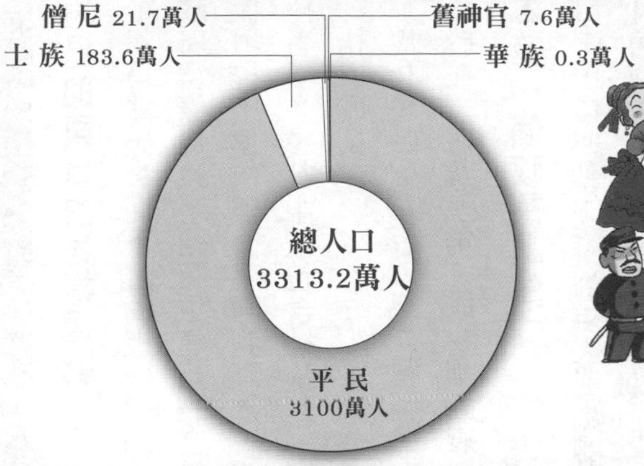
僧尼 21.7萬人
舊神官 7.6萬人
士族 183.6萬人
華族 0.3萬人
總人口
3313.2萬人
平民
3100萬人

●生活的變化●

1867年	王政復古大號令
	牛肉店開業
1868年	第一家飯店開業（築地飯店）
1869年	共乘馬車開業（東京－橫濱）
	電信開通（東京－橫濱）
	人力車發明
	麵包的製造
	捲菸的製造
1870年	日刊新聞創刊
	開始穿西裝
	開始製作皮鞋
	使用洋傘
	使用自行車
1871年	郵政事業展開（東京－大阪）
	斷髮令、廢刀令公布
	理髮的普及
	西式餐廳
	西式建築開始
	流行使用桌椅
	設置郵筒
1872年	鐵道開通（東京新橋－橫濱）
	學制公布
	採用太陽曆
	流行喝啤酒
	啟用瓦斯燈
1873年	天主教解禁
	啟用週日休假制
	開始打棒球
	開始放暑假
1874年	第一家雜誌創刊
1877年	東京大學創校
	銀座煉瓦街鋪設完成
1878年	電燈啟用
1890年	電話交換啟用
1896年	第一部電影

5-6 自由民權運動的傳布

板垣退助與自由民權運動

征韓爭論破裂而下野的板垣退助，一八七四年向政府提出〈民撰議院設立建白書〉。內容除了批評政府官僚專政，同時也建議設立國會，讓納稅者參與國政。這便是「自由民權運動」的開端。

板垣提出建白書後，回到高知，成立「立志社」，繼續為自由民權運動而努力。高知的民權運動支持者很多，其中還包含被稱為「東洋盧梭」的中江兆民等人。高知的自由民權運動成為全國的先驅，扎根成長。

一八七八年，在原立志社基礎下，成立了「愛國社」，板垣愈發積極，挺身領導國會開設運動。終於在一八八一年，成功讓政府提出「國會開設敕諭」。

日本第一個政黨誕生

自由民權運動的訴求是，要求開設國會、減輕地租、改正不平等條約、確立地方自治權等。而這個社會運動一直持續到一八九〇年，帝國議會開設為止。

一八八〇年成立了「國會期成同盟」，成員多以民權社團、富農、工商業者為主。第二年起，各地草擬了憲法草案（私擬憲法），自由民權運動的風潮越來越高漲。

得知政府決定開設國會後，一八八一年板垣在高知又建立了「自由黨」。這是日本第一個政黨。到了一八八二年，由大隈重信領導的「立憲改進黨」也成立了。

為對抗此情勢，政府修訂治安法規，要求政治結社的成立、演講會等，須獲警察署的同意。

與政府對抗的自由民權運動

●自由民權運動的潮流●

1873年
●明治6年政變，敗給征韓論的板垣退助辭去公職。

1874年
●板垣提出民撰議院設立的建白書。
●在四國的高知，板垣設立「立志社」。

1875年
●漸次立憲政體樹立之詔〔政府的打壓〕
●讒謗律公布：目的在於處罰以著作類誹謗他人者的言論規範法令〔政府的打壓〕
●新聞紙條例公布〔政府的打壓〕
●板垣等人在大坂成立「愛國社」，是以士族為主體、日本第一個全國性的政治結社。

1877年
●立志社的建白書被駁回。〔政府的打壓〕

1878年
●大阪的「愛國社」再興。

1880年
●公布集會條例〔政府的打壓〕
●愛國社發展為國會期成同盟。接受約10萬人的委託，向政府提出國會開設請願書。

1881年
●「明治14年政變」開拓史官將公物轉賣事件。伊藤博文將大隈重信逐出政府。大隈因不法監視，主張立即開設國會，因而遭到伊藤等人的驅逐。
●在板垣退助領導下，成立自由黨。

1882年
●立憲帝政黨成立。〔政府組織，用以對抗自由黨〕
●在大隈重信領導下，成立立憲改進黨。

●日本第一個政黨●

自由黨	立憲改進黨	立憲帝政黨
（1881年成立，3年後解散）	（1882年成立）	（成立於1882年，1年後解散）
黨首：板垣退助	黨首：大隈重信	黨首：福地源一郎
特徵	特徵	特徵
激進的法式流派，支持基礎是農民和舊士族。	以漸進式的英國走向，受到知識階級和官僚的支持。	以保守的民粹主義，得到軍人和官僚的支持。

5-7 憲法與帝國議會

制定亞洲第一部憲法！

政府決定開設國會，一方面對自由民權運動施加壓力，同時也亟待憲法的制定。一八八二年，前往普魯士（德國）的伊藤博文，開始從事憲法的研究。明治政府準備建立一個奉天皇為中心的國家，因而君主權強大的普魯士是很好的參考對象。回國後，伊藤於一八八五年廢除原有的太政官制，設立內閣制度，自己則就任第一屆內閣總理大臣，展開憲法制定的作業。一八八九年二月十一日，以天皇賜與國民的形式，發布了《大日本帝國憲法》。這使得日本成為亞洲第一個近代化立憲國家。

眾議院選舉與帝國議會

依據《大日本帝國憲法》規定的國會為兩院制，分別為貴族院和眾議院。眾議院由國民選舉選出的代表構成。貴族院則由天皇從皇族、華族等當中任命的議員組成，有權利反對眾議院的決議。大日本帝國憲法公布的第二年，一八九〇年實施了第一次眾議院議員總選舉。但是，這時規定「年滿二十五歲以上的男性，且繳納直接國稅十五円以上者」，才擁有選舉權，因此僅僅只有全國人口的1％有權利。

之後所召開的帝國議會中，希望增稅、增強軍備，以實現富國強兵政策的政府，與主張降低地租，安定國民生活的在野黨正面衝突。朝野的對立一直持續到日清戰爭爆發之前。

轉變為近代國家

●大日本帝國憲法（明治憲法）的特徵與第一次內閣●

大日本帝國憲法為欽定憲法，為君主制定，授予國民的憲法。

議會的召開、解散；文官、武官的任免；軍事（陸海軍的統帥權）、法律的認可，都由天皇授予。

●第一次伊藤內閣的名單●

官職	指名	籍貫	爵位
總理	伊藤博文	長州	伯爵
外務	井上馨	長州	伯爵
內務	山縣有朋	長州	伯爵
大藏	松方正義	薩摩	伯爵
陸軍	大山巖	薩摩	伯爵
海軍	西鄉從道	薩摩	伯爵
司法	山田顯義	長州	伯爵
文部	森有禮	薩摩	子爵
農商務	谷干城	土佐	子爵
遞信	榎本武揚	幕臣	子爵

●大日本帝國憲法制定的國家組織●

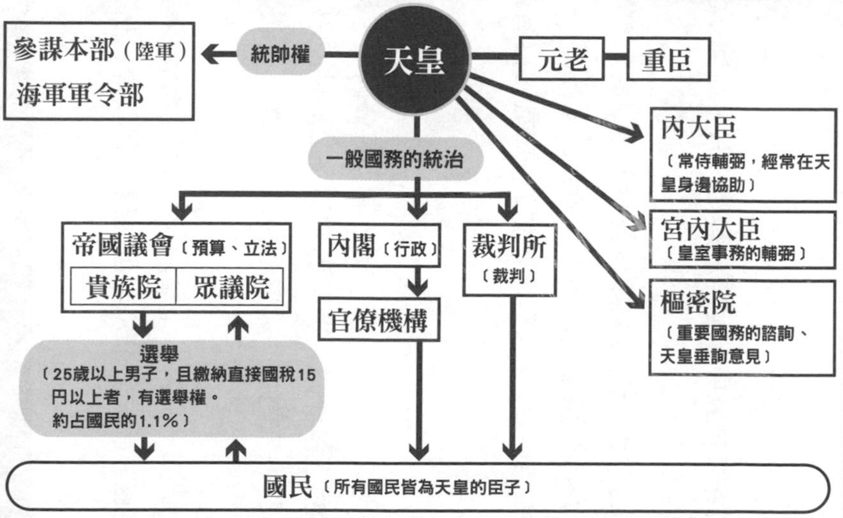
參謀本部（陸軍）
海軍軍令部
統帥權
天皇
元老
重臣
內大臣
〔常侍輔弼，經常在天皇身邊協助〕
一般國務的統治
宮內大臣
〔皇室事務的輔弼〕
帝國議會〔預算、立法〕
貴族院
眾議院
內閣〔行政〕
裁判所
〔裁判〕
官僚機構
樞密院
〔重要國務的諮詢、天皇垂詢意見〕
選舉
〔25歲以上男子，且繳納直接國稅15円以上者，有選舉權。
約占國民的1.1%〕
國民〔所有國民皆為天皇的臣子〕

5-8 不平等條約的修正

觸怒國民的諾曼頓號事件

明治政府最大的外交問題，無疑是不平等條約的修正。政府建設歐式的社交場鹿鳴館，舉辦舞會等，努力讓歐美列強認同日本已成為文明國家。此一政策稱之為「歐化政策」。然而，只重浮面的歐化政策，並沒有任何成效。

在這段期間，一八八六年發生了一件觸怒國民的大事。一艘英國船諾曼頓號，在紀伊半島外海沉沒，日本乘客全數死亡。但英國船長在這起事件後，不用接受日本法律的裁判。這全是因為幕末簽訂的日英修好通商條約，保障了外國的治外法權之故。在這事件的導因下，修正不平等條約的呼聲，在國民之間高漲起來。

長達半世紀達成的條約修正

制定憲法、整頓法律和審判制度後，歐美列強漸漸無法忽視日本對修正條約的要求。而首先回應修正不平等條約的國家，是英國。一八九四年七月，日清戰爭的前夕，外務大臣陸奧宗光成功簽訂了「日英通商航海條約」。依據此約廢除了治外法權。這個時期，英國警覺到俄羅斯的勢力已伸展到中國和朝鮮，因而有意將日本收攬為同盟。

不平等條約完全修正後，日本終於在日俄戰爭後的一九一一年，與歐美列強站在名實皆對等的位置。外務大臣小村壽太郎也與美國談判，恢復了關稅自主權。這是自幕末簽訂「日美修好通商條約」開始，經過了五十三年才完成的大轉變。

在不平等條約修正上的努力

●條約修正的經過●

1858年　安政五國條約

江戶幕府與美國、英國、法國、荷蘭、俄羅斯簽訂修好通商條約。是為承認各國的領事裁判權，沒有關稅自主權的不平等條約。

1871～73年　岩倉具視使節團

視察歐洲、美國，同時預備談判。因美國拒絕而作罷。

1873～79年　寺島宗則

在恢復關稅自主權的目標下，與美國談判。雖取得承諾，但因英國、德國反對而失敗。

1879～87年　井上馨

利用鹿鳴館外交推動歐化主義。與各國交涉領事裁判權的撤除。但因極端的歐化政策受到國民的反對而失敗。

1888～89年　大隈重信

與各國個別祕密談判。與美國、德國、俄國簽訂有條件撤除領事裁判權。但在大審院的外國法官任用問題上失敗。

1889～91年　青木周藏

取得英國同意，撤除領事裁判權。但因發生大津事件〔俄羅斯皇太子在大津遭到日本巡查擊擊負傷〕，中止談判。

1892～96年　陸奧宗光

1894年，日英通商航海條約簽字。之後，與其他各國也簽訂同樣的條約。撤除領事裁判權，和恢復部分關稅自主權。

1908～11年　小村壽太郎

1911年，日美新通商航海條約簽字。與各國簽訂同樣的條約。成功恢復所有的關稅自主權。

1891年 大津事件

1894～95年 日清戰爭

1904～05年 日俄戰爭

5-9 日清戰爭（甲午戰爭）

甲午農民戰爭到日清戰爭

明治初期到中期，日本的亞洲外交中心在朝鮮半島。日本在使朝鮮開國後，有意在朝鮮擴大勢力，但一八八二年，首都漢城發生反日軍隊領導的叛亂事件（壬午軍亂）。在這事件的導火線下，朝鮮轉而向清求助。因此，日清兩國於一八八五年簽定「天津條約」，決定雙方若向朝鮮出兵時，應事先通知。

一八九四年，在這種情勢下，朝鮮排日色彩濃厚的朝鮮農民起兵造反。是為「甲午農民戰爭」。清國接受朝鮮政府的要求，出兵鎮壓，日本為與之對抗也出兵朝鮮。互相敵視許久的日清兩國終於兵戎相見。

戰勝清國的日本

清國被形容為沉睡的亞洲之獅，雖然國勢衰弱，但其實力卻不容小覷。不過，在日清戰爭中，日本軍始終處於優勢。日本軍將清國軍趕出朝鮮，在黃海海戰大破北洋艦隊，占領中國的遼東半島和山東半島。經歷八個月的「日清戰爭」，日本大勝。

日清戰爭可以說是一個朝氣蓬勃的新生近代國家，與束縛於古老體制的衰頹帝國的一次對決。日本為了這次戰爭，議會暫停了政爭，通過巨額的軍事預算，舉國一起備戰。然而清國國內不但不統一，而且不熟悉近代兵器，因而無法發揮實力。

日清戰爭的勝利，也讓日本增強了對朝鮮半島的統治力。

與沉睡雄獅之戰

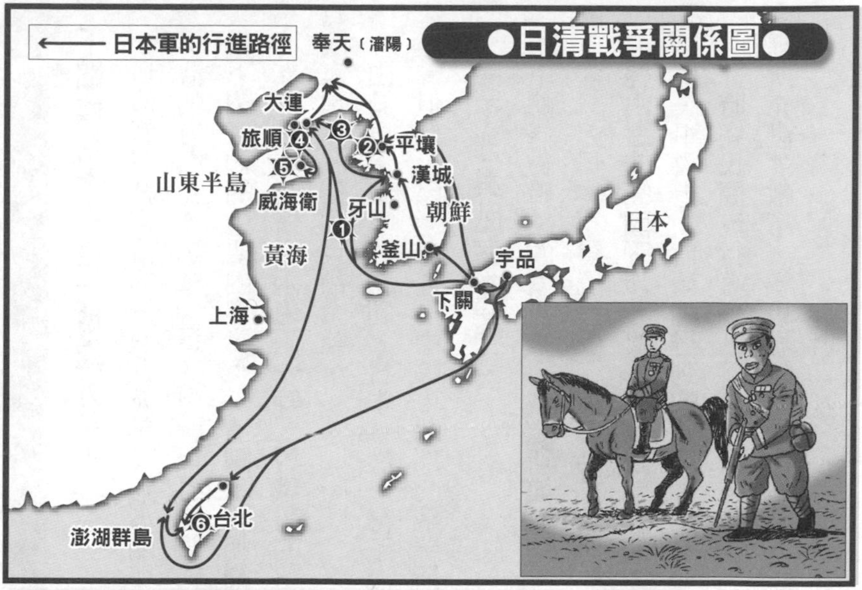
●日清戰爭關係圖●
←── 日本軍的行進路徑
奉天〔瀋陽〕
大連
旅順 ④
⑤
③
② 平壤
漢城
山東半島
威海衛
牙山
①
朝鮮
日本
黃海
釜山
宇品
下關
上海
⑥台北
澎湖群島

●日清戰爭相關年表●

1876年 **日朝修好條規締結**：令朝鮮承認日本的領事裁判權，決定開放3港。

1882年 **壬午軍亂**：親清派發動政變。閔氏政權轉為親清派。

1884年 **甲申事變**：改革派與日本公使合作，發動政變，但清軍出面鎮壓。

1885年 **天津條約**：日清之間對撤兵朝鮮達成協議。

1894年 **甲午農民戰爭**：2月，農民在苛政和排日的呼聲下，起義造反。7月，日本排除閔妃，推舉大院君。

❶ 1894年7月 **豐島海戰**：日本海軍擊沉清艦2艘。

7月底，陸軍占領牙山。

❷ 1894年9月 **對平壤清軍總攻擊**：清軍退出朝鮮。

❸ 1894年9月 **黃海海戰**：擊沉三成的清軍艦隊。奪得黃海的制海權。

❹ 1894年11月 **占領旅順**：日軍屠殺居民成為國際問題。

❺ 1895年2月 **占領威海衛**：攻擊清海軍基地。清海軍主力艦幾乎全軍覆沒。

1895年4月 **日清戰爭的議和條約**

❻ 1895年5月～11月 **平定台灣**　以武力鎮壓台灣原住民的反抗，占領全島。

5-10 下關條約與三國干涉

下關條約獲得第一塊海外領土

日清戰爭結束後的一八九五年，在下關舉行議和會議。日本方面全權代表為伊藤博文和陸奥宗光；清朝方面為李鴻章。這次會議簽訂的條約為「下關條約」（譯注：即「馬關條約」）。

下關條約的主要內容為：「清國承認朝鮮獨立」、「清國割讓遼東半島、澎湖群島、台灣」、「清支付日本賠償金兩億兩」等，對戰勝的日本非常有利。賠償金相當於當時日幣約三億円。這約為國家預算三倍的巨額金錢。

由於日清戰爭的勝利，日本首次取得了海外的領土。進而也成功地建立自朝鮮半島進入大陸的途徑。但是，已考慮進軍中國東北部的俄羅斯，對日本提高警戒。

三國干涉與臥薪嘗膽

下關條約締結的六天後，俄羅斯與法國、德國一同逼迫日本，將遼東半島歸還清國。此為「三國干涉」。日本不得已接受了俄羅斯的要求，因為當時的日本還不具抗拒列強壓力的實力。

經由這次三國干涉，日本國內對俄羅斯產生了強烈的敵視。政府將俄羅斯視為假想敵，努力增強軍備，事實上，自清朝得到的賠償金，有80％都投入了軍費中。

此時在民間流行著「臥薪嘗膽」這句話。其原意是為了復仇而忍耐苦難。但此時許多日本人對俄羅斯充滿著敵意，寧可忍耐重稅，是為「臥薪嘗膽」。

日清戰爭勝利的影響

●三國干涉●

俄羅斯

遼東半島被日本奪走，不利於南下政策

德國

讓俄羅斯目標轉向東亞，維持對俄關係

法國

堅持俄法同盟，圖謀歐洲的安定

日本

意欲踏穩進軍大陸的腳步。

日本在俄羅斯、德國、法國的干涉下，歸還了遼東半島。國民以「臥薪嘗膽」為口號，燃起對俄羅斯的敵意，增強軍備。

●日清戰爭賠償金的使用途徑●

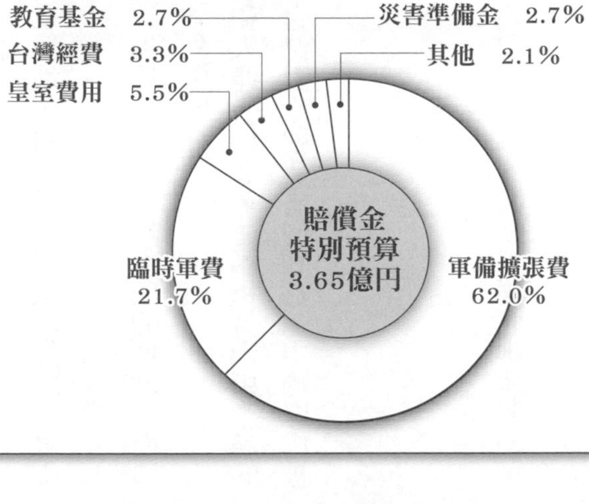

教育基金 2.7%
台灣經費 3.3%
皇室費用 5.5%
災害準備金 2.7%
其他 2.1%
賠償金
特別預算
3.65億円
臨時軍費
21.7%
軍備擴張費
62.0%

5-11 中國情勢與義和團事件

列強加速侵略中國

進入二十世紀之際，歐美列強一方面不斷在亞洲尋求新的殖民地，另外也進行鐵道鋪設、礦山開發等，在貿易之外的領域擴大勢力。

原被視為蕞爾小國的日本，卻在日清戰爭中擊破清國，這也加快了列強侵略中國的速度。而清國由於必須支付日本巨額的賠償金，必須向外借款，也因而招致列強的介入。

俄羅斯為修築西伯利亞鐵路，而向清租借遼東半島的旅順和大連。接著，德國租借山東半島的膠州灣，英國租借九龍半島，法國租借廣州灣。而日本也取得台灣對岸福建省的利益。中國處於被列強瓜分蠶食的狀態。

義和團事件

在這種情勢下，清國內也爆發對外國強烈的抗拒。

一八九九年，以「扶清滅洋」為口號的民間宗教團體——義和團領軍，發動外國人排斥運動。扶清滅洋即是「扶助清國，消滅外洋（外國）」之意。

一九〇〇年，義和團包圍北京的外國公使館，清國政府配合義和團的行動，向列強宣戰。但是日本與歐美列強等八國，組成聯軍鎮壓義和團，此為「北清事變」（譯注：即「八國聯軍」）。八國於一九〇一年與清簽訂「北京議定書」，迫使中國支付巨額賠償金，並接受外國軍隊的駐守。

清國在此之後，已幾乎等於殖民地的狀態了。

日俄戰爭前夕

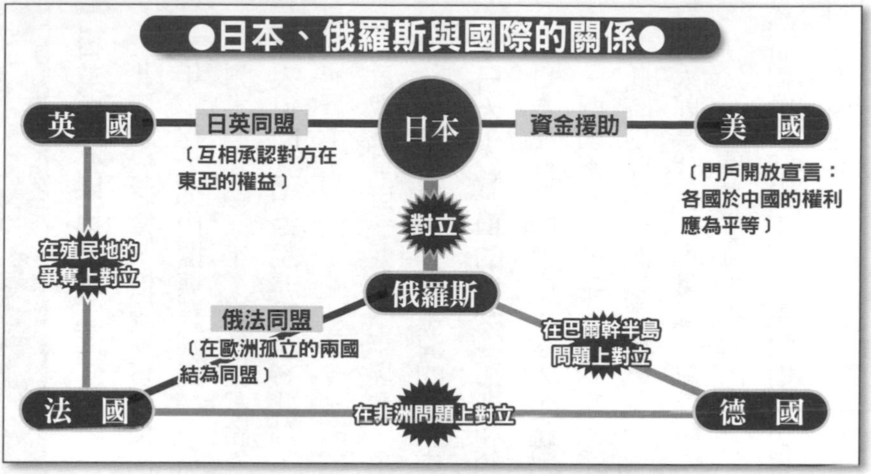
●日本、俄羅斯與國際的關係●
英國
日英同盟
〔互相承認對方在東亞的權益〕
日本
資金援助
美國
〔門戶開放宣言：各國於中國的權利應為平等〕
對立
在殖民地的爭奪上對立
俄羅斯
俄法同盟
〔在歐洲孤立的兩國結為同盟〕
在巴爾幹半島問題上對立
法國
在非洲問題上對立
德國

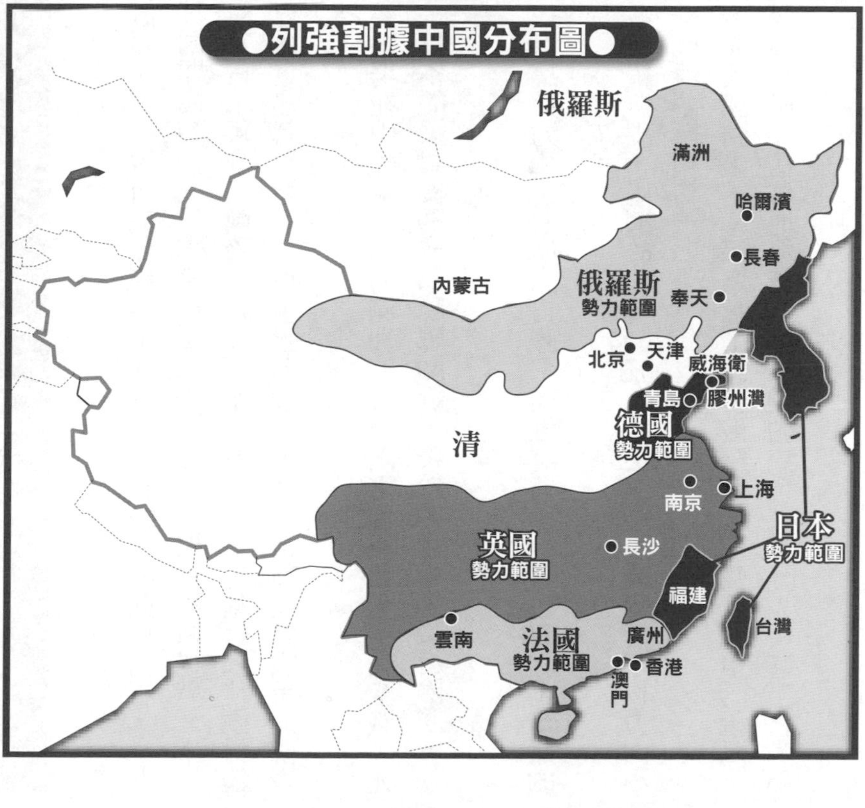
●列強割據中國分布圖●
俄羅斯
滿洲
哈爾濱
長春
內蒙古
俄羅斯勢力範圍
奉天
北京
天津
威海衛
青島
膠州灣
德國勢力範圍
清
南京
上海
日本勢力範圍
英國勢力範圍
長沙
福建
台灣
雲南
法國勢力範圍
廣州
香港
澳門

5-12 日俄戰爭

日英同盟與日俄戰爭

北清事變之後，俄羅斯實質上已占領滿洲，因而威脅到日本在韓國的利益。在此情勢下，一九〇二年，桂太郎內閣與英國締結「日英同盟協約」。日本選擇了與英國合作，與俄羅斯決戰一途。

到了一九〇三年，對俄主戰論主導了日本國內的輿論。《萬朝報》新聞上，有基督教徒內村鑑三從人道的立場勸說非戰論。此外，社會主義者幸德秋水也主張非戰論，然而這種反對戰爭的聲音都被掩蓋了。

日俄戰爭自一九〇四年爆發，主要戰場在中國東北部的滿洲。日俄兩軍在旅順和奉天激戰，死亡達數萬人。但是，日本海的海戰中，日本的絕對優勢成為勝戰關鍵，終於在戰爭中獲得險勝。

令日本人激憤的樸茨茅斯和約

日本在日俄戰爭中，投入了超過一百萬兵力和十七億餘日圓。而俄羅斯國內，也有發動革命的徵象。兩國都希望能早一點結束戰爭。

此時出面調停的是美國總統西奧多・羅斯福。兩國於一九〇五年於美國的樸茨茅斯，日方由小村壽太郎為代表，與俄國的維特簽訂「樸茨茅斯和約」。

然而，樸茨茅斯和約的內容讓許多國民感到失望。民眾為了戰勝俄羅斯，忍受了沉重的稅賦，然而和約中卻得不到一點賠償金，民眾得知後，在各地舉行反對條約的集會。部分人民甚至化身暴徒，燒毀了派出所。

日俄戰爭的經過

●日俄戰爭關係圖●
⑩
奉天
遼陽
⑤
鴨綠江
④
⑥ ②
大連
⑦ ③ 旅順
平壤
元山
日本海
⑧
威海衛
⑨
⑪ 日本海海戰
漢城
仁川
山東半島
黃海
鬱陵島〔松島〕
①
大韓帝國
日本艦隊
波羅的海艦隊
清
日本
釜山
對馬
下關
福岡
日本軍前進路線
濟州島

●日俄戰爭相關年表●

年月	事件
1895年	三國干涉：俄法德三國要求日本歸還遼東半島
1898年	俄羅斯租借旅順、大連，獲得東清鐵路鋪設權 西－羅森協定：互相承認日本在朝鮮的優先權；俄羅斯在旅順和大連的租借權
1900年	俄羅斯趁義和團之亂時，軍事占領滿洲
1902年	日英同盟
1903年	俄羅斯在韓國鴨綠江河口建設軍事基地 日俄協商：互相承認日本在韓國的優先權，俄羅斯在滿洲的權益，但俄國拒絕
1904年	日俄戰爭開戰
① 1904年2月	仁川外海海戰：日本海軍於仁川海面攻擊俄羅斯艦隊。向俄羅斯宣戰
② 1904年2～5月	旅順口要塞攻防戰
③ 1904年8月	黃海海戰：日軍迎擊俄羅斯旅順艦隊 第一次旅順總攻擊
④ 1904年9月	遼陽會戰：日軍占領遼陽
⑤ 1904年10月	沙河會戰：一進一退的拉鋸戰，進入嚴冬期後，呈現膠著狀態
⑥ 1904年10月	第二次旅順總攻擊
⑦ 1904年11月	第三次旅順總攻擊
⑧ 1904年12月	日軍占領203高地
⑨ 1905年1月	旅順淪陷
⑩ 1905年3月	奉天會戰：日軍占領奉天
⑪ 1905年5月	日本海海戰：日軍聯合艦隊擊滅俄國主力艦隊
1905年9月	日俄和約（樸茨茅斯和約）簽字

5-13 併吞韓國

韓國成為日本的殖民地

由於日俄戰爭的勝利，日本將韓國視為保護國。一九〇七年，於荷蘭海牙召開的「萬國和平會議」上，韓國高宗皇帝的密使痛陳日本的非法行徑，然而列強卻視若無睹。日本與韓簽訂「第三次日韓協約」，逼迫高宗退位，解散韓國軍隊。同時，另設統監府，由伊藤博文擔任第一任統監。

自此之後，韓國國內開始出現反日的義兵運動。一九〇九年更發生統監伊藤博文遭韓國獨立運動家安重根暗殺的事件。

一九一〇年，日本與韓簽訂「日韓合併條約」，設置朝鮮總督府。由此時直到第二次世界大戰結束前，韓國淪為日本的殖民地長達三十六年。

日本的韓國統治與進軍滿洲

日本政府任命天皇直屬的軍人為朝鮮總督，建立軍隊維持治安的機制。另一方面則否定朝鮮人的參政等諸多權利，限制其人權。此外，又進行土地調查，日本地主為了擴大在韓國的土地所有權，還將部分沒落的佃農遣送到日本居住。

這個時期，日本也開始進軍滿洲。一九〇六年，於旅順設立「關東都督府」，以及半官半民的組織「南滿洲鐵道株式會社」，加強對南滿洲的經濟侵略。

日本入侵滿洲的舉動刺激了美國。美國國內發起排斥日本人運動。日美關係逐漸惡化。

日本與朝鮮、中國的關係

●併呑韓國後的日本領土（1910年前後）●

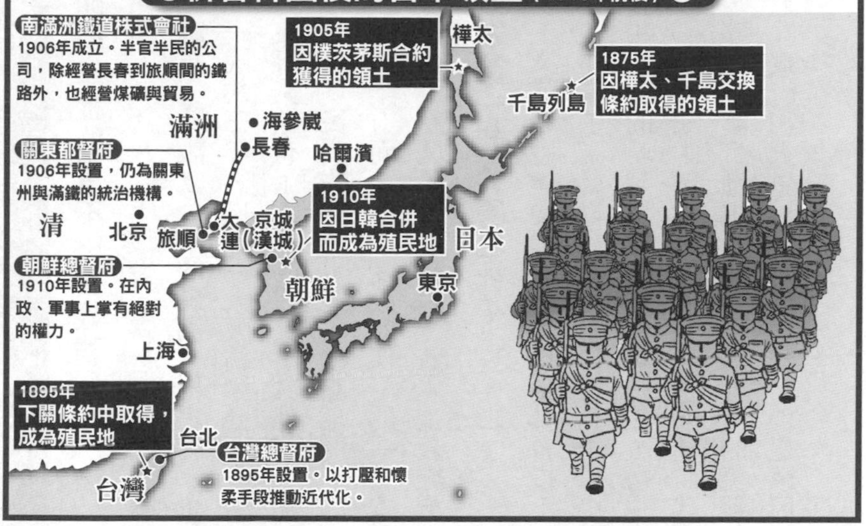
南滿洲鐵道株式會社
1906年成立。半官半民的公司，除經營長春到旅順間的鐵路外，也經營煤礦與貿易。
關東都督府
1906年設置，仍為關東州與滿鐵的統治機構。
朝鮮總督府
1910年設置。在內政、軍事上掌有絕對的權力。
1895年
下關條約中取得，成為殖民地
台灣總督府
1895年設置。以打壓和懷柔手段推動近代化。
1905年
因樸茨茅斯合約獲得的領土
1875年
因樺太、千島交換條約取得的領土
1910年
因日韓合併而成為殖民地
滿洲
海參崴
長春
哈爾濱
清
北京
旅順
大連
京城（漢城）
朝鮮
上海
台北
台灣
樺太
千島列島
日本
東京

●日朝關係年表●

1873年	征韓論敗北。西鄉隆盛等人向征韓派政府辭職。
1875年	江華島事件
1876年	締結日朝修好條規（江華條約）
1882年	壬午軍亂
1884年	甲申事變
1885年	天津條約
1889年	防穀令（禁止米、大豆等的出口）
1894年	甲午農民戰爭 日清戰爭爆發
1895年	下關條約。駐韓公使三浦梧樓殺害閔妃。
1904年	日韓議定書簽字。第一次日韓協約。
1905年	桂—塔夫特協定。第二次日韓協約（韓國保護條約）。 設置總督府。
1907年	海牙密使事件。第三次日韓協約。韓國軍解散。義兵反抗四起。
1908年	東洋拓殖株式會社設立。
1909年	閣議中決定日韓合併的方針。伊藤博文在哈爾濱被暗殺。
1910年	日韓合併條約。大韓帝國改稱朝鮮。總監府改名為朝鮮總督府。

5-14 工業革命與社會問題

開始生根的資本主義經濟

進入一八八〇年代後，官營事業漸次轉讓為民營，以鐵路業、棉絲紡織業、製絲業等為主的產業，颳起一陣設立公司的風潮，稱之為「企業勃興」。在日本也邁入了「工業革命」。一八八三年，日本「大阪紡織公司」引進英國製的大型紡織機，並以中國產的廉價棉花作為原料，使得業績有了大幅的成長。其他企業紛紛仿效，成立了一家家大規模的紡織公司。

此外，民間的資金也投入鐵路部門，一八九〇年，民營鐵路的營業公里數超過了官營公司。另外在海運業方面，原本受政府保護的「日本郵船會社」在日清戰爭前後，開拓了歐美和印度的遠洋航線，對貿易發展貢獻甚鉅。資本主義經濟由此在日本國內逐漸立地生根。

日本第一起公害事件！

工業革命發達的另一面，也為社會投下了陰影。地方上的農民流進都市，在貧民窟裡討生活。此外，紡織工廠為日夜兩班制，勞動十二小時是為常態。出身農家的年輕女工中，陸續有人因缺乏營養和惡劣的就業環境而罹患肺結核，衍生出不少因衛生、貧困導致的新社會問題。

「足尾銅山礦毒事件」可說是明治時代所發生的社會問題中最具象徵性的事件。銅山造成的礦毒，蔓延至渡良瀨川沿岸，造成嚴重的災難。栃木縣出身的眾議院議員田中正造因而辭職，與農民一起向政府和天皇控訴當地慘狀。但是政府以銅的出口為優先，完全沒有擬出根本的解決方法。

工業革命帶來的社會問題

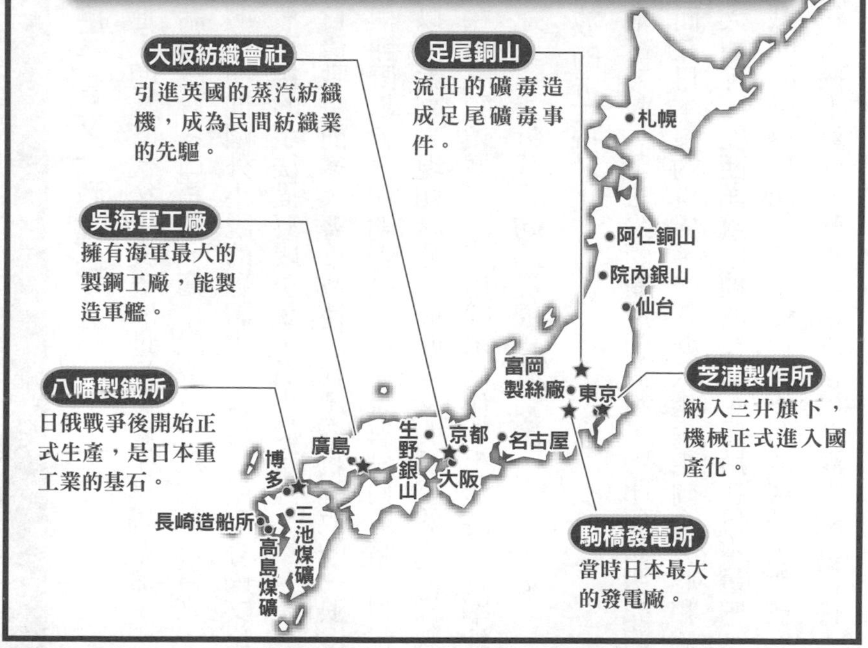
大阪紡織會社
引進英國的蒸汽紡織機，成為民間紡織業的先驅。
足尾銅山
流出的礦毒造成足尾礦毒事件。
吳海軍工廠
擁有海軍最大的製鋼工廠，能製造軍艦。
八幡製鐵所
日俄戰爭後開始正式生產，是日本重工業的基石。
芝浦製作所
納入三井旗下，機械正式進入國產化。
駒橋發電所
當時日本最大的發電廠。
札幌
阿仁銅山
院內銀山
仙台
富岡製絲廠
東京
名古屋
京都
大阪
生野銀山
廣島
博多
長崎造船所
三池煤礦
高島煤礦
●1900年前後主要的礦山、工廠、鐵路●

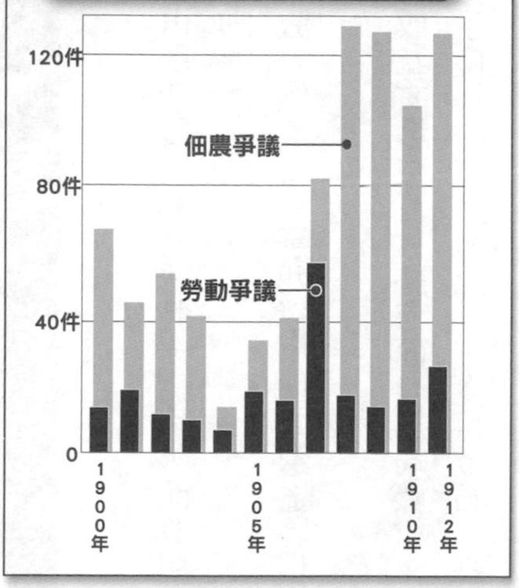
120件
80件
40件
0
佃農爭議
勞動爭議
1900年
1905年
1910年
1912年
●爭議的發展●

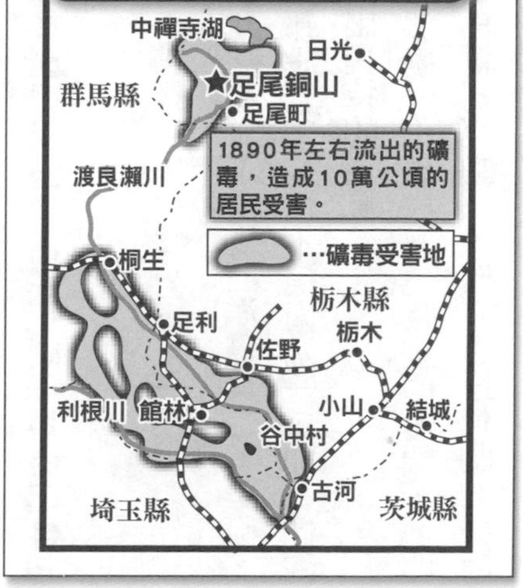
中禪寺湖
日光
群馬縣
★足尾銅山
足尾町
1890年左右流出的礦毒，造成10萬公頃的居民受害。
渡良瀨川
…礦毒受害地
桐生
栃木縣
足利
栃木
佐野
利根川
館林
小山
結城
谷中村
古河
埼玉縣
茨城縣
●足尾礦毒受害圖●

5-15 明治時代的文化

什麼是言文一致運動？

進入明治時代後，文學的世界掀起了一場革命。人們不再用昔日的「文語體」寫作，而改用一般說話的語言（口語體）寫小說或詩。這就是「言文一致運動」。

明治初期國外小說的翻譯十分盛行，受到外國文學的刺激，作家二葉亭四迷、坪內逍遙將現實以自然直接的手法描寫成小說，發表於市。

日清戰爭前後，著重個性，歌頌自我解放的「浪漫派」成為文壇主流。詩方面有島崎藤村，短歌有與謝野鐵幹、與謝野晶子，小說有樋口一葉，俱都發表了優異的作品。此外，夏目漱石、森鷗外則以小說來表現知識分子與西洋文明奮鬥的生活樣貌。

在詩歌的領域上，石川啄木創作的生活詩，直率地吟詠貧窮與流浪生活；正岡子規發起俳句的革新運動，對近代俳句的發展極有貢獻。

盛放的近代文化

繪畫方面，留法歸國的黑田清輝，將印象派明亮的畫法介紹給日本，為西洋畫奠定了基礎。而在日本畫的世界，一八九八年，由岡倉天心和橋本雅邦設立了「日本美術院」。加入此院的橫山大觀等，從西洋畫中擷取技法，運用在日本畫中，開創出獨特的畫風。

戲劇的世界也起了不小變化。相對於傳統歌舞伎，「新派劇」出現成為現代劇的發端，熱門的小說紛紛搬上舞台。此外，還以移植西洋戲劇為目標，發起「新劇運動」，確立了近代劇的發展。

明治時代的文化與藝術

●外國人士的主要功績●

宗教	赫本（美國）	傳教、醫療、語言
	佛貝克（美國）	傳教、語言
	詹斯（美國）	傳教、語言
教育	克拉克（美國）	札幌農業學校
自然科學	摩斯（美國）	動物學、考古學
	紐曼（德國）	地質學
	米倫（英國）	地震學
醫學	貝爾茲（德國）	東京醫學校→帝大
工學	戴爾（英國）	工部大學
文藝	費諾羅沙（美國）	哲學、古美術
	蓋博（俄羅斯）	德國哲學
美術	拉格薩（義大利）	雕刻
	范塔內吉（義大利）	西洋畫
	華格曼（英國）	西洋畫
	契索尼（義大利）	銅版畫

●自然科學家的主要功績●

醫學	北里柴三郎	細菌學的研究、創設傳染病研究所
	志賀潔	赤痢菌的發現
藥學	高峰讓吉	腎上腺素的抽取、澱粉酶的新製造法
	鈴木梅太郎	Oryzanin（即維生素B1）的抽出
	秦佐八郎	灑爾佛散的創製
地震學	大森房吉	大森式地震計的發明
天文學	木村榮	緯度變化的Z項發現
物理學	長岡半太郎	原子構造的研究
	田中館愛橘	地磁力的測定
植物學	牧野富太郎	植物的分類法

●主要的建築、美術作品●

繪畫	狩野芳崖	悲母觀音
	高橋由一	鮭
	黑田清輝	湖畔、讀書
	藤島武二	天平的面影
	青木繁	海之幸
	菱田春草	落葉、黑貓
	赤松麟作	夜汽車
	橫山大觀	無我
建築	康鐸爾（英國）	尼可萊堂
	辰野金吾	日本銀行總行
	片山東熊	赤坂離宮（現為迎賓館）
雕刻	高村光太郎	老猿
	新海竹太郎	湯浴

●主要的文學作品●

坪內逍遙	《小說神髓》
二葉亭四迷	《浮雲》、《約會》
尾崎紅葉	《金色夜叉》
幸田露伴	《五重塔》
森　鷗外	《舞姬》、《即興詩人》
島崎藤村	《若菜集》、《破戒》
與謝野晶子	《亂髮》
泉　鏡花	《高野聖》
德富蘆花	《不如歸》、《自然與人生》
國木田獨步	《牛肉與馬鈴薯》、《武藏野》
田山花袋	《蒲團》、《田舍教師》
正宗白鳥	《何處去》
石川啄木	《一把砂》、《時代閉塞的現狀》
夏目漱石	《我是貓》、《少爺》
正岡子規	《病狀六尺》

專欄

大津事件的原因出在西鄉隆盛?!

一八九一年五月十一日，來日本訪察的俄羅斯皇太子尼古拉，遭到勤務中的警員津田三藏砍傷，此為「大津事件」。

當時，尼古拉是為了出席西伯利亞鐵路動工儀式，順便造訪日本。表面上雖是觀光，但有人臆測是否在日俄戰爭爆發前，來日偵察敵情。津田也抱著這種想法，為了阻止尼古拉而犯下罪行。

然而，有一說指出，大津事件其實與西鄉隆盛有著不小的關係。明治維新最大的功臣西鄉隆盛，在一八七七年發動了西南戰爭，後來兵敗自刎。但之後，他依然活在人間的傳聞，在民間廣為流傳。西鄉隆盛保住一命後祕密渡海到俄羅斯，傳言他會配合尼古拉的行程回到日本。

這個傳聞似乎也傳到天皇的耳裡。《朝野新聞》曾登出他的談話提到：「如果這傳聞是真的，那麼，我得向西南戰爭的立功者討回勳章才行。」這當然是一句玩笑話。但津田看到這則新聞時大受打擊。他在西南戰爭期間，曾投效官軍出征，獲得了七等獎章。他擔心西鄉如果真的回國，自己的功績不但沒了，連現有的差事都會丟掉。

大津事件在日本掀起了一大恐慌，甚至還有個名稱叫「恐俄症」。不過，這事件的初始，根本是津田三藏的誤解所導致。

第六章

兩次世界大戰

6-1 辛亥革命與大正政變

清朝滅亡，中華民國成立！

日本將從明治進入大正年間的時候，中國發生了巨變。中國同盟會的孫文發表了「三民主義」，主張民族獨立、民權伸張、民生安定，呼籲全民打倒清朝、建設近代國家。一九一一年，發生民眾武裝起義事件，軍隊也加入陣容，終於在一九一二年滅了清朝。「中華民國」在南京成立，這便是「辛亥革命」。

中華民國成立之初，袁世凱取代了孫文掌握了大權，就任大總統。但是，中國國內，由歐美或日本支持的軍閥四處割據，持續陷入混亂的狀態。

大正政變

日本陸軍在中國辛亥革命發生時便提高警戒，向政府要求加強朝鮮派遣軍。然而，第二次西園寺內閣以財政困難為由拒絕。陸軍大臣辭職抗議，西園寺內閣因而被迫總辭。

繼西園寺內閣之後接手的桂太郎，成立的是以官僚、藩閥為基礎的內閣。然而，他卻利用天皇的敕詔壓制反政府運動，因而遭到強烈的責難，批評他「完全無視議會的存在」。

在此情勢下，「政友會」的尾崎行雄與「立憲國民黨」犬養毅發動逼退桂首相的運動。他們以「擁護憲政、打破閥族」為口號，聲勢日漸壯大。這便是「第一次護憲運動」。

陷入絕境的桂內閣，組織了「立憲同志會」欲與之對抗。一九一三年，贊同第一次護憲運動的群眾，約數萬人的規模包圍議事堂，只用了五十三天即讓內閣不得不下台。這即是「大正政變」。

搖搖欲墜的東亞情勢

●中國政變與韓國、日本狀況●

韓國

1895年 駐韓公使三浦梧樓殺害閔妃。

1907年 海牙密使事件。
在荷蘭萬國和平會議上，韓國皇帝的密使欲尋求恢復獨立，但被日本阻止。
韓國國內反日武裝游擊戰（義兵抗戰）激烈。

1910年 締結韓國合併條約。
這個條約把韓國變為日本的領土。國號為朝鮮，漢城改為京城。

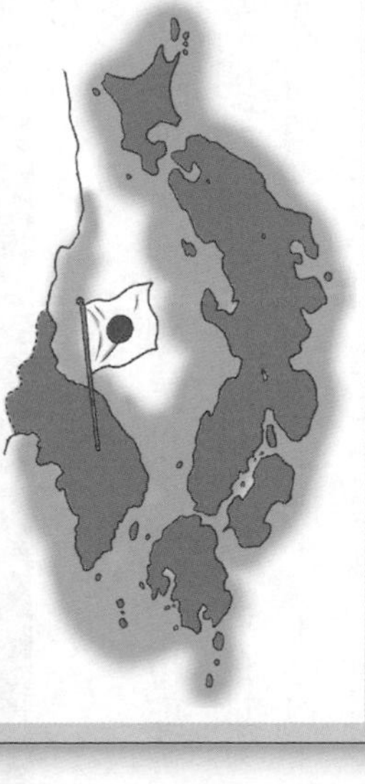

中國

1895年 設置台灣總督府。最初實施軍政，之後實施民政。

1906年 關東都督府。關東州與滿鐵的統治機構。

1906年 南滿洲鐵道株式會社，為半官半民的國策會社。
↘孫文倡議三民主義（民族的獨立、民權的伸張、民生的安定），目標打倒清朝。

1911年 民眾的武裝起義，連軍隊也加入。

1912年 辛亥革命。清朝滅亡，中華民國在南京誕生。
中華民國由於財政困難，不得不與袁世凱合作。

日本

1895年 下關條約。日清戰爭的講和條約。

1907年 為了阻止美國侵入，與俄羅斯締結第一次日俄協約。

1909年 伊藤博文在中國哈爾濱被暗殺。

1910年 設置朝鮮總督府，任命陸海軍上將為總督。
↖辛亥革命發生時，陸軍提高警戒，要求增加軍隊派遣朝鮮，但西園寺內閣以財政困難否決。

1912年 上原勇作陸軍大臣不服此議，單獨向大正天皇提出辭呈。
陸軍拒絕推薦繼任的陸軍大臣。因此西園寺內閣倒閣。成立第3次桂內閣。
尾崎行雄與犬養毅等人向新內閣要求，廢止三惡稅（鹽的專賣、紡織品消費稅、通行稅），與民眾組成憲政擁護會，高唱「打破閥族、擁護憲法」。迫使桂內閣與之面對。
桂內閣欲組織立憲同志會，與之對抗。

1913年 大正政變。數萬名群眾包圍議事堂。桂內閣才成立50天即被逼迫下台。

6-2 第一次世界大戰

人類第一次世界大戰爆發

一九一四年，在歐洲反奧情緒激烈的波士尼亞的塞拉耶佛，奧匈帝國皇太子夫婦被塞拉耶佛民族主義者殺害。「塞拉耶佛事件」促使歐洲各國陸續宣布開戰，成為「第一次世界大戰」的開端。

第一次世界大戰是人類史上首度的世界大戰。它與從前兩三國之間的戰爭不同，二十個以上的國家都加入了戰線，成為敵我兩方。在這次戰爭中，戰車、潛水艇、毒氣等新武器紛紛出籠，因此造成難以估計的傷害。死亡人數超越九百萬人，負傷者更高達兩千萬人。

此外，在戰事進行當中的一九一七年，俄國發生了革命，後來也連帶產生了世界上第一個社會主義國家——蘇維埃社會主義共和國聯邦。

對華二十一條要求與排日運動

第一次世界大戰的主戰場，在距離日本十分遙遠的歐洲。但是，日本政府卻將它視為打破政治、經濟僵局的絕佳機會。日本先是根據「日英同盟協約」，對英國的敵人——德國宣戰，占領德國在中國山東半島和南太平洋群島的軍事據點。

進而，又於一九一五年，向中華民國的袁世凱政權，提出「對華二十一條要求」。主要內容是將山東省等地的德國權益轉讓給日本、擴大南滿洲的權益，以及迫使中國政府採用日本籍的顧問。對日本如此露骨的內政干涉，中國國內群情激憤，抗議四起。但日本政府發出最後通牒，逼迫中國承認大部分要求。從此之後，中國國內的排日運動也越趨激烈。

世界列強之戰

●第一次世界大戰的國際關係●

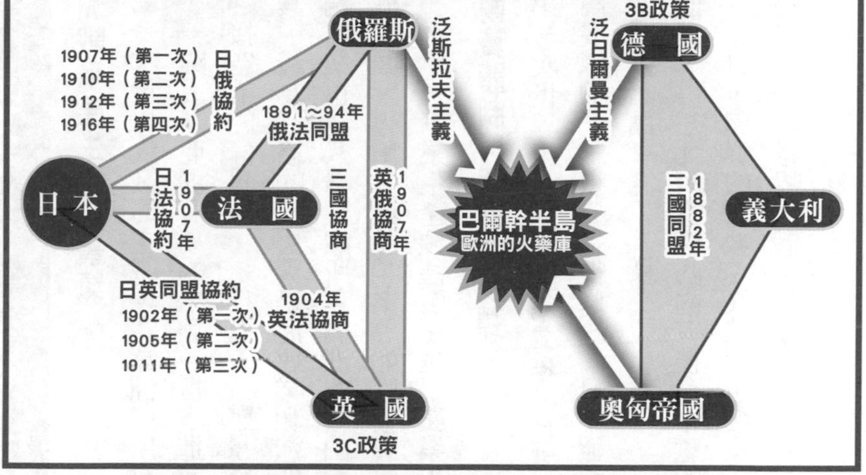
3B政策
德國
俄羅斯
泛斯拉夫主義
泛日爾曼主義
1907年（第一次）
1910年（第二次）
1912年（第三次）
1916年（第四次）
日俄協約
1891～94年
俄法同盟
日本
日法協約 1907年
法國
三國協商
英俄協商 1907年
巴爾幹半島
歐洲的火藥庫
三國同盟 1882年
義大利
日英同盟協約
1902年（第一次）、
1905年（第二次）
1011年（第三次）
1904年
英法協商
英國
3C政策
奧匈帝國

●日本與第一次世界大戰年表●

年	月	事件
1914年	7月	第一次世界大戰爆發
	8月	日本以日英同盟的名義，向德國宣戰
1915年	1月	日本向中國提出「二十一條要求」 ・山東省的德國權益由日本繼承 ・旅順、大連的租借期限和南滿洲的利權延長99年 ・要求中國政府安插日本籍顧問等
	5月	中國政府幾乎完全接受「二十一條要求」
1917年	3月	俄羅斯二月革命（羅曼諾夫王朝傾覆）
	11月	俄羅斯十月革命（樹立蘇維埃政權）
1918年	8月	日本干涉俄羅斯革命，與美國等國出兵西伯利亞
	11月	第一次世界戰爭結束
1919年	1月	巴黎和平會議召開
	3月	朝鮮發生三一獨立運動（在京城發布獨立宣言的契機下，全國發動激烈的反日獨立運動）
	5月	中國發生五四運動（反對凡爾賽條約，抵制日貨運動）
	6月	凡爾賽條約簽字 ・與德國議和 ・承認日本繼承舊德國權益 ・設立國際聯盟（於1920年成立）

6-3 大戰景氣與凡爾賽體制

歐洲戰爭產生的好景氣

第一次世界大戰的主戰場在歐洲，所以，歐洲列強對東亞的影響力轉而趨弱。日本取代了歐洲各國，一躍成為亞洲貿易的主角。日本進而大量出口軍需品和日用品到友邦的協約國去，所以日本國內迎接空前的好景氣。這稱為「大戰景氣」。

其中最為活絡的，可算是海運業和造船業。受到大戰的影響，全世界都呈現船舶不足的狀態。此外鋼鐵業也在八幡製鐵所和滿洲的鞍山製鐵所帶領下，業績大幅攀升。更由於歐美進口中斷，使得機械工業、化學、藥品工業等如雨後春筍般成立。日本的工業生產飛躍性地擴增，到大戰結束的一九一八年，工業生產額甚至超越了農業生產額。

凡爾賽體制與亞洲的反彈

第一次世界大戰結束的第二年，也就是在一九一九年，於法國巴黎召開了和平會議，簽署了「凡爾賽條約」。根據這份條約，日本繼承戰敗國德國在中國持有的權益，同時，也占有赤道以北德屬的南洋諸島。

但是，得知凡爾賽條約內容後，中國的學生和勞工發起了反日運動。這就是「五四運動」。同年三月一日，朝鮮的京城（漢城）也發生「三一獨立運動」，提出脫離日本獨立的訴求。

經過第一次世界大戰，日本有機會晉身到國際社會中。但同時也遭到亞洲各國的強烈反抗。

令日本巨變的第一次世界大戰

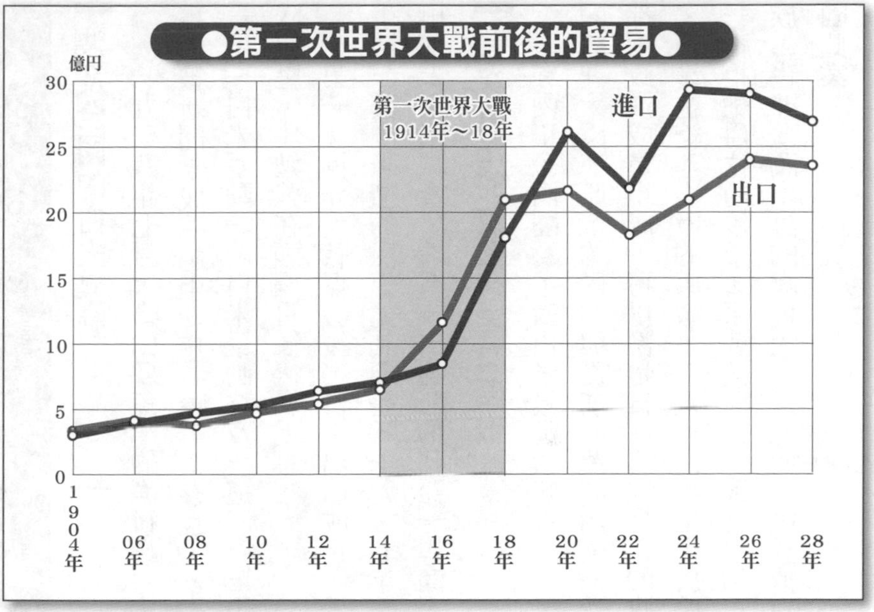

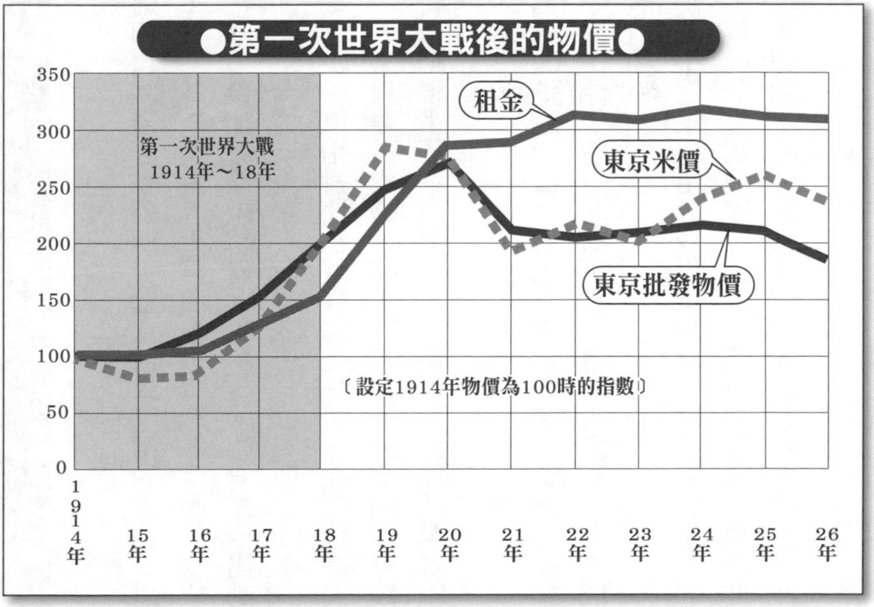

6-4 白米暴動與原敬內閣

波及全國的白米暴動

一九一八年七月，富山縣魚津的漁村發生主婦們包圍米店和公所，要求白米降價的事件，這起事件被新聞當成「越中女房一揆」（譯注：越中主婦暴動）來報導，因而獲得全國的響應，變成了一場「白米暴動」。白米暴動波及一道三府三十八縣，參加者據說超過七十萬人。政府甚至出動軍隊鎮壓，才勉強在兩個月後慢慢平息。

第一次世界大戰爆發後，日本出口成長，景氣變好。但相對地物價急速上升，在在壓迫庶民的生活。其中米價的漲幅尤其顯著，一九一七年時一升米只要二十錢，隔年八月竟然漲到四十五錢。再加上稻米減產，看準「出兵西伯利亞」的商人將米囤積惜售，也對米價上揚起了推波助瀾之效。

首次真正的政黨內閣與原敬

寺內正毅內閣為了對白米暴動負起責任，選擇內閣總辭。繼任者由立憲政友會總裁原敬就任內閣總理大臣。原敬的內閣與從前的藩閥內閣截然不同。除了陸軍、海軍、外務三大臣外，全體閣員都由政黨成員組成，可以說是日本首次真正的政黨內閣。

當上總理大臣的原敬，一八五六年出生於盛岡藩士之家。由於戊辰戰爭時曾被視為朝敵，因而一再拒絕爵位的授予。原敬被稱為「平民宰相」，百姓們都對他寄予期待，因為他是第一位既非華族，也非藩閥出身的總理大臣。然而，由於他對社會運動不願理解，並認為普通選舉為時尚早而退回此案。

大眾覺醒

●大正民主運動相關年表●

1905年（明治38年）	日比谷縱火事件
1911年（明治44年）	平塚雷鳥創立青鞜社
1912年（大正元年）	美濃部達吉發行《憲法講話》。與上杉慎吉辯論
	第一次護憲運動開始
1913年（大正2年）	大正政變。桂內閣總辭
	發起「新女性」議論
1914年（大正3年）	西門子事件，群眾集會要求彈劾內閣。山本內閣總辭
1916年（大正5年）	吉野作造提倡民本主義
	憲政會成立
1918年（大正7年）	白米暴動
	原內閣成立

美濃部達吉—「天皇機關說」‥國家統治權在國家，天皇是擁有最高權力的國家機關。

吉野作造—「民本主義」‥政治的目的是民眾的利益與幸福，政策的決定應依循民眾的意向。

原敬‥日本第一個真正的政黨內閣。原拒受爵位，被稱為平民宰相。

6-5 關東大地震與都市改造

關東大地震與屠殺事件

一九二三年九月一日上午十一點五十八分，首都東京一帶發生空前的大地震。此為「關東大地震」。震源在相模灣西南部，震度為七・九級。受害地區包括東京、神奈川和靜岡等一府六縣。死亡、失蹤人數高達十四萬人。

關東大地震幾乎夷平了整個東京、橫濱等地。地震發生時刻正好是中午用餐時間，也是災害擴大的主因。當時，許多家庭還都直接生火煮飯，所以火災延燒各地。

更加不幸的是，震災後的混亂中，到處都流傳著「朝鮮人發動暴亂」的謠言。不明就裡的百姓和軍隊、警察到處屠殺朝鮮人，造成六千名以上的朝鮮人和兩百名中國人死亡的悲劇。

後藤新平與帝都復興

關東大地震之後，一位人物成就了東京的復興。這位因為遠大的理想而被譏為「吹牛大王」的人物，名叫後藤新平。震災之後起步的第二次山本權兵衛內閣中，後藤就任內務大臣兼帝都復興院總裁，是他草擬了震災復興計畫，並付諸實行。後藤的復興計畫主要著眼於大規模的市地重劃和幹線道路的修建。當時，汽車還未普及，因而後藤的計畫遭到荒誕無稽的揶揄。然而政府投入了當時國家預算約一半，相當於六億日圓的巨資，施行復興計畫。

東京和橫濱基於這樣的都市計畫開始重建，並且脫胎換骨。當時的復興事業，被讚譽為世界上最大規模的舊市區改造事業，受到很高的評價。

毀滅東京的關東大地震

●關東大地震受災狀態●

屠殺朝鮮人
自警團等在各地殺害朝鮮人和中國人
上野公園
約40萬人避難
燒毀的地區
龜戶事件
勞工運動家平澤計七等10人遭軍隊屠殺
甘粕事件
甘粕憲兵上尉屠殺無政府主義者大杉榮及其妻、姪
陸軍制服廠遺址
避難民眾4萬人被燒死
皇居前廣場
約50萬人避難
新宿
四谷區
四谷
赤坂區
澀谷
麴町區
麻布區
皇居
小石川區
本鄉區
上野
神田區
淺草區
下谷區
兩國
本所區
龜戶
神田
日本橋區
東京
京橋區
深川區
新橋
芝區
震源地
神奈川縣中部～房總半島南端，約達100平方公里
犧牲人數
茨城 5人
埼玉 343人
山梨 22人
東京 7萬387人
千葉 1346人
神奈川 3萬2838人
靜岡 444人
大海嘯撲向東京
地震之後的流言
朝鮮人和社會主義者在井裡投毒
富士山火山大爆發

6-6 普通選舉法與治安維持法

普通選舉法的成立

大正時代末年，全世界掀起了民主主義的狂潮，人民高呼著要求普通選舉的實現。一九二五年，加藤高明內閣排除樞密院和貴族院的反對，成立「普通選舉法」。根據此法，年滿二十五歲的所有男子，無關納稅額度，都具有選舉權。依據普通選舉法所做的第一次眾議院選舉，於一九二八年舉行。共選出社會運動或勞工運動的領袖等無產政黨共八名議員。

但是，當時女性還沒有選舉權。女性參政權運動家市川房枝發言表示「普選（普通選舉）雖然實現，婦選（婦人參政權）卻未實現」。日本一直到第二次世界大戰結束後，才承認女性參政權。

給國民的鞭子——治安維持法

就在普通選舉法公布的九日前，政府公告了「治安維持法」。這是在有人欲變革日本的政治體制，或發起行動時，可予以鎮壓的法律。該法也不顧農民組織、勞工組織、知識分子等的反對而成立。但其主要的目的，是在普通選舉法實施時，牽制無產政黨擴張勢力。

治安維持法在一九二六年「京都學運事件」時首度適用。後來在一九二八年，田中義一內閣也根據此法，大量檢舉共產黨員，同時，將最高刑責提升到死刑，並在各道府縣，設置「特別高等警察」取締國民的思想和言論。

如果說普通選舉法是政府送給國民的糖果，那麼治安維持法就是一條鞭子。

大正時代的政治和重大事件

●大正時代的關連年表●

年代	內閣	政治上的大事
1912年12月～1913年2月	第3次 桂太郎	1912年12月 第三次桂內閣成立
1913年2月～1914年4月	第1次 山本權兵衛	
1914年4月～1916年10月	第2次 大隈重信	1914年7月 第一次世界大戰開戰
1916年10月～1918年9月	寺內正毅	1918年8月 誓言出兵西伯利亞
1918年9月～1921年11月	原敬	1919年5月 選舉法修正
1921年11月～1922年6月	高橋是清	
1922年6月～1923年9月	加藤友三郎	1923年9月 關東大地震
1923年9月～1924年1月	第2次 山本權兵衛	
1924年1月～1924年6月	清浦奎吾	
1924年6月～1925年8月	加藤高明	1925年4月 治安維持法公布 1925年5月 普通選舉法公布

社會運動等

1912年　第一次護憲運動：尾崎行雄與犬養毅等指責藩閥政治。後成為國民運動，桂內閣垮台。

1916年1月　吉野作造訴求徹底實現民本主義和民主主義，並經由普通選舉成立政黨內閣。

1918年　白米暴動。因出兵西伯利亞，造成米價高漲。富山的婦女引發暴動，擴及全國。但為軍隊所鎮壓。

1920年左右　普選運動（普通選舉運動）：在1920年前後到達最顛峰。

1920年　社會主義運動：日本社會主義同盟成立。翌年遭到禁止。

1920年　勞工運動：舉行第一屆勞動節。

1920年　女性解放運動：平塚雷鳥設立新婦人協會。

1921年　勞工運動：日本勞動總同盟起步。

1922年　農民運動：賀川豐彥等組成日本農民組織。

1922年　部落解放運動：被歧視部落民眾組成全國水平社。

1924年　第二次護憲運動：憲政會、政友會、革新俱樂部在總選舉中獲勝。

1925年　普通選舉法公布：實現了普通選舉，但卻嚴格取締打倒天皇制的主張者。

●選舉法修正與有權者的增加●

公布年	實施年	內閣	直接國稅	選舉人 性別年齡（以上）	總數（萬人）	全人口比（%）
1889	1890	黑田	15円以上	男25歲	45	1.1
1900	1902	山縣	10円以上	男25歲	98	2.2
1919	1920	原	3円以上	男25歲	306	5.5
1925	1928	加藤（高）	無限制	男25歲	1240	20.8
1945	1946	幣原	無限制	男女20歲	3688	48.7

6-7 都市化與大眾化

上班族的出現

大正時代，也是日本人的生活產生巨大轉變的時代。

在都市地區，瓦斯、水管、電力變得普及，人們接納了西式的生活方式。在家中設置西式客廳、玻璃窗的「文化住宅」也是從這時候開始流行。此外，餐桌上也多了咖哩飯、炸豬排、炸可樂餅等西式餐點。

到了這個時代，在都市的公司上班的人，稱為「上班族」。住在郊外的住宅，到都會的公司通勤等現在常見的上班族生活模式，在此時便習已為常了。此外，謀職的女性也在增加中。女性從事公車車掌、電話總機、教師、打字員等工作，這些女性被稱為「職業婦女」。

大眾化的文化

大正末年，新聞事業的發達也促使文化變得大眾化。

為民喉舌的報導，使得報紙的發行量急速上升。甚至出現了突破一百萬份的大報社。另外，因為在報紙上連載小說，使得中里介山、直木三十五、吉川英治、大佛次郎等大眾作家大受歡迎。一九二五年開始發售的大眾雜誌《KING》也在兩年後達到一百萬冊。

另外，附帶旁白和伴奏音樂的活動照片（電影）也熱烈地展開製作，固定成為大眾娛樂之一。

廣播的播放從一九二五年開始，六年後聽眾便突破一百萬人。現在仍播出的高中棒球賽、六大學棒球賽、相撲等轉播，都是熱門節目。

大正時代民眾的生活與文化

●人們的生活●

租金與物價

上班族的初次薪水	50～60円	米一升	50錢
重工業男性勞工日薪	2円50錢	啤酒一杯	35錢
木工的日薪	3円50錢	蒲燒鰻	30錢
職業婦女－打字員	40円	信件郵資	3錢
電話總機的月薪	35円	明信片	1錢5厘
事務員的月薪	30円		

●主要的文學作品（1900年代）●

永井荷風　《比腕力》
谷崎潤一郎　《刺青》、《痴人之愛》
武者小路實篤　《那妹子》、《人間萬歲》
有島武郎　《該隱的後裔》、《一個女人》
志賀直哉　《和解》、《暗夜行路》
芥川龍之介　《羅生門》、《鼻》
菊池寬　《父歸》、《恩仇的彼方》
森鷗外　《阿部一族》
夏目漱石　《心》、《明暗》
島崎藤村　《黎明前》
中里介山　《大菩薩峠》
高村光太郎　《道程》
萩原朔太郎　《吠月》
齊藤茂吉　《赤光》
鈴木三重吉　《紅鳥》

●主要的美術作品●

橫山大觀　「生生流轉」
梅原龍三郎　「紫禁城」
安井曾太郎　「金蓉」
岸田劉生　「麗子微笑」
高村光太郎　「手」、「鯰」

●主要的社會與人類研究●

西田幾太郎　《善的研究》
津田左右吉　《古事記、日本書紀的研究》
柳田國男　《民俗學》
河上肇　《貧乏物語》
森戶辰男　《克魯泡特金的研究》

6-8 大正民主

民本主義與天皇機關說

大正時代，誕生了上班族與律師、醫生等「都市中間層」，而追求民主政治的氣勢，也以他們為中心開始日趨熱烈。從「第一次護憲運動」到普通選舉法制定為止的時期，種種追求自由主義、民主主義的動作，稱之為「大正民主」。

政治學者吉野作造提倡「民本主義」，強烈要求盡可能以民主方式解釋大日本帝國憲法，實施普通選舉，廢止參謀本部、海軍軍令部和軍部大臣等現役武官制。

另外如憲法學者美濃部達吉從反對天皇主權說的立場，倡言「天皇機關說」，認為統治權歸屬於國家，天皇應為國家的最高機關。這個天皇機關說，成為政黨政治的理論根據，為後來的議會中心政治開闢出一條道路。

第二次護憲運動

一九二三年十二月發生的「虎門事件」，迫使第二次山本權兵衛內閣總辭，由原樞密院議長清浦奎吾組成新內閣。然而該內閣幾乎所有閣員都為貴族院出身者，是為「超然內閣」，根本難以反映民意。於是，人民擁護憲政的呼聲再起。這便是「第二次護憲運動」。

然而，大正民主逐漸受到政府的管制。最大的原因是，一九二二年成立了世界第一個社會主義國家——蘇維埃社會主義共和國聯邦。受到蘇聯的影響，共產主義思想也在日本散布開來。為了警戒共產主義者的革命運動，政府決以「治安維持法」來限制國民的權利。

大正民主與普通選舉法

●普通選舉法公布前的過程●

打倒藩閥政府、實現政黨政治

1914年7月 第一次世界大戰

日本以日英同盟為由，向德國宣戰。隨即占領山東半島的青島，和部分德屬南洋諸島。

1918年8月 出兵西伯利亞

因發生革命，俄羅斯退出協約國。然而有部分捷克軍被遺留在俄屬西伯利亞，日本以救援捷克軍為由，與美國一同出兵。

1923年9月 關東大地震

東京、橫濱的商街受到毀滅性的打擊，死亡、失蹤者逾10萬人。災民達340萬人以上。

1912年 第一次護憲運動

高喊「打破閥族、擁護憲政」的犬養毅和尾崎行雄發起的運動，後來成為全民運動，使第3次桂內閣倒台。

民本主義

吉野作造呼籲實施普通選舉、廢止參謀本部、海軍軍令部和軍部大臣現役武官制。

天皇機關說

美濃部達吉從重視議會的立場，區分國家與天皇。倡議統治權歸屬國家，天皇是國家最高的機關。

國民主權論

石橋湛山主張不論什麼政體，最高統治權都在全國人民。

社會主義運動

1920年，日本社會主義同盟組成。

勞工運動

1920年舉行第一次勞動節。

農民運動

1922年，日本農民組織組成。

女性解放運動

1920年新婦人協會成立。

部落解放運動

1922年全國水平社成立。

1924年 第二次護憲運動

外稱護憲三派的憲政會、立憲政友會、革新俱樂部，對由貴族院勢力成立的清浦內閣發動激烈的攻擊。在總選舉中，護憲三派大獲全勝，打倒了清浦內閣。

治安維持法＋普通選舉法

6-9 兩次恐慌

擠兌引起的金融恐慌

一九二六年十二月，大正天皇駕崩，進入昭和時代。

昭和天皇即位未久的一九二七年，部分銀行在議會上承認，因為持有不良債權，而出現經營困難的危險。此言一出，感到不安的銀行儲戶不約而同地前往各地銀行，提領現金。這稱為「擠兌」。擠兌的風波逼使中小銀行紛紛歇業或破產。

繼而，在第一次世界大戰因「大戰景氣」而急速擴展利益的鈴木商店破產，對該商店進行巨額融資的台灣銀行，也陷入經營危機。金融界的不安到達頂點，形成了「金融恐慌」。當時的田中義一內閣發布三星期延遲支付令，終於才讓金融恐慌平靜下來。

美國發生的恐慌蔓延全球

不久之後，太平洋對岸的美國也發生了恐慌，並且蔓延到全世界。一九二九年十月二十四日，紐約華爾街的股票市場暴跌，這便是「經濟大蕭條」的開端。

當時，向美國出口生絲是日本的主力產業。但美國落入不景氣的谷底後，失去了購買力，所以生絲價格也跟著暴跌。在生絲之後，水泥、銅等重化學工業產品的價格也跟著大跌。出口激減的結果引起骨牌效應，企業、工廠陸續倒閉。失業人數暴增到三百萬人以上。

有些人失業後返回農村，但農村的生活清苦，賣女兒求現的人不在少數。在這樣的世道下，「佃農爭議」和「勞工爭議」也層出不窮。

衝擊日本的大恐慌

●大正到昭和時代的恐慌相關年表●

1914年
第一次世界大戰
日本國內，大戰景氣熱到沸點，1914年債務達11億円的日本，到了1920年卻成為27億円的債權國。成為世界第三大海運國家。

1920年
戰後恐慌
東京股市大暴跌。米、棉花市場行情也隨之暴跌。農村窮困。中小企業相繼倒閉。

1923年
震災恐慌
關東大地震，對受災地的企業造成難以估計的打擊。

1927年
金融恐慌
大藏大臣的失言，引起擠兌風波。急速成長的鈴木商店因而破產。

1929年
紐約股市大暴跌
華爾街的股價暴跌，影響波及美國、歐洲和日本等國。世界恐慌引發的經濟危機由此開始。

佃農爭議

1920年代
新潟縣的木崎村、和田村等，頻頻發生大型的佃農爭議。

1927年
北海道富良野市，磯野商會經營的農場發生大規模的佃農爭議。

1930年代
栃木縣高根澤町，佃農要求減少佃租。與地主方激烈抗爭，甚至造成人員死傷。長野縣千曲市，養蠶農家也為減少佃租而抗爭。

關東大地震＋金融恐慌＋世界恐慌＋歉收
等多重因素合在一起，造成昭和恐慌

1930年
昭和恐慌
實施了金元出口解禁，但恐慌已擴散到全世界，所以外國的廉價產品流入，出口卻沒有起色，所以大量金元流向海外。國內企業倒閉，陸續裁員，失業人口大量增加。農產品的價格跌落，而北海道和東北地方正逢農作大歉收，兒童食物不足的情況大增，亦有許多女子賣身。

6-10 中國情勢與關東軍

中國情勢與日本的因應

一九二七年，蔣介石率領的「中國國民黨」在南京建立國民政府。為了打倒軍閥、統一中國，採取了軍事行動。

面對中國的情勢，日本政府感受到強烈的危機。為了保護滿洲和內蒙古的權益和維持治安，決定以強硬的姿態與中國對抗。當時的田中義一內閣以保護山東省的日本人為名，下令「出兵山東」。此外，日本也支援滿洲的軍閥張作霖，增強與蔣介石的對立。

然而一九二八年，統領北京的張作霖戰敗，一反原本親日的態度。關東軍的河本大作等人對他不抱期望，因而在奉天車站附近炸死張作霖。這便是「張作霖爆殺事件」（中國稱為「皇姑屯事件」）。這事件的真相當時未對國民發布，但田中內閣失去天皇的信任因而解散。

獨斷專行的關東軍

「關東軍」是大日本帝國陸軍國外駐屯軍的一支，駐守中國東北部。其前身是「關東都督府」警備隊，以守衛日本向中國租借的關東州（遼東半島）及南滿洲鐵道附屬地為目的，一九一九年起成為獨立組織。關東軍之名，即是從駐屯地關東州而來。關東州指的是萬里長城東端要塞——山海關東側的滿洲全境之意，與日本關東地區並無關係。

張作霖爆殺事件是關東軍獨斷引起的事件。原本軍隊應隸屬於從政者的領導之下，但是當地的參謀以自己判斷行使武力，首開惡例。從此之後，關東軍逐漸走向獨斷專行之路。

昭和初期的日本與中國的關係

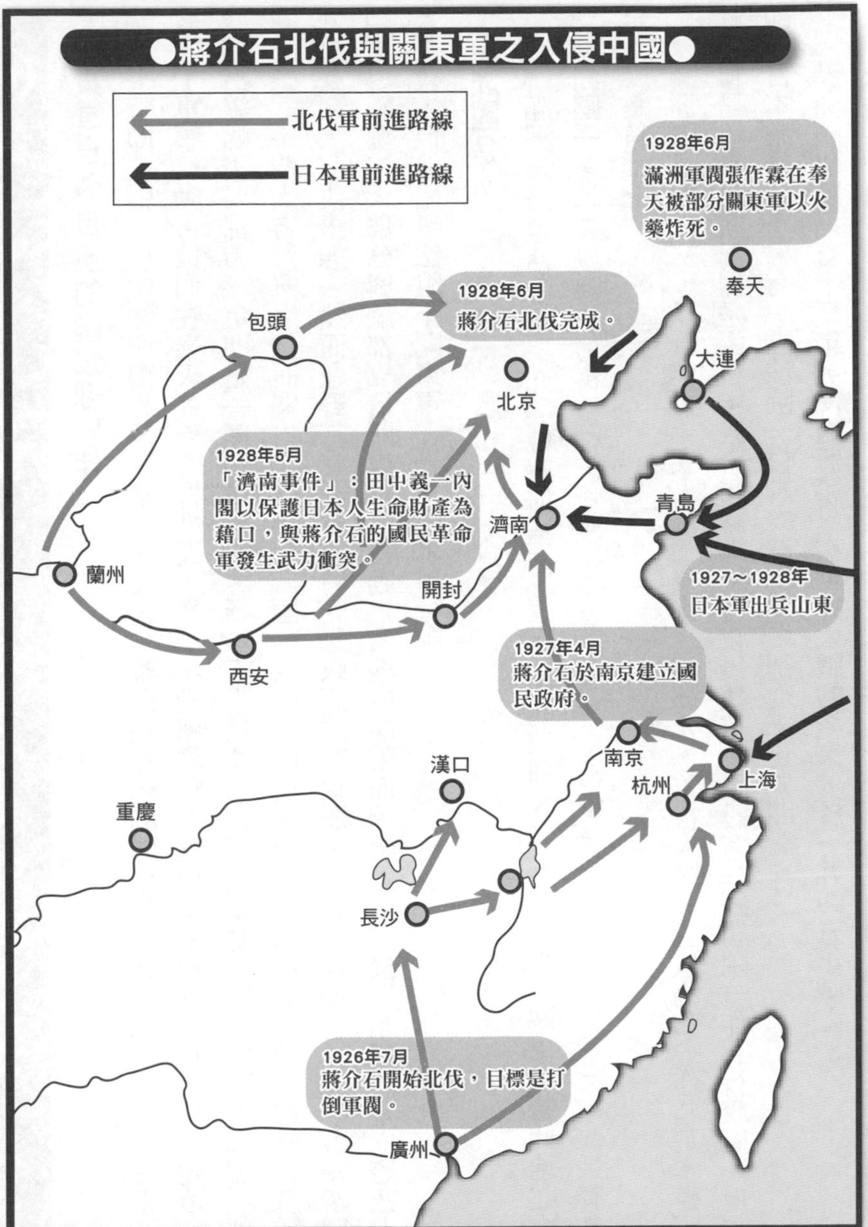
●蔣介石北伐與關東軍之入侵中國●
北伐軍前進路線
日本軍前進路線
1928年6月
滿洲軍閥張作霖在奉天被部分關東軍以火藥炸死。
奉天
1928年6月
蔣介石北伐完成。
包頭
北京
大連
1928年5月
「濟南事件」：田中義一內閣以保護日本人生命財產為藉口，與蔣介石的國民革命軍發生武力衝突。
濟南
青島
蘭州
開封
1927～1928年
日本軍出兵山東
西安
1927年4月
蔣介石於南京建立國民政府。
南京
上海
漢口
杭州
重慶
長沙
1926年7月
蔣介石開始北伐，目標是打倒軍閥。
廣州

6-11 滿洲事變與滿洲國

關東軍自導自演的柳條湖事件

平時即主張「自中國切割滿蒙（滿洲、蒙古）維護權益」的關東軍，在一九三一年九月十八日展開了軍事行動。他們在奉天郊外的柳條湖，炸壞南滿洲鐵路，宣稱是中國軍所為，隨後陸續占領滿鐵沿線的主要都市。這即是「滿洲事變」（譯注：中國稱為「九一八事變」）。當時若槻禮次郎內閣主張「不擴大方針」，然而關東軍卻無視於國內政府的政策，擅自發動軍事行動。政府有意透過外交談判來解決事態。然而在野黨立憲政友會認為政府態度軟弱，而加以攻擊。再加上各報新聞競相報導戰況，大部分輿論都支持關東軍的行動，若槻內閣因而總辭下台。接續組閣的是立憲政友會犬養毅，但他已無法阻止關東軍在滿洲的軍事行動。

滿洲國是？

「滿洲」是包括中國東北與俄羅斯沿海省份地區的總稱。一九三二年，關東軍將此地建立為「滿洲國」。國家以清朝最後皇帝（宣統帝）愛新覺羅・溥儀為執政（後為皇帝），改長春為新京，立為首都。

滿洲國建國之初，以日本人、漢人、朝鮮人、滿洲人、蒙古人之「五族協和」作為基本建國方針。但是，實際狀況卻是由日本政府和關東軍在背後扶植。雖設有「國務院」作為行政府，但內部卻由日本來營運。另有「立法院」作為立法機關，卻從未正式開設。

滿洲國建國只有十三年，便隨著第二次世界大戰的結束，於一九四五年滅亡。

滿洲國建國

●滿洲事變相關圖●

日本軍前進路徑
滿洲國
蘇維埃聯邦
黑龍江省
黑龍江
諾門罕
蒙古人民共和國
齊齊哈爾
哈爾濱
奉天省
長春
吉林省
內蒙古
熱河省
柳條湖
奉天
中華民國
朝鮮
天津
山海關
大連
旅順
❶
❷
❸

●滿洲事變相關年表●

❶1931年9月
「柳條湖事件」：關東軍在奉天郊外將滿鐵軌道炸毀，嫁禍給中國軍。因而出兵占領奉天、長春。

1932年1月
「第一次上海事變」（中國稱為一二八事變）：日本人被中國人襲擊，以此為藉口，與中國發生武力衝突。

❷1932年3月
「滿洲國建國」：立清朝皇帝溥儀為執政（後為皇帝），使滿洲自中國獨立出來。

❸1932年2月～9月
「李頓調查團」：國際聯盟派遣由李頓率領的調查團，調查滿洲事變，發表「無法認同日本的自衛處置」報告。

1933年2月
「國際聯盟臨時總會」以42票對1票1棄權，裁定勸告日本撤出滿洲。

1933年3月
「退出國際聯盟」：日本政府宣布退出國際聯盟。

6-12 退出國際聯盟

滿洲國接受國聯的調查

滿洲事變一起，中國國內立刻對日本的軍事行動，湧起了激烈的撻伐聲浪。然而，中國政府採取不抵抗政策，而於一九三二年滿洲國建國之際，向國際聯盟上書控訴。

國際聯盟為現在聯合國的前身，是一九一九年巴黎和平會議上，由美國總統威爾森提議創設的國際機關。日本從該機關創設之初即為常任理事國，並有新渡戶稻造被選為副事務長，在國際聯盟中擔負著核心的角色。

國際聯盟接受中國的控訴後，任命英國政治家維多・李頓為團長，派遣調查團前往滿洲國。這即是「李頓調查團」。調查團在滿洲全地區進行了三個月的調查，完成「李頓報告書」。

更加孤立的日本

在李頓報告書中，雖然承認日本在滿洲國的權益，但認為滿洲應在歸還中國後，於包含日本人在內的外國顧問指導下，成立自治政府。

國際聯盟收到這份報告，於一九三三年二月召開臨時總會，採納李頓報告書所述，決議取消承認滿洲國為獨立國家，並勸告日本軍自滿鐵附屬地撤軍。當時的議決數為四十二票贊成對一票反對，另有一票棄權。沒有一個國家贊成日本的主張。唯一放棄投票的是泰國。議決通過後，日本代表松岡洋右當場退席，次月，日本正式退出國際聯盟。

然而，此舉也加深了日本在國際社會的孤立性。

走向軍國主義路線的日本

●強硬的軍部統治●

☆中國高喊恢復國權的民族運動持續高漲

●1931年3月…「三月事件」

陸軍的祕密結社「櫻會」的部分成員，與右翼領袖大川周明共謀，企圖軍事政變，但未能成功。

●1931年9月…「柳條湖事件」

關東軍參謀石原莞爾主謀，在奉天郊外的柳條湖炸毀南滿洲鐵路鐵軌，將它嫁禍給中國軍後，發動滿洲事變。

1931年9月…第二次若槻內閣聲明不擴大方針，然而軍部視若無睹，關東軍將戰線擴大到滿洲全境。若槻內閣總辭。

●1931年10月…「10月事件」

櫻會與大川周明呼應滿洲事變，再次計畫政變，仍舊失敗告終。

1931年12月…立憲政友會總裁犬養毅組閣，計畫與中國直接談判。然而關東軍占領了滿洲主要城市。

●1932年1月…「第1次上海事變」

●1932年2月…「血盟團事件」

井上日召的血盟團以「一人一殺」「一殺多生」為目標，槍殺前大藏大臣井上準之助、理事長三井合名、團琢磨。

・1932年2月…李頓調查團來日

●1932年3月…「滿洲國建國」

●1932年5月…「五一五事件」

海軍的少壯派軍官為主的團體襲擊首相府，槍殺了首相犬養毅。

・1933年3月…日本退出國際聯盟

・1934年12月…日本毀棄華盛頓海軍條約

・1935年8月…激進的第一師團決定移駐滿洲後，永田鐵山陸軍軍務局長遭到陸軍省內皇道派的相澤三郎中校刺殺。

●1936年2月…「二二六事件」

・1936年1月…日本退出倫敦海軍軍備會議

皇道派激進軍官率領士兵約1400人起義。殺害內大臣齋藤實、大藏大臣高橋是清、教育總監渡邊錠太郎。

6-13 五一五事件與二二六事件

政黨政治的末日

滿洲事變發生後，報紙、廣播卯足了勁展開大篇幅的報導。於是在民間，一方面對政黨無法有效遏止恐慌的蔓延而感到不信任，對貪圖巨利的財閥感到不滿，另一方面也萌生出支持軍部作為的氣氛。久滯不去的不景氣，更加深了民眾這種情感。就在這種氛圍中，部分軍部和右翼中，否定政黨政治、擁護天皇親政、樹立軍部獨裁的勢力隨之崛起。

一九三二年五月十五日，由於首相犬養毅對承認滿洲國獨立持保留態度，而遭到海軍少壯派軍官暗殺。史稱「五一五事件」。這個事件也意味著政黨政治走進歷史。從此之後，日本由軍人或官僚為首相的「舉國一致內閣」，延續了十三代。

法西斯主義抬頭

一九三六年二月二十六日拂曉，陸軍的少壯軍官帶領約一千四百名士兵襲擊首相官邸和警視廳，殺害大藏大臣高橋是清、內大臣齋藤實等人。叛軍高舉「尊皇討奸」的旗幟，在四天之內占領國政的中樞部，意圖樹立軍部獨裁政權。首都東京頒布戒嚴令，後在天皇命令下將這起政變平定下來。此為「二二六事件」。

經過二二六事件後，陸軍與政經界聯手，增加了對政治的發言權。廣田弘毅內閣無法忽略軍部的意見，而讓軍部大臣的現役武官制復治。此外，同一時期，德國的希特勒率領納粹，義大利有墨索里尼的法西斯掌握了政權。日本也漸漸與法西斯諸國越走越近。

軍部抬頭

●二二六事件相關年表●

1931年9月　滿洲事變
日本國內國粹主義高漲。

1932年5月　五一五事件
以海軍少壯派軍官為主的團體，襲擊首相官邸，槍殺犬養毅首相。

1933年4月　瀧川事件
京都帝國大學教授瀧川幸辰被認為具有危險思想而遭到停職處分。法學部全體教員提出辭呈表示抗議。

1933年6月　轉向聲明
日本共產黨最高領導佐野學等，在獄中發出轉向聲明。

1934年10月　陸軍省宣傳手冊
陸軍省發出「國防本義及其強化之提倡」的手冊。被視為陸軍有意參與政治和經濟的宣傳。

1935年8月　國體明徵聲明
軍部攻擊美濃部達吉的天皇機關說，欲掌握政治主導權。岡田內閣對此發出政府聲明，宣言天皇為統治權的主體，日本是天皇統治的國家。

1935年8月　相澤事件
皇道派的相澤三郎中校於陸軍省內部，刺殺統制派永田鐵山軍務局長的事件。

1936年2月　二二六事件
皇道派激進軍官率領士兵約一千四百人起義。殺害內大臣齋藤實、大藏大臣高橋是清、教育總監渡邊錠太郎等。

陸軍內部的對立

皇道派
以天皇親政建立軍事國家為目標的激進派閥。
代表：荒木貞夫、真崎甚三郎

統制派
現實主義派閥，目標為與政經界一同建立國家總動員體制。
代表：永田鐵山、東條英機

●二二六事件概要圖●

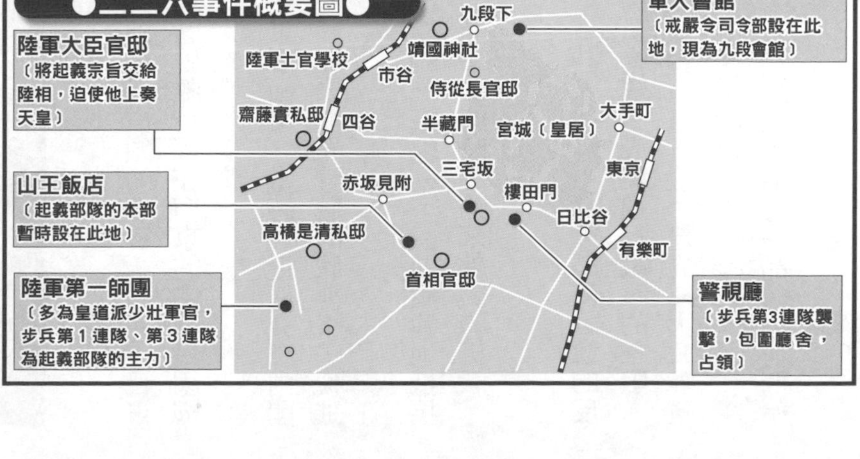
軍人會館
（戒嚴令司令部設在此地，現為九段會館）
陸軍大臣官邸
（將起義宗旨交給陸相，迫使他上奏天皇）
山王飯店
（起義部隊的本部暫時設在此地）
陸軍第一師團
（多為皇道派少壯軍官，步兵第1連隊、第3連隊為起義部隊的主力）
警視廳
（步兵第3連隊襲擊，包圍廳舍，占領）
九段下
靖國神社
陸軍士官學校
市谷
侍從長官邸
齋藤實私邸
四谷
半藏門
宮城（皇居）
大手町
三宅坂
東京
赤坂見附
櫻田門
日比谷
高橋是清私邸
有樂町
首相官邸

6-14 日中戰爭與戰時體制

日中進入全面戰爭！

日本政府在一九三三年與中國簽署停戰協定，迫使中國承認滿洲被日占領的事實。繼而，日軍意圖將勢力擴大到華北，增援北京、天津地區的軍隊，欲使華北地區脫離首都在南京的中華民國國民黨政府。

一九三七年七月七日，北京郊外的盧溝橋附近，日中兩軍發生軍事衝突。當時的近衛文麿內閣雖然發表不擴大聲明，但另一方面卻同意派兵前往中國北部。因此，在未發布宣戰的狀態下，便進入正式的戰爭。這即是「日中戰爭」。

中國方面，同年九月國民黨與共產黨決定團結，組成「抗日民族統一戰線」，長期頑強地抵抗日軍。日軍在一九三七年攻下南京，但反而令中國的抗日意識更加高昂，同時也招來外國的抗議。

強化戰時體制

隨著日中戰爭變成長期作戰，日本國內也強化了戰時體制。一九三八年，政府壓制議會的反對，制定了「國家總動員法」。政府因此具有不經議會的承認，動員物資、人員進行戰爭的權限。此法的設定使得議會實際上已形同虛設。到了一九四〇年，所有的議會政黨解散，建立「大政翼贊會」。繼而，勞工組織也解散，成立法西斯式的勞工組織「大日本產業報國會」。

民眾生活也有了明顯的變化。由於政府採取軍需優先的政策，人們缺乏生活必需品，因而開始實施票券制和配給制。

日中戰爭的經過

●1937～1945年的日中戰爭關係圖●

日軍占領地
解放區
滿洲國
朝鮮
蒙古聯合自治政府
包頭
大同
張家口
北京
山海關
關東州
大連
天津
石家莊
太原
濟南
青島
開封
連雲港
西安
徐州
南京
上海
漢口
武昌
九江
杭州
寧波
重慶
長沙
南昌
溫州
衡陽
福州
桂林
廈門
柳州
廣州
汕頭
香港
南寧
海南島
1. 1936年12月 西安事變
2. 1937年7月 盧溝橋事件
3. 1937年8月 第2次上海事變
4. 1937年11月 國民政府首都遷至重慶
5. 1937年12月 占領南京
6. 1938年4月～ 攻擊徐州
7. 1940年9月 進攻法屬印度支那
1. 張學良監禁蔣介石，要求一致抗日。因而國共合作，組成抗日民族統一戰線。
2. 盧溝橋附近，國民革命軍第二十九軍與日軍爆發戰鬥。日中戰爭開戰。
3. 以日軍中尉遭射殺為理由，進入全面作戰。
4. 日軍對南京砲火激烈，國民政府決定將首都遷至重慶。
5. 日軍占領南京。大量士兵和市民遭到屠殺。
6. 為奪取北京和南京的交通路線，進攻徐州。
7. 第二次世界大戰爆發。因法國向德國投降，日軍為維護資源，進攻法屬印度支那北部。

●全國進入戰時體制的「國家總動員法」●

「國家總動員法」於1938年4月公布

政府於戰爭時，在國防之目的下，為使國家全力做更有效的發揮，得不經議會同意，統一運用人力、物力資源。

政府得向國民徵用軍需產業

- 徵用的勞工條件由政府決定
- 禁止勞工爭議
- 金融管制
- 言論、出版管制

6-15 第二次世界大戰與三國同盟

人類第二次世界大戰爆發

一九三九年九月一日，希特勒領導的納粹德軍無預警入侵波蘭。英國和法國因而對德國宣戰，是為「第二次世界大戰」之始。德國於隔年（一九四〇）陸續占領丹麥、挪威、比利時、荷蘭，進而迫使法國投降。義大利見此情勢，即加入德國參戰。

最初，阿部信行內閣無意積極加入德國同盟，宣布「不介入歐洲戰爭」。阿部內閣之後的米內光政內閣也採取同樣方針，把全力放在如何解決日中戰爭上。但是兩內閣都相當短命告終。

與德、義同盟的日本

在中國戰線上，日軍因重慶的國民政府得到英美的支援，以及中國共產黨的激烈抵抗，而陷入苦戰。日本國內一再報導日軍取得輝煌的戰果，但實際上，日軍只是盡力保住主要都市和鐵路。

由於日本在日中戰爭上投入龐大的軍費和人力，因而與支援蔣介石政權的美國，產生強烈的摩擦。在這種情勢下，一九四〇年七月成立的第二次近衛內閣確定了新的方針，即是建立東亞新秩序（大東亞共榮圈），確立國家防衛體制。兩個月後，近衛內閣與德國、義大利結為「德義日三國軍事同盟」，其關鍵應是握有東南亞資源地帶領土的荷蘭和法國，都敗在德軍之下的緣故。

不過，由於日德義三國締結同盟，卻也使得在日中戰中陷入泥沼的日本，被迫走向與英美作戰之路。

第二次世界大戰

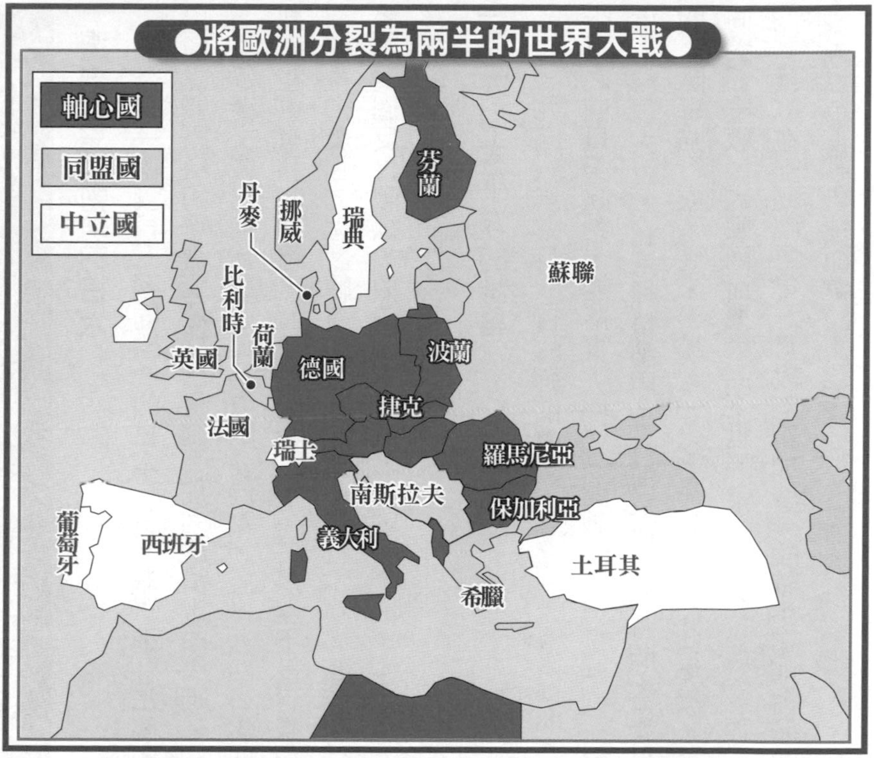
●將歐洲分裂為兩半的世界大戰●
軸心國
同盟國
中立國
芬蘭
瑞典
挪威
丹麥
比利時
荷蘭
英國
蘇聯
德國
波蘭
捷克
法國
瑞士
羅馬尼亞
南斯拉夫
保加利亞
葡萄牙
西班牙
義大利
土耳其
希臘

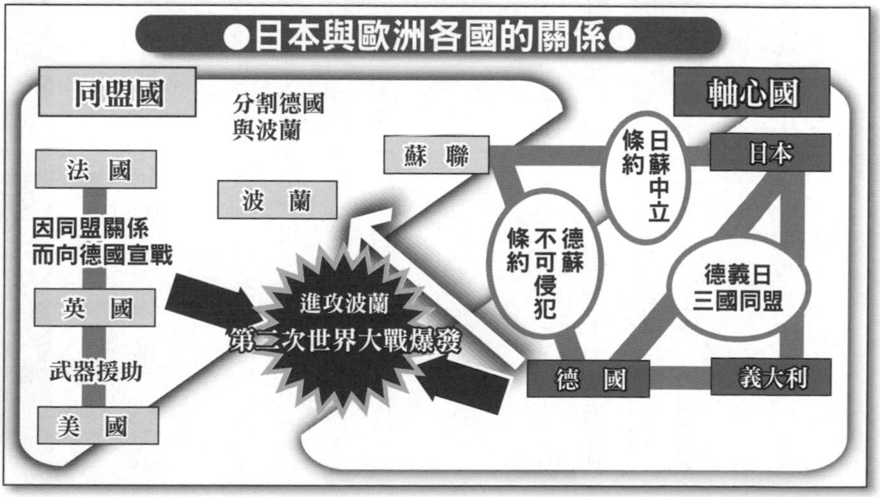
●日本與歐洲各國的關係●
同盟國
分割德國
與波蘭
軸心國
蘇 聯
日蘇中立條約
日本
法 國
波 蘭
德蘇不可侵犯條約
因同盟關係
而向德國宣戰
德義日
三國同盟
英 國
進攻波蘭
第二次世界大戰爆發
武器援助
德 國
義大利
美 國

6-16 太平洋戰爭爆發

遭到經濟斷交的日本

簽署「德義日三國同盟」的日本，下令派軍進駐法屬印度支那半島北部。如此一來，美國對日出口主要原料和軍需資源採許可制，加強經濟上的壓迫。

近衛文麿內閣為尋求與美方的妥協點，於一九四一年四月展開對美談判。另一方面為使對美談判站在更有利的地位，而與蘇聯締結了「日蘇互不侵犯條約」。然而同年七月，日軍進軍支那半島南部後，美國的態度轉趨強硬，宣布凍結日本在美資產和禁止石油出口日本的聲明。當時日本的媒體將這個反日戰線，取美國（A）、英國（B）、中國（C）、荷蘭（D）的字首，稱它為「ABCD包圍陣」。

擴大到太平洋的戰爭

一九四一年九月六日的御前會議（譯注：天皇親臨出席，決定重要政策的會議）中，決定「若是十月之前日美談判未能落實，即準備開戰」。但是談判一直停滯不前，十月，原陸軍大臣東條英機就任總理大臣。在這種情勢中，日海軍於日本時間十二月八日偷襲夏威夷的珍珠港。幾乎同一時間，陸軍強行攻上馬來半島，「太平洋戰爭」從此爆發。日本向美國、英國宣戰之後，同盟德國也向美國宣戰。大戰因而擴大到全世界。

日軍在一九四二年二月攻陷新加坡，開戰半年即占領菲律賓、爪哇、緬甸等大半個中南半島。國民也為首戰告捷而歡騰不已。

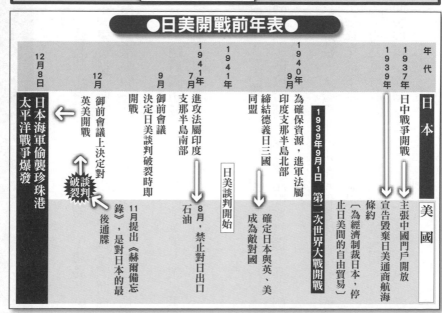

太平洋戰爭

●太平洋戰爭相關圖●

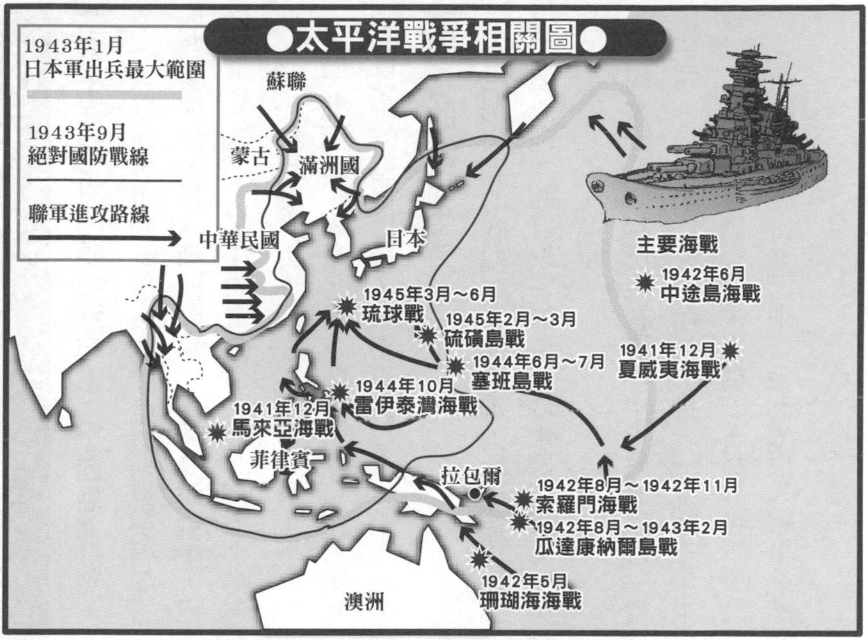
1943年1月
日本軍出兵最大範圍
1943年9月
絕對國防戰線
聯軍進攻路線
蘇聯
蒙古
滿洲國
中華民國
日本
主要海戰
1942年6月
中途島海戰
1945年3月～6月
琉球戰
1945年2月～3月
硫磺島戰
1944年6月～7月
塞班島戰
1941年12月
夏威夷海戰
1944年10月
雷伊泰灣海戰
1941年12月
馬來亞海戰
菲律賓
拉包爾
1942年8月～1942年11月
索羅門海戰
1942年8月～1943年2月
瓜達康納爾島戰
1942年5月
珊瑚海海戰
澳洲

●日美開戰前年表●

年代	日本	美國
1937年	日中戰爭開戰	主張中國門戶開放
1939年		宣告毀棄日美通商航海條約〔為經濟制裁日本，停止日美間的自由貿易〕
1939年9月1日	第二次世界大戰開戰	第二次世界大戰開戰
1940年9月	為確保資源，進軍法屬印度支那半島北部；締結德義日三國同盟	確定日本與英、美成為敵對國
1941年	日美談判開始	日美談判開始
1941年7月	進攻法屬印度支那半島南部	8月，禁止對日出口石油
9月	御前會議 決定日美談判破裂時即開戰	11月提出《赫爾備忘錄》，是對日本的最後通牒
12月	御前會議上決定對英美開戰（談判破裂）	
12月8日	日本海軍偷襲珍珠港 太平洋戰爭爆發	

6-17 戰局惡化

太平洋戰爭的轉捩點——中途島海戰

太平洋戰爭的戰局，剛開始時情勢對日本軍十分有利，但一九四二年六月的「中途島海戰」成為轉捩點，日本漸露敗象。中途島海戰中，日本一舉折損了航空母艦四艘和其艦載機，因而從此之後，失去了太平洋的主導權。繼而在太平洋中被視為重點的「瓜達康納爾島攻防戰」中日軍也失敗，迫不得已在一九四三年二月撤出該島。

一九四四年六月，日本在持續作戰中必須死守的「絕對國防圈」被美軍突破。美軍占領馬里亞納群島中的塞班島後，日本本土已進入美軍的射程範圍，國內的主要都市落入空襲的威脅中。

困乏的國民生活

戰況失利的狀況下，從南方占領區輸送物資變得十分困難。鐵、煤、鋁等基礎材料短缺，對日本造成極大的打擊。最後不得不破壞民需產業的設備，回收金屬，以抵充船舶或飛機、兵器的生產。

糧食缺乏的狀況也在惡化中。政府施行「糧食管理法」，管理米的供給，但是未見改善。因而以芋頭、雜糧來代替米作為主食。一九四三年末，徵兵年齡下降一歲，並且動員除理科系外的二十歲以上學生，實施「學生出征」。另外也下令大都市的兒童疏散到地方，實施「學童疏開」。

至此地步，日本已用盡全力來投入戰爭，然而戰局還是繼續惡化。

影響生活的戰局惡化

●受限制的日常生活●

1938年	3月	棉絲配給統制規則公布
	4月	國家總動員法公布〔政府可不經議會支配人力和物資〕
		電力管理法公布
1939年	2月	開始回收鐵製不急品
	4月	布米穀配給統制法
	6月	禁止燙髮
	7月	國民徵用令公布〔強制性徵用國民在工廠等地工作〕
	10月	價格等管制令、租金臨時措置令公布
	11月	實施米穀強制收購制
	12月	禁止白米、木炭配給制、租佃費管制令
1940年	6月	６大都市開始實施砂糖、火柴票券制
	7月	限制奢侈品的製造販賣
	8月	東京的食堂、餐廳禁止米食。進入代用食時代
	9月	鄰組制度化
1941年	4月	實施６大都市米穀配給帳本制
	5月	實施票券配酒制
	10月	全面禁止使用自用車汽油
	12月	禁止美國電影
		日美開戰
1942年	1月	食鹽帳本制
	2月	衣料、味噌、醬油實施票券制
	5月	金屬回收令發動
1943年	1月	禁止英美音樂
	10月	明治神宮外苑舉行出征學生壯行會
	12月	徵兵適齡降至19歲
1944年	2月	開設雜粥食堂
	8月	學童集體疏散第一陣出發
		學生勤勞令、女子挺身勤勞令公布
		家庭用砂糖停止配給
1945年	6月	義勇兵役法公布〔15～60歲男子、17～40歲女子組成國民義勇戰鬥隊〕
		主食配給降為大人一日2合1勺〔約320ｇ〕
	7月	接受波茨坦宣言，日本投降。

●生活必需品的價格●

年月	米一升（1.4kg）	醬油一升（1.8 l）	砂糖一貫（3.75kg）	肥皂一塊
公定價格	0.5円	0.8円	2.2円	0.1円
1943年12月	3円	3円	50円	2円
1944年6月	14円	5円	200円	5円
1944年11月	22円	13円	300円	6円
1945年6月	28円	35円	450円	20円

6-18 大戰終結

同盟國方面的態度

同盟國領袖們見戰況已往有利的方向前進，便屢屢召開會談，討論如何結束戰爭。

一九四三年十一月，美國、英國、中國領袖會面，確認徹底作戰，直到日本無條件投降為止。此為《開羅宣言》。後來，在一九四五年二月，美、英和蘇聯領袖簽訂密約，決定「德國投降後三個月內，蘇聯對日宣戰」，此稱「雅爾達密約」。同年七月，美英蘇三巨頭再次於德國波茨坦會談，發表《波茨坦宣言》，以美、英、中三國的名義要求日本無條件投降。但是期待蘇聯擔任和平特使的日本政府未予理會。

接受波茨坦宣言

一九四五年，失去了制海權和制空權的日軍已經注定戰敗。不僅大阪、名古屋等主要都市，連地方都市都受到隨機轟炸，造成成千上萬的死傷。三月，東京商街一帶遭到大規模的空襲（東京大空襲），近十萬人在一夜之間失去性命。進入四月後，美軍登陸沖繩本土，開始兩個多月的地面戰。這場戰役令沖繩縣民等十九萬人死亡。五月，軸心國成員德國向同盟國投降，只剩日本孤立無援地繼續作戰。

到了八月，蘇聯單方面撕毀「日蘇互不侵犯條約」，進攻滿洲國境。而廣島和長崎被投下人類史上第一次原子彈。八月十五日，日本接受波茨坦宣言，結束了綿延多年的第二次世界大戰。

太平洋戰爭的經過

●太平洋戰爭從開戰到結束●

東條英機內閣（1941年10月18日～1944年7月22日）	1941年12月8日	日本陸軍登陸英屬馬來亞的哥打巴魯，與英國守備隊交戰，翌日占領市內。比珍珠港更早開戰。
		攻擊珍珠港：日本海軍航空隊攻擊美軍珍珠港基地，擊沉4艘戰艦。
	1942年1月2日	占領馬尼拉：馬尼拉無流血入城。
	2月15日	占領新加坡：日本陸軍南下馬來半島，英軍投降。
	3月9日	占領爪哇島：攻下荷屬東印度最大據點。
	6月5～7日	中途島海戰：日本慘敗。失去4艘航空母艦、航空機300架。此戰為分界點，之後戰局每況愈下。
	1943年2月1～7日	瓜達康納爾島撤退：約6萬名美軍攻擊下，日軍死亡2萬人以上，撤退。
	5月29日	阿圖島全滅：抗戰到底的阿圖島守備隊全體陣亡。
	11月23日	塔拉瓦島全滅：3日激戰後，日本守備隊全體陣亡，
	1944年3～7月	英帕爾戰役：強行發動印度英帕爾戰役的日軍，約3萬人戰死，4萬人以上因饑餓和生病死亡。
小磯國昭內閣（1944年7月22日～1945年4月7日）	6月19～20日	馬里亞納海戰：日美艦隊激烈對戰。日本損失3艘航空母艦和航空機約400架。慘敗。
	7月9日	塞班島失陷：長達1個月的激戰之後，日軍全體陣亡。從此時起，美軍已可轟炸日本本土。
	10月23～25日	雷伊泰灣海戰：集結最後戰力攻擊美軍的日本海軍，在此戰中失去幾乎所有艦艇和航空機，近乎毀滅。
	1945年3月10日	東京大空襲：300架以上B29飛至東京上空轟炸。8萬人以上死亡。
	3月26日	硫磺島失陷：長達1個月的激戰之後，日軍約2萬人戰死。
鈴木貫太郎內閣（1945年4月7日～1945年8月17日）	3～6月	沖繩戰：美軍約18萬人登陸，日軍以12萬守備軍應戰，但沖繩最後仍被占領。這場戰爭中日本人死亡達19萬人。半數以上為沖繩一般居民。
	8月6日	廣島遭受原爆：原子彈投下後，10萬人以上死亡。
	8月8日	蘇聯向日本宣戰。
	8月9日	長崎遭到原爆：第二顆原子彈投下，7萬人以上死亡。
	8月14日	御前會議上決定無條件接受波茨坦宣言。

●太平洋戰爭的犧牲者●

日本	約310萬人
韓國、北朝鮮	約20萬人
中國	約1000萬人
緬甸	約15萬人
印度	約150萬人
台灣	約3萬人

菲律賓	約111萬人
越南	約200萬人
印尼	約400萬人
馬來西亞、新加坡	約10萬人
澳洲	約1萬2千人
紐西蘭	約1萬2千人

專欄

大正浪漫與Moga／Mobo

大正時代只有短短的十五年，但在國內外卻都是激烈變動的時代。在日清、日俄戰爭中獲勝的日本，也參加了第一次世界大戰。由於最後屬於勝利的一方，發揚國威，舉國沸騰，再加上大戰景氣造成的空前好景，以都市為重點的大眾文化開始發光發熱。年輕男女對流行的敏感度，古今不變。男男女女穿戴起英、美風潮的流行，在街頭昂首闊步。

他們被稱之為「Moga／Mobo」。「Moga」就是Modern girl，「Mobo」就是Modern boy的簡稱。這種稱呼也帶著一點自嘲的意味。戰前十分走紅的喜劇演員二村定一的熱門歌曲〈時髦男〉中，就這麼唱道：「人家說我是村中第一Mobo的男性♪」歌詞內容是說一個從鄉下上東京的年輕男人，擺出Mobo的架勢，卻在銀座被Moga騙得一文不剩的故事。

另外，這個時代受到大正民主的影響，越來越多藝術家和知識分子摸索著自由的生活方式。大正時代也可以說是日本人耽於自由戀愛的時代。

這種在大正時代興盛的新市民文化，也稱之為「大正浪漫」。然而頹廢與靡爛的時代極其短促。大正十二年發生了關東大地震，首都毀滅，時代充斥著窒悶感。而且在大正之後的昭和時期，世界進入了大恐慌，亦能聽見戰爭的腳步聲也越來越響了。

第七章 戰後復興

7-1 盟軍占領日本

間接統治戰後日本的麥克阿瑟

死亡人數達到六千萬人的第二次世界大戰，在一九四五年八月十五日日本戰敗下，劃下句點。日本接受《波茨坦宣言》後，盟軍在最高司令官麥克阿瑟的領導下，進駐日本。隨後在一九四五年九月二日，日本在東京灣密蘇里戰艦上，正式於投降書上簽字。日本主權含括的範圍限於本州、四國、九州、北海道以及盟軍所劃定的諸小島。日本失去日清戰爭以來獲得的海外領土，同時朝鮮也在此時脫離了日本殖民地的統治。

麥克阿瑟將「盟軍總司令部（GHQ）」設在東京，採取間接統治的方法，對日本政府發布占領政策。

在東京審判中受審的戰犯

一九四五年，GHQ逮捕了前首相東條英機等三十九名戰犯。第二年五月開始召開「遠東國際軍事法庭」審理其罪行。一般人稱之為「東京審判」。東京審判共有十一個戰勝國參加，由澳洲人韋伯擔任審判長。在審判中，針對以A級戰犯起訴的東條英機等人，是否在整場戰爭中擔負指導性角色方面進行審理。一九四八年十一月終審，七名戰犯被處以絞刑。此外，因在戰爭中從事非人道行為而被起訴的B、C級戰犯，也在日本國內和東南亞各地進行審判。

這次大審中，美國政府與麥克阿瑟並未追究到天皇的責任。這可能是因為若是將天皇以戰犯審判，則美國在日本的占領政策恐怕無法順利達成。

占領日本的過程

●占領日本的體制●

遠東委員會（FEC）－立法機關
- 總部：華盛頓（1946年2月設置）
- 議長：美國
- 組成國：美、英、法、中、蘇等11國（後來增為13國）

↓ 基本方針

美國政府

↓ 指令

盟軍總司令部
- 總部　東京
- 最高司令官　麥克阿瑟

諮詢 → **對日理事會（ACJ）－諮詢機關**
- 總部：東京
- 議長：美國
- 組成國：美、英、蘇、中

← 建言

↓ 指令、勸告

日本政府

↓ 實施

日本國民

●從戰敗到占領的相關年表●

1945年	7月26日	盟軍發表波茨坦宣言
	8月6日	於廣島投下原子彈
	8日	蘇聯向日本宣戰
	9日	於長崎投下原子彈
	14日	御前會議中決定無條件接受波茨坦宣言
	15日	玉音放送發表接受波茨坦宣言
	28日	盟軍開始進駐日本本土
	30日	麥克阿瑟抵達厚木
	9月2日	於密蘇里戰艦上簽署投降書
	10月2日	東京設置GHQ
		廢止治安維持法和特高警察、指示釋放政治犯
	11日	向幣原喜重郎內閣指示五大改革
1946年	1月1日	昭和天皇發布「人類宣言」
		軍國主義者撤除公職
	4月	實施戰後第一次眾議院選舉
	5月	相隔11年恢復勞動節
	5月3日	東京審判（遠東國際軍事法庭）開始
1947年	5月	施行日本國憲法
1948年	11月	東京審判裁決。東條英機等7人絞刑，18人監禁

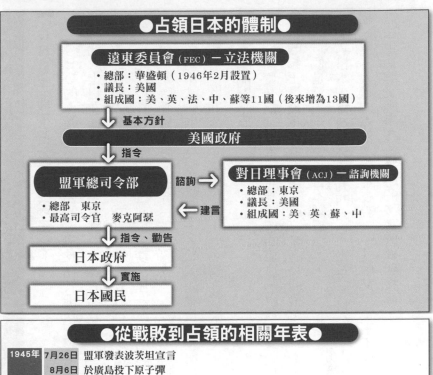

7-2 日本的民主化與新憲法

GHQ主導下日本邁向民主化

GHQ的占領政策，主要的著眼點在於排除軍國主義與國家民主化。解散軍隊、遣散軍官、提升民間人士也在進行。此外，有戰犯嫌疑的部分財界、軍部領導遭到逮捕，極端國家主義者、軍國主義者都被撤去公職。之後，GHQ要求在政治、經濟、教育、文化等各種領域進行改革。

首先，GHQ指示解散三井、三菱、住友、安田等十五財閥，是為「財閥解體」。強制收購地主農地，廉價賣給佃農，進行「農地解放」。訂定「勞動三法」以保障勞動者權利。此外，又建立「教育基本法」取代「教育敕語」。眾議院議員的選舉法也獲得修正。二十歲以上所有男女都具有選舉權，一九四六年，誕生了三十九名女性代議士。

新憲法的誕生

GHQ又指示日本政府制定新的憲法，以代替《大日本帝國憲法》。在日本推動民主化之上，憲法的修正是最重要的課題。政府參考民間擬定的草案，整理為修正案，經議會審議後完成了新憲法，這便是沿用至今的《日本國憲法》。

《日本國憲法》於一九四六年十一月三日公布，第二年五月三日實施。內容主旨為「國民主權、基本人權的尊重、和平主義」，其中又以主張不保持戰力、放棄戰爭的第九條最引人注目。新憲法也為飽受戰爭悲慘經驗的多數國民所接受。

日本推動民主化

●GHQ的基本戰略●

軍國主義的排除

廢止治安維持法
廢止特高警察等
釋放政治犯

憲法修正的基本方針

象徵天皇制、放棄戰爭、
封建制度的撤除

5大改革

婦女解放、促進勞動組織成立、教育的自由主義化、廢止打壓國民的諸項制度、經濟民主化

●日本國憲法制定前的歷程●

1945年10月	GHQ指示內閣修正日本帝國憲法
	設置憲法問題調查委員會
1946年2月	政府向GHQ提出修正案。但是內容與大日本帝國憲法相去不遠
	GHQ拒絕政府案。要求以GHQ案為基礎進行修正案
3月	以GHQ案為綱領的修正案完成
4月	憲法修正草案發表
10月	憲法修正案通過
11月	日本國憲法公布
1947年5月	日本國憲法實施

7-3 冷戰與中國、朝鮮半島

冷戰開始

一九四五年十月，聯合國成立，擔任國際協調機關的角色。但是，聯合國在戰後，有一段很長的時間都無法充分發揮其功能。

原因在於以美國為首的資本主義國家，與以蘇聯為盟主的社會主義國家，由於意識形態的不同，而一直處於互相敵視的狀態。東西兩大陣營的對立，稱為「冷戰」。冷戰的狀態在戰後支配世界很長一段時間，直到一九九一年蘇聯聯邦瓦解後才結束。

在冷戰時代，美國與蘇聯並未直接交鋒，但是卻發生了代理性戰爭。因為它的影響，使得越南、德國、朝鮮半島等地，都發生同一民族被外國分裂的狀態。越南直到越戰結束的一九七六年，德國在一九九〇年才各自完成統一。朝鮮半島直到今日還是分裂的兩個國家。

中國與朝鮮誕生新的國家

第二次世界大戰終結後，非洲、亞洲各地長年淪為歐美各國殖民地的國家，也都完成了獨立。

在日本殖民統治三十六年後，一九四八年，朝鮮半島南部接受美國支援，成立「大韓民國（韓國）」，北部受蘇聯的支持，成立「朝鮮民主主義人民共和國（北韓）」。

另外，在中國大陸，一九四九年也成立了以毛澤東為主席的「中華人民共和國」。而接受美國援助的蔣介石則遷往台灣，是為中華民國。

新的對立：冷戰

●東西冷戰的基本結構●

沒有貧富差距，人人平等，但自由受到阻礙的社會

以蘇聯為盟主的社會主義、共產主義陣營

1955年，蘇聯與東歐7國組成共同防衛組織：華沙公約國

對立 鐵幕

以美國為盟主的資本主義、自由主義陣營

1949年，美國與西歐諸國組成共同防衛組織：北大西洋公約國（NATO）

有經濟性的差距、自我負責、人人自由的社會

●南北朝鮮●

韓國
〔大韓民國〕
李承晚總統
1950～1953年
朝鮮戰爭
平壤
首爾
北緯38度
軍事邊界線
美國與西方各國的支持
中國與蘇聯的支持
北韓
〔朝鮮民主主義人民共和國〕
金日成總理

●兩個中國●

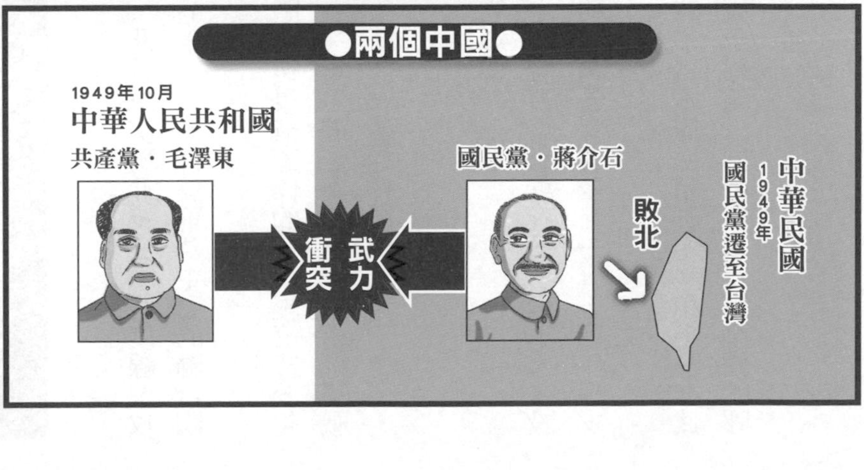

1949年10月
中華人民共和國
共產黨・毛澤東
武力衝突
國民黨・蔣介石
敗北
中華民國
1949年國民黨遷至台灣

7-4 韓戰帶來的影響

朝鮮特需令日本經濟復甦

一九五〇年六月，分裂成南北兩國的朝鮮半島上爆發了戰爭。北韓軍突破北緯三十八度線，攻擊南韓軍。這便是「韓戰」的開始。聯合國安全理事會以北韓侵略為由，派遣美軍為主力的聯合國軍隊，進駐朝鮮半島。

如此一來，美軍的軍需物資訂單湧到了日本。藉此機會，終戰之後景氣蕭條的日本經濟終於起死回生。尤其是纖維、機械、金屬的生產與出口急速增加，一九五一年，礦工業的生產量超過了戰前的水準。日本經濟可以說藉著韓戰的特需而活了回來。這種現象稱為「朝鮮特需」。

自衛隊成立

韓戰的爆發，除了經濟方面外，對日後的日本也造成了很大的影響。

駐日美軍出動前往朝鮮半島後，ＧＨＱ長官麥克阿瑟下令日本政府召集七萬五千名日本人，設立國內警備組織。日本因而有了「警察預備隊」。警察預備隊之後改稱為保安隊。一九五四年保安廳改組為防衛廳，成為「陸上自衛隊」。

日本重新建立軍備，也招來了批判的聲浪。認為這豈不是違背了日本憲法精神中「和平、非武裝、中立」的理念嗎？不過，免於解體的舊財閥企業對軍事採購寄予厚望，同時要求軍事整備的呼聲也跟著提高。

韓戰與其影響

●韓戰的過程●

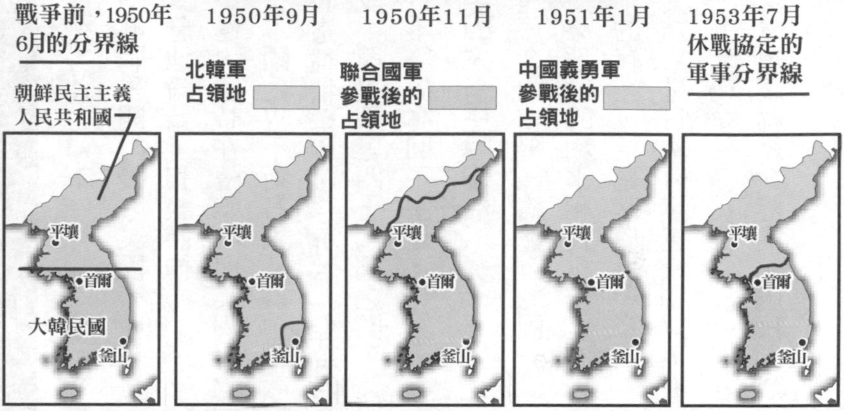
戰爭前，1950年6月的分界線
朝鮮民主主義人民共和國
大韓民國
1950年9月
北韓軍占領地
1950年11月
聯合國軍參戰後的占領地
1951年1月
中國義勇軍參戰後的占領地
1953年7月休戰協定的軍事分界線
平壤
首爾
釜山

●自衛隊成立經緯●

- ●1950年6月25日 韓戰爆發
- ●駐守日本的占領軍派往朝鮮半島
- ●1950年7月 產生填補占領軍不在時空缺的需求
- ●麥克阿瑟指示設立7萬5千人規模的警察預備隊，海上保安廳增加8千名人員
- ●1952年8月 設立保安廳作為總理府外局
- ●1952年10月 警察預備隊改組為保安隊
- ●1954年7月1日 自衛隊成立

7-5 和平條約與安保條約

完成獨立的日本

朝鮮戰爭開始後，美國考慮讓日本獨立，讓它成為資本主義陣營的一員，以得到它的協助。因此，緊急地締結了和談條約。

不過，當時在韓戰中與美國對立的蘇聯和中國，以及東歐諸國、印度、緬甸都反對這項和談條約。日本國內也不斷有人呼籲，應該與所有國家和談，追求「全面和談」才是正確的路。

在這種情勢中，一九五一年九月，於美國舊金山舉行了和談會議。日本出席這次會議的代表吉田茂，與美國等四十八國之間，簽訂了「舊金山和平條約」，於第二年四月生效。結束戰爭後七年，日本終於拿回了主權。

日美安全保障條約

在舊金山和平條約簽訂的同一天，日本也簽署了「日美安全保障條約」。依這項條約決定，因維護遠東地區的和平和日本安全的理由，美軍在日本獨立後仍然留駐日本。現在日本各地依然有美軍基本的存在，便是基於這項條約。

其結果是日本雖然達成獨立，但在後續的政治和經濟兩方面，都受到美國強烈的影響。

一九六〇年，在岸信介內閣時代，這項條約又改以「日美相互協助及安全保障條約」（新安保條約）重新締結。然而，國民因恐這會使日本被捲入美國的戰爭中，因而發起了激烈的反對運動（安保鬥爭）。

日本與美國的關係

●1950～1960年代圍繞日本發生的事件●

1950～53年	韓戰
1956年	日蘇共同宣言。日本加盟聯合國
1957年	蘇聯第一次成功發射人造衛星
1959年	古巴革命，宣告社會主義政權
1960年	日美新安保條約
1960年	非洲年。非洲17個國家獨立
1960年	南越解放民族戰線成立。開始對南越政府軍進行武力攻擊
1960年	甘迺迪當選美國總統
1960年	社會主義國家之間的對立（中蘇爭論檯面化）
1961年	東德建立柏林圍牆
1962年	古巴危機。蘇聯將導彈送入古巴，引起美蘇對立
1963年	甘迺迪總統被暗殺
1965年	越南戰爭。美軍開始轟炸北越
1965年	中印（中國－印度）國境糾紛
1966年	毛澤東與紅衛兵會面
1967年	以色列6日戰爭
1967年	EC－歐洲6國成立共同體
1969年	美國發射阿波羅11號，人類第一次登上月球表面

●60年安保鬥爭事件●

艾森豪總統中止訪日

●6月10日　為美總統訪日而先來日做準備的新聞祕書哈格蒂的座車，在羽田被民眾攻擊。哈格蒂被關在車內將近一個小時，後被美軍直升機救出。但中止了艾森豪總統的訪日行程。

安保條約反對示威中出現死傷

●6月15日　民眾在國會前舉行安保條約反對示威活動。東京大學生樺美智子遭壓死。18日在東大舉行告別式，成為60年安保鬥爭的象徵性事件。

岸首相被攻擊

●7月14日　自民黨黨大會。在新總裁池田勇人就任的慶祝會場上，岸首相被右翼人士刺傷。岸內閣於第二天下台。

7-6 五五年體制與返回國際社會

二大政黨形成的五五年體制

一九五四年，日本民主黨鳩山一郎內閣成立，提倡憲法修正。原本因和談問題分裂的日本社會黨，見此情勢決定團結起來，阻止憲法修正的通過。在這段期間，一九五五年的眾議院議員總選舉時，社會黨獲得三分之一席次，成功阻擋了憲法修正。因此，財政界期望成立強大的保守政黨的呼聲漸次升高，自由黨則和民主黨合併，組成「自由民主黨」。一九五六年第二次就任總理大臣的鳩山一郎，成為自由民主黨的第一任總裁。

而保守（自由民主黨）與革新（日本社會黨）兩大政黨君臨國會的模式，稱為「五五年體制」，這種體制一直延續到一九九三年。

返回國際社會的日本

鳩山一郎內閣雖然繼續維持與美國合作的政策，同時也與社會主義國家間建立友好關係。一九五五年，與中國簽訂貿易協定，翌年與蘇聯締結「日蘇共同宣言」。日本與蘇聯之間尚有「北方領土」問題還未解決。但此時的政策將領土問題先擱置一邊，優先考慮恢復邦交的問題。從此之後，在日蘇共同宣言簽字的一九五六年，日本加入原先因蘇聯阻撓而未果的聯合國。從此之後，日本終於返回了國際社會。

另外，日本與緬甸、菲律賓也分別在一九五四年、五六年恢復邦交。不過與中國、韓國、北韓之間，尚未達成邦交正常化。

55 年體制與各國的關係

●二大政黨形成之前●

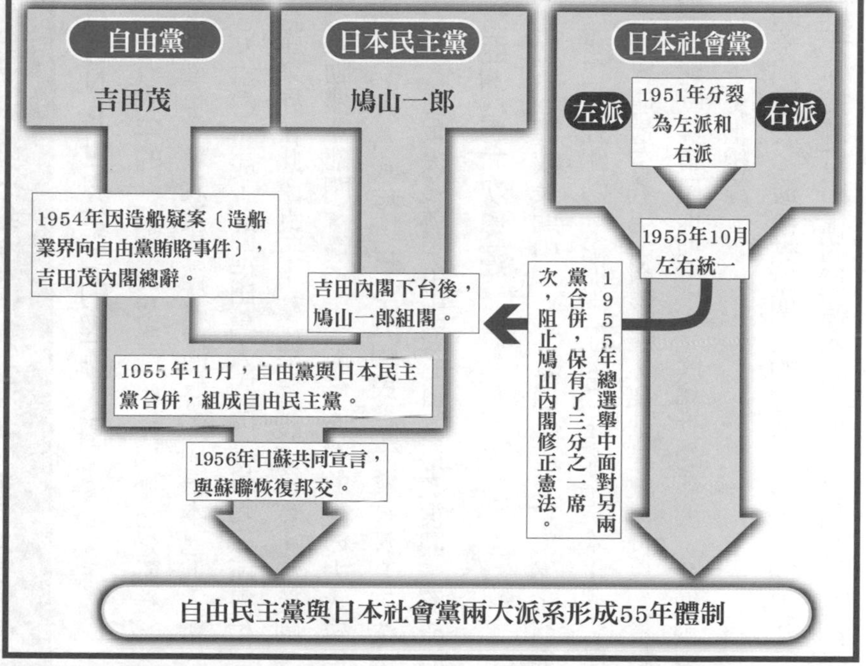
自由黨
吉田茂
日本民主黨
鳩山一郎
日本社會黨
左派
1951年分裂為左派和右派
右派
1954年因造船疑案〔造船業界向自由黨賄賂事件〕，吉田茂內閣總辭。
吉田內閣下台後，鳩山一郎組閣。
1955年10月左右統一
1955年總選舉中面對另兩黨合併，保有了三分之一席次，阻止鳩山內閣修正憲法。
1955年11月，自由黨與日本民主黨合併，組成自由民主黨。
1956年日蘇共同宣言，與蘇聯恢復邦交。
自由民主黨與日本社會黨兩大派系形成55年體制

●日本與亞洲各國關係年表①●

年	事項
1952年	舊金山對日和談條約，日美安保條約生效
	簽訂日華和平條約。與緬甸恢復邦交。簽訂日中貿易協定
1953年	與越南、寮國、柬埔寨恢復邦交
	第2次日韓會談、第3次日韓會談，談判破裂
	簽訂新日中貿易民間協定
1954年	與緬甸簽署和平條約
	柬埔寨放棄對日賠償要求權
1956年	與菲律賓簽訂賠償協定
	寮國放棄對日賠償協定
1957年	與韓國簽訂關於重啟會談的備忘錄
1958年	與印尼簽訂和平條約、賠償協定、經濟開發貸款
	與印度簽訂通商協定、貸款協定
	日韓會談重開
	與寮國簽訂經濟技術合作協定
1959年	與南越簽訂賠償、貸款協定

7-7 高度經濟成長與奧運

躋身GNP世界第二的經濟大國

一九五六年的《經濟白皮書》中〈已不再是戰後〉一節，引起了相當大的話題。因為這一年，日本政府宣布，戰敗後的經濟復興終了，日本已進入新的成長階段。

一九六〇年成立的池田勇人內閣高掛起「所得倍增計畫」的旗幟，推動「高度經濟成長政策」。產業界在此激勵下，積極進行設備投資，從美國等地引進新技術，發展產業自動化。因此，汽車、電動機器部門、鋼鐵、造船等產業的生產力大舉提升，出口也維持暢旺。

到了一九六八年，日本的國民總生產GNP到達世界第二位，僅次於美國。自終戰後經過二十三年，從戰火殘跡中再出發的日本再次復興，終於成為「經濟大國」。

舉辦亞洲第一次奧運

在高度經濟成長期中，一九六四年於東京舉辦了亞洲第一次奧林匹克運動會。其實，東京奧運原本是要在一九四〇年舉辦，但因為正在第二次世界大戰中而失去機會。

這次奧運還有著另一層意義，那就是讓全世界知道戰敗國日本已經重新振作起來了。此外，戰後相繼脫離歐美殖民地地位、完成獨立的亞洲、非洲國家，也第一次在奧運中亮相，因此參加國的數量打破了史上紀錄。

開幕式當天，最後點燃聖火的跑者，是一九四五年八月六日廣島誕生的青年。這位人類史上第一顆原子彈投擲日出生的年輕人跑上聖火台階時，海內外的觀眾對日本的復興都留下了深刻印象。

飛躍的日本經濟

●國民總生產（GNP)的發展●

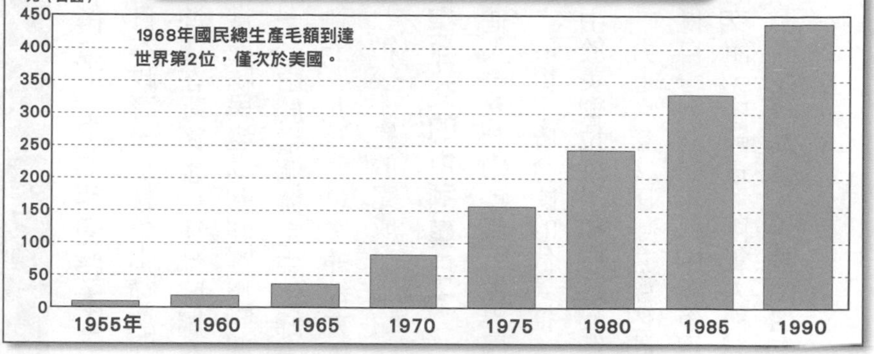

兆（日圓）
450
400
350
300
250
200
150
100
50
0
1968年國民總生產毛額到達
世界第2位，僅次於美國。
1955年
1960
1965
1970
1975
1980
1985
1990

●產業結構的改變●

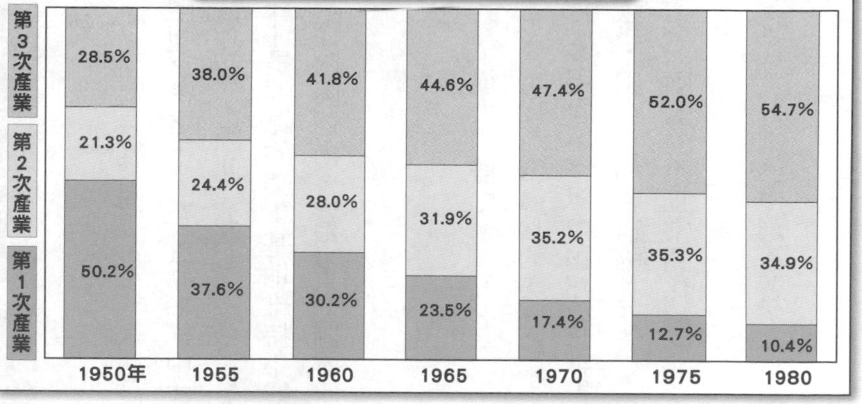

第3次產業
第2次產業
第1次產業
28.5%
21.3%
50.2%
38.0%
24.4%
37.6%
41.8%
28.0%
30.2%
44.6%
31.9%
23.5%
47.4%
35.2%
17.4%
52.0%
35.3%
12.7%
54.7%
34.9%
10.4%
1950年
1955
1960
1965
1970
1975
1980

●三種神器的變化●

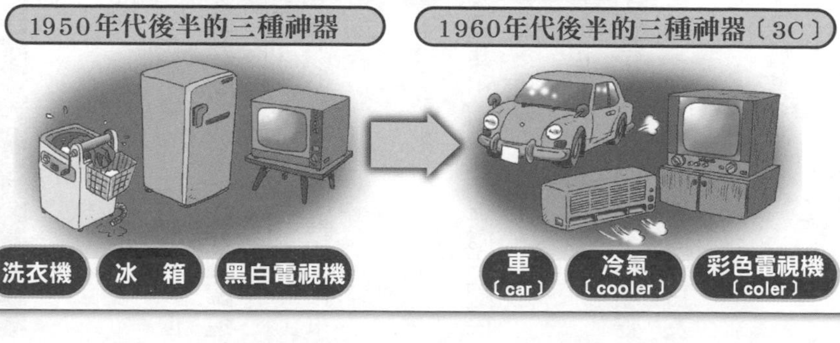

1950年代後半的三種神器
1960年代後半的三種神器〔3C〕
洗衣機
冰　箱
黑白電視機
車
〔car〕
冷氣
〔cooler〕
彩色電視機
〔coler〕

7-8 沖繩回歸和恢復中日邦交

戰後第二十七年回歸本土的沖繩

日本政府一直就領土歸還問題，與美國進行談判，首先是小笠原諸島在一九六八年歸還。沖繩在戰後也一律都歸屬在美國的管制之下。在冷戰結構中成為美國在遠東的軍事據點。但是，當地縣民發動的回歸祖國運動越見熱烈，因此一九七一年，日本與美國之間簽訂了「沖繩歸還協定」。由於這個協定中，歸還的條件是沖繩的美軍基地維持不變，因而沖繩縣民十分不滿。不過，到了一九七二年，沖繩在佐藤榮作內閣任內，實現了回歸本土的心願，距離太平洋戰爭結束二十七年後才終於完成。

恢復邦交的中國與日本

進入一九七〇年代，世界局勢也有了很大的變化。一九七一年中華人民共和國取代台灣的國民政府，取得了聯合國的代表權。之後，決定從越南撤兵的美國祕密地與中國接近。

由於美國拉近了和中國的距離，日本國內希望與中國邦交正常化的聲浪也有升高的趨勢。一九七二年，田中角榮內閣成立後，田中首相親自飛往北京，發表「日中共同聲明」。這項聲明使得自一九三七年日中戰爭爆發以來，兩國的不正常關係終於劃下了句點。當時為了象徵中日友好的交誼，中國送了兩隻大熊貓給日本。

繼而在一九七八年福田赳夫內閣時代，日本與中國簽署了「日中和平友好條約」。

尋求邦交正常化的日本

●1996年時的沖繩●

伊江島
名護
嘉手納
沖繩
浦添
那覇
糸滿
美軍基地
自衛隊基地

●日本與亞洲各國關係年表②●

年份	事件
1960年	第4次日韓會談。新日美安保條約生效
1961年	與印度簽署貸款協定。第6次日韓會談
1962年	簽署與泰國的新協定。開始與中國的LT貿易。68年改稱為日中備忘錄貿易
1963年	池田首相訪問菲律賓、印尼、澳洲、紐西蘭。與緬甸簽訂經濟技術合作以及貸款協定
1964年	對南越緊急援助。決定對韓國原料、機械零件緩付出口。第7次日韓會談
1965年	簽訂日韓基本條約
1968年	印尼總統史巴魯托來日。佐藤首相表明援助6千萬美元
1972年	田中首相訪問中國。簽署日中共同聲明，邦交正常化
1974年	田中首相訪問菲律賓、泰國、新加坡、馬來西亞、印尼，但在泰國、印尼遇到反日示威

7-9 經濟大國化的不良影響

貿易摩擦是什麼？

一九七三年的「石油危機」，造成世界性的經濟停滯，但日本卻很快就重新站起。主要原因在於大企業為主的產業實施「減量經營」，減少借款和人事成本，並且引進電腦和機器人，致力於技術革新使然。

實現高品質低價格的日本製工業品，向美國和歐洲大量出口，日本開始步向低成長卻安定的成長之路。然而，集中傾銷式的出口擴大，產生的貿易不平衡，尤其是在為高額貿易赤字所苦的美國，引起了強烈的抗議。這便是「貿易摩擦」。只會在美國安全保障傘底下發展工業——受到這樣指責的日本，漸漸被迫開放貿易自由化和增加防衛力了。

泡沫經濟的崩壞

日本對美的貿易順差，一方面也受到日圓低美金高的影響，一九八五年已膨脹到近四百億円。許多企業用大幅的貿易順差獲得的剩餘資金收購土地或股票。因此，土地和股票成為投機對象，價格急速攀高。一九八〇年代末期日本迎接的好景氣，稱之為「泡沫經濟」。

但是，由於資產與所得的差距不斷擴大，政府和日本銀行開始對土地融資設定限制，並實施降低利率的策略。此舉造成地價、股價急跌，從事投機的部分企業因而破產，巨額的「不良債權」更讓金融機構頭痛不已。泡沫經濟崩壞後，日本經濟進入嚴重的蕭條期，也就是「平成不況」（譯注：自一九八九年起日本年號平成，此時開始的不景氣時代，即是平成不況）。

全日本樂不可支的泡沫經濟

●貿易額的走向●

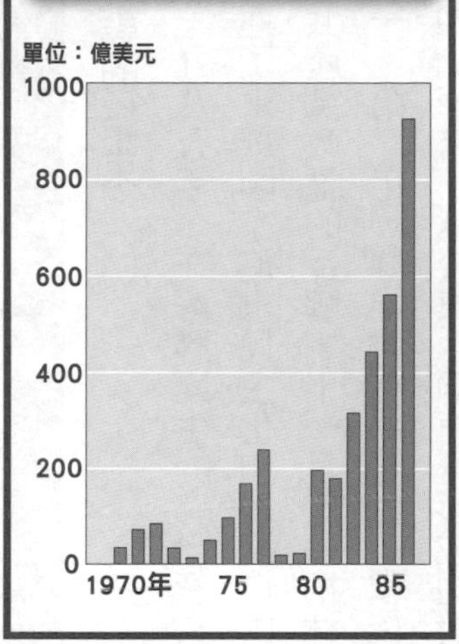
單位：億美元
1000
800
600
400
200
0
1970年
75
80
85

●三大都市圈的地價與物價●

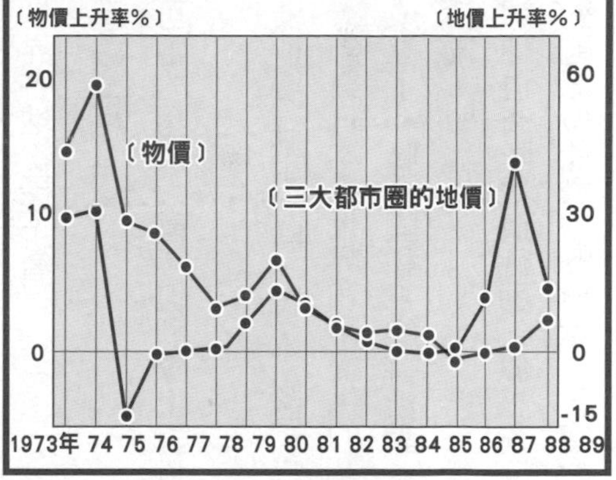
〔物價上升率%〕
〔地價上升率%〕
20
10
0
60
30
0
-15
〔物價〕
〔三大都市圈的地價〕
1973年 74 75 76 77 78 79 80 81 82 83 84 85 86 87 88 89

●戰後主要景氣動向●

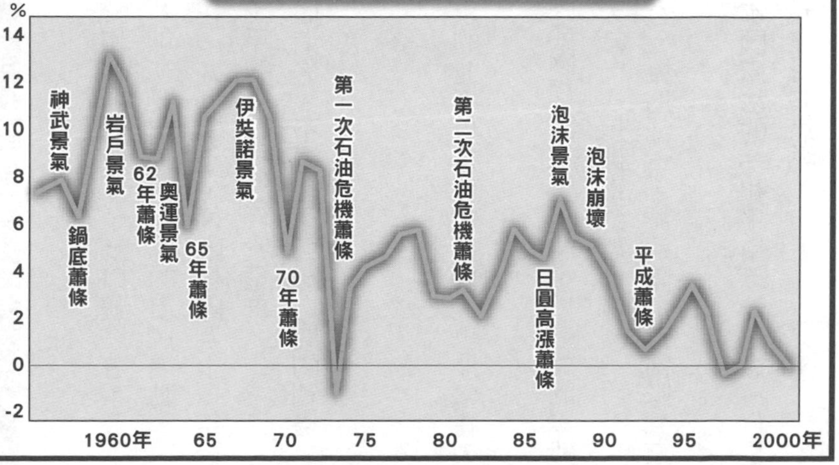
%
14
12
10
8
6
4
2
0
-2
神武景氣
鍋底蕭條
岩戶景氣
62年蕭條
奧運景氣
65年蕭條
伊奘諾景氣
70年蕭條
第一次石油危機蕭條
第二次石油危機蕭條
泡沫景氣
日圓高漲蕭條
泡沫崩壞
平成蕭條
1960年
65
70
75
80
85
90
95
2000年

7-10 現代日本與世界

冷戰的結束

一九八五年，在蘇聯誕生的戈巴契夫政權，以「新思維」和「開放政策」為口號，著手改革。也加速了東歐國家追求民主化和經濟自由化的腳步。一九八九年，要求政治改革的市民運動，導致各國共產黨政權的瓦解。十一月，「柏林圍牆」倒塌，繼而在一九九〇年，德國相隔五十一年後達成統一。第二年，蘇維埃聯邦垮台，戰後支配世界長達四十多年的冷戰狀態終於結束。

如此一來，基於東西兩陣營形成的對立或國際紛爭也因而消失。不過，國與國之間的利害、宗教、文化的差異還是讓世界各地紛擾不斷。

日本的國際貢獻備受矚目

日本成為世界屈指可數的經濟大國。但國際上對日本要求的並不只是資金提供，也期望在人才和知識上有所協助。

一九九一年發生「波斯灣戰爭」時，日本對聯合國多國部隊提供了一百三十億美元的軍費支援。國內也因為這件事，針對日本對世界和平提供的「貢獻方式」，展開熱烈的討論。

一九九二年，政府成立了「聯合國和平維持活動（ＰＫＯ）協助法」，派遣陸上自衛隊到柬埔寨，之後也在世界各地活動。

國內也有人質疑，這種自衛隊派遣行動，似乎違反了日本國憲法的「和平主義」理念。但是，具備和平憲法的日本該對國際做什麼樣的貢獻，肯定會是世界注目的焦點。

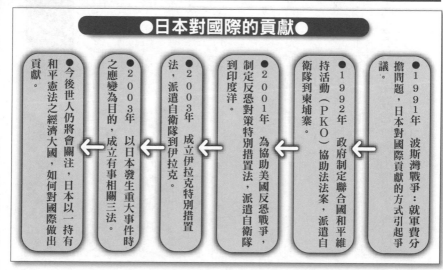

混沌的世界情勢與日本的國際貢獻

●現代主要的地區問題●

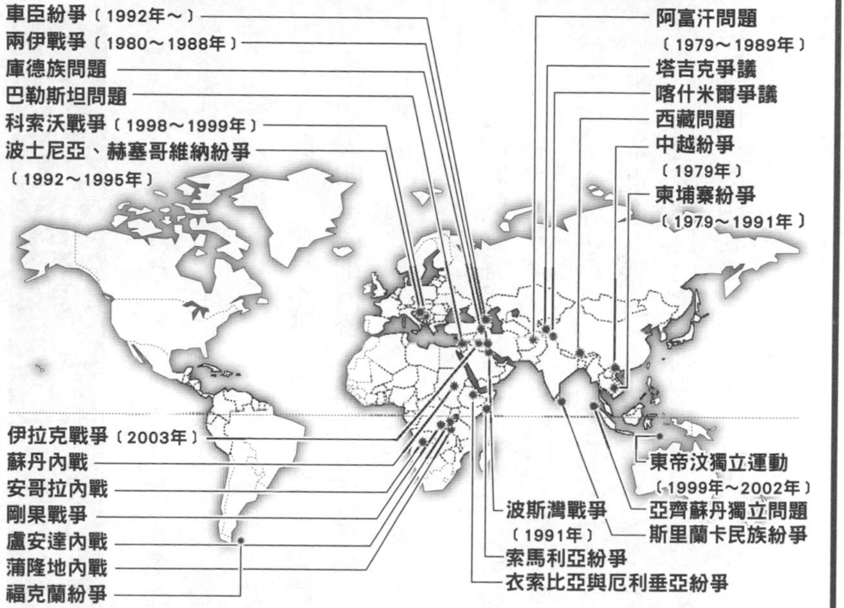
車臣紛爭〔1992年～〕
兩伊戰爭〔1980～1988年〕
庫德族問題
巴勒斯坦問題
科索沃戰爭〔1998～1999年〕
波士尼亞、赫塞哥維納紛爭
〔1992～1995年〕
阿富汗問題
〔1979～1989年〕
塔吉克爭議
喀什米爾爭議
西藏問題
中越紛爭
〔1979年〕
柬埔寨紛爭
〔1979～1991年〕
伊拉克戰爭〔2003年〕
蘇丹內戰
安哥拉內戰
剛果戰爭
盧安達內戰
蒲隆地內戰
福克蘭紛爭
東帝汶獨立運動
〔1999年～2002年〕
亞齊蘇丹獨立問題
斯里蘭卡民族紛爭
波斯灣戰爭
〔1991年〕
索馬利亞紛爭
衣索比亞與厄利垂亞紛爭

●日本對國際的貢獻●

●1991年　波斯灣戰爭：就軍費分擔問題，日本對國際貢獻的方式引起爭議。

←

●1992年　政府制定聯合國和平維持活動（PKO）協助法法案，派遣自衛隊到柬埔寨。

←

●2001年　為協助美國反恐戰爭，制定反恐對策特別措置法，派遣自衛隊到印度洋。

←

●2003年　成立伊拉克特別措置法，派遣自衛隊到伊拉克。

←

●2003年　以日本發生重大事件時之應變為目的，成立有事相關三法。

←

●今後世人仍將會關注，日本以一持有和平憲法之經濟大國，如何對國際做出貢獻。

專欄

日本人也曾經轟炸美國?!

二〇〇一年九月十一日，美國紐約市發生「同時多起恐怖攻擊事件」，震驚了全世界。世界都以為這是美國本土首次受到外國武力攻擊的事件，但其實很多人都不知道，在這事件的五十九年前，一個日本飛行員曾經轟炸過美國本土。

這個人叫做藤田信雄。在太平洋戰爭如火如荼的一九四二年，當時軍階為准尉的藤田，接到海軍司令部的命令，要他執行轟炸美國本土的任務。任務內容是「在奧勒岡州的山中投下燒夷彈，引發森林火災」。

出發的時間是九月九日，藤田搭乘九六型小型飛機，依照命令在美國本土投下燒夷彈，而且未被敵方發現，平安返回。但時，當時的燒夷彈只在山裡引起一場小火災，很快就撲滅了。藤田回到國內，還被長官斥責：「怎麼只炸斷了一棵樹！」

戰爭結束後，藤田在家鄉茨城的工廠工作。一九六二年他接到美國布魯金斯市的邀請。藤田害怕自己會遭到戰犯般的審判，結果完全相反。他在當地以敵國英雄受到表揚。之後，藤田赴美三次，一九九五年還以八十四歲高齡，操縱塞斯納小飛機，飛行自己從前飛過的路線。奧勒岡州的轟炸地區，直到現在還立著牌子寫道：「美國大陸唯一遭到日本飛機轟炸的地點」。

圖解

日本史最強圖解

2012年4月初版
2016年4月初版第二刷
定價：新臺幣290元

監修 青木康洋
譯者 羅先丞
總編輯 胡金倫
總經理 羅國俊
發行人 林載爵

出版者 聯經出版事業股份有限公司
地址 台北市基隆路一段180號4樓
編輯部地址 台北市基隆路一段180號4樓
叢書主編電話 (02)87876242轉229
台北聯經書房 台北市新生南路三段94號
電話 (02)23620308
台中分公司 台中市北區崇德路一段198號
暨門市電話 (04)22312023
郵政劃撥帳戶第0100559-3號
郵撥電話 (02)23620308
印刷者 文聯彩色製版印刷有限公司
總經銷 聯合發行股份有限公司
發行所 新北市新店區寶橋路235巷6弄6號2F
電話 (02)29178022

叢書主編 李佳姍
校對 陳佩伶
內文排版 林燕慧
封面設計 李東記

行政院新聞局出版事業登記證局版臺業字第0130號

本書如有缺頁，破損，倒裝請寄回台北聯經書房更換。 ISBN 978-957-08-3977-7 (平裝)
聯經網址 http://www.linkingbooks.com.tw
電子信箱 e-mail:linking@udngroup.com

國家圖書館出版品預行編目資料

日本史最強圖解 / 青木康洋著．羅先丞譯．
--初版．--臺北市：聯經，2012年
256面；14.8×21公分．(圖解)
ISBN 978-957-08-3977-7（平裝）
[2016年4月初版第二刷]

1.日本史

731.1 101005174